·楚风汉韵文库·

编辑委员会

顾 问

汪国胜

主 编

盛银花

副主编

戴 峰　黄芙蓉　方 艳

编 委（以姓氏笔画为序）

左林霞　李劲松　陈桂华　赵晓芳
郭家翔　高 娟　童 琴　熊 婕

顾问◎汪国胜

楚风汉韵文库

湖北方言文化传播研究

· 第三辑 ·

A Study of Cultural
Communication in Hubei Dialect

主编◎盛银花

华中科技大学出版社
http://www.hustp.com
中国·武汉

图书在版编目(CIP)数据

湖北方言文化传播研究.第三辑/盛银花主编.—武汉：华中科技大学出版社，2022.7
（楚风汉韵文库）
ISBN 978-7-5680-8414-7

Ⅰ.①湖… Ⅱ.①盛… Ⅲ.①西南官话-方言研究-湖北 Ⅳ.①H172.3

中国版本图书馆 CIP 数据核字(2022)第 101933 号

湖北方言文化传播研究（第三辑） 盛银花 主编
Hubei Fangyan Wenhua Chuanbo Yanjiu(Di-san ji)

策划编辑：周晓方　杨　玲
责任编辑：林珍珍
装帧设计：原色设计
责任校对：张汇娟
责任监印：周治超

出版发行：华中科技大学出版社（中国·武汉）　　电　话：(027)81321913
　　　　　武汉市东湖新技术开发区华工科技园　　　邮　编：430223
录　　排：华中科技大学惠友文印中心
印　　刷：武汉科源印刷设计有限公司
开　　本：710mm×1000mm　1/16
印　　张：14.75　插页：2
字　　数：270 千字
版　　次：2022 年 7 月第 1 版第 1 次印刷
定　　价：98.00 元

本书若有印装质量问题，请向出版社营销中心调换
全国免费服务热线：400-6679-118　竭诚为您服务
版权所有　侵权必究

序 Preface

湖北方言文化资源丰富,是中华文化的重要组成部分。调查、整理、研究湖北方言文化资源,契合党的十七届六中全会和十八大关于大力推广和规范使用国家通用语言文字,科学保护各民族语言文字的精神,符合《国家中长期语言文字事业改革和发展规划纲要(2012—2020年)》的任务要求,也契合《教育部、国家语委关于启动中国语言资源保护工程的通知》(教语信〔2015〕2号)精神,目的是更好地了解语言国情,保护国家语言资源,传承和弘扬中华优秀传统文化,为国家建设和发展战略提供服务。

湖北方言文化研究中心自成立以来,一直致力于调查、整理、研究湖北方言文化传播资料,以科学研究、资源建设、人才培养、学术交流、政策咨询五大功能建设为核心,围绕湖北方言比较研究、湖北方言文化与湖北文艺传承创新研究、湖北方言文化资源与湖北文化传播发展研究三大方向,关注研究前沿,进行田野调查,取得了丰富的研究成果。

研究成果分为三大板块来结集。

第一板块为湖北方言比较研究。湖北境内方言处于全国方言的过渡地带,分属西南官话、江淮官话和赣方言,内部情况复杂,文化积淀深厚,呈现出交融性、多层次性、跳跃性等语言特征,已经越来越受到学者们的重视。成果集重点关注湖北方言特色词语,如生产活动、饮食文化、水文化、民俗文化等,借以显示方言词语的民俗文化内涵。成果集还关注湖北方言的语法现象。这些研究有助于从内部和外部深入推进湖北方言的整体研究,深化湖北方言文化人才的培养;有助于揭示湖北人民的文化心理和价值观念,提升民众的文化自觉和文化自信,使外界更加准确地了解湖北,从而优化社会发展和经济建设的人文环境,为湖北科学发展和跨越式发展提供强有力的精神动力、智力支持和文化条件。

第二板块为湖北方言文化与湖北文艺传承创新研究。方言的合理运用自古以来就是湖北各地文学凸显特色的重要手段。楚辞即有"书楚语,作楚声,纪楚地,名楚物"的鲜明特征。在清代,以西皮、二黄为主的楚声楚韵成为京剧的母体,促成了近代戏曲的繁盛。当代的汉味系列、神农架系列小说又是湖北小说的亮丽风景。经过提炼的湖北方言融入各种文类之中,反映了丰富的湖北语言文化风貌,具有鲜明的湖北气象,体现了各个时代的湖北方言文化和地域特征。成果集在湖北民俗文化、湖北文艺等方面进行探讨,从方言的角度审视珍贵的文化遗产,求索湖北文化的历史源头与湖北精神的深层底蕴,归纳湖北文学的风采与气韵。这些研究有助于显示湖北文化的地域特色,深化中国文学的研究,有助于提升湖北文化的软实力。

  第三板块为湖北方言文化资源与湖北文化传播发展研究。湖北方言文化资源具有鲜明的地域色彩。湖北省提出了建设区域经济的战略构想,乡音乡情是湖北区域协同建设的润滑剂和黏合剂,是海内外湖北人彼此认同、寻根寻梦的重要渠道。湖北省注重将湖北方言文化资源与大众媒介传播体系对接,利用现代技术建立完备的湖北方言数据库资源,将方言这种人力资本通过电视、报纸、网络等媒体进行传播,使之成为湖北经济发展的"微观助力器",把湖北丰富的方言文化资源转化为强大的文化力量,促进湖北文化的大繁荣与大发展,形成湖北文化影响力的高地。成果集关注的方言电视节目、新媒体时代方言文化传播、农民工方言文化传播与身份认同等研究,将湖北方言文化与媒体传播有机结合并进行深入的探讨,成为语言文化与媒体传播相结合的有益尝试,也让湖北方言文化资源与湖北文化传播发展相结合的研究成为湖北地方文化建设研究的新的交叉点。

  成果集汇集了2016年湖北方言文化研究中心专职研究员及其指导的学生完成的有关湖北方言文化传播的研究成果,包括部分已经发表的成果。限于成果集篇幅,本中心出版的著作介绍以及调研报告没有列入。

  湖北方言文化研究中心的成果集统一纳入湖北第二师范学院"楚风汉韵文库",每年结集出版。

2017 年 12 月 20 日

目录

湖北方言比较研究 /1
恩施方言的儿化词研究 /3
通城方言补语的分析 /17
保康方言儿化词研究 /31
巴东方言中的亲属称谓词研究 /46
武穴岁时民俗词语的研究 /63
武汉方言俗语研究 /77
襄阳地名解析 /97
英山方言婚嫁丧葬民俗词语研究 /112
荆门方言否定范畴考察 /130
鄂州方言研究综述 /137

湖北方言文化与湖北文艺传承创新研究 /147
黄陂特色方言词语及其民俗文化研究 /149
武汉特色方言词语及其民俗文化研究 /160
洪湖方言特色词语及其民俗文化研究 /177
解读方言密码——从婚丧嫁娶词看宜昌方言文化 /186

湖北方言文化资源与湖北文化传播发展研究 /197
武汉方言词汇在报刊中的应用及对策分析
——以《武汉晚报》为例 /199
方言广播节目的地域文化安全意义研究
——以武汉方言广播节目《好吃佬》为例 /210
论网络传播对湖北少数民族民俗文化的传承和发展 /214
新媒体语境下辛亥首义文化的影像传播研究 /220
湖北地域文化影视传播现状与对策 /226

湖北方言比较研究

楚风汉韵

湖北方言比较研究主要关注湖北方言民俗特色词语，包括生产活动、饮食文化、民俗文化等，旨在揭示湖北人民的文化心理和价值观念，提升民众的文化自觉和文化自信，使外界更加准确地了解湖北。

恩施方言的儿化词研究

饶金铭

指导教师：童琴

一、引　言

儿化现象的历史十分悠久，同样，对于儿化的研究也有着许多成果。学者们探讨了普通话中儿化的性质、形式、功能以及教学方法，整理了方言中儿化韵的地区分布和语音形式、性质、合音方式以及儿化韵的形成等问题，还从词性、形式特征、语音特征、语法特征、语义特征等方面对单个方言的儿化现象做了研究。

恩施土家族苗族自治州位于湖北省西南边陲，共有土家族、苗族、汉族、侗族等28个民族，有着十分浓郁的地域特色。恩施的方言就是地域色彩的代表之一，有许多关于恩施方言的研究，如《恩施州志》认为恩施方言的阴平为55、阳平为13、上声为53、去声为214[①]，本文的音标将据此来表示。但是恩施方言中的儿化并没有被单独提出来过。本文分析了恩施方言中不同词性的儿化形式以及儿化词，归纳了恩施方言儿化词的词形、词性、语义、语用等方面的特点和规律，以此来构建论文一是有利于保护和传播恩施方言，二是为在恩施地区推广普通话提供一定的参考。

本文的语料来自对恩施方言使用者的调查结果。

被调查者概况如表1所示。

表1　被调查者概况

姓名	性别	年龄	籍贯
饶先炳	男	75	恩施土家族苗族自治州巴东县
喻新艳	女	46	恩施土家族苗族自治州巴东县

---

① 任泽全：《恩施州志》，武汉：湖北人民出版社，1998年，第1086-1088页。

续表

姓名	性别	年龄	籍贯
范明香	女	49	恩施土家族苗族自治州巴东县
谭德翠	女	55	恩施土家族苗族自治州巴东县

另外,本文的语料还参考了《现代汉语》[①]和《恩施州志》[②]。

二、恩施方言儿化词的构成

恩施方言儿化词在恩施方言中的运用是十分广泛的,不管是在实词还是虚词的表达中,都会出现与儿化有关的词汇。在恩施方言中,名词、动词、形容词、副词、数量词、代词都会带有儿化,下面主要从这几方面来分析恩施方言儿化词的构成情况。

(一) 名词的儿化

1. 称谓的儿化

称谓词反映了交际语境中的人际关系,在恩施方言中,一些人际称谓词后会加上儿化,如:

老头儿[lau^{53} tʰər^{13}]　　　　婶儿[ʂər^{53}]
老板儿[lau^{13} par^{53}]　　　　弟娃儿[ti^{13} war^{55}]
玩伴儿[uan^{13} par^{55}]

除了这些称谓词后面加儿化,在人际交往中往往还会在人名或者是人的小名后面加上儿化,如:

爱娃儿[ai^{214} war^{55}]　　　　琪琪儿[tɕʰi^{13} tɕʰər^{13}]
华堂娃儿[xuA^{13} tʰaŋ^{13} war^{55}]　　纯纯儿[tʂʰuən^{13} tʂʰuər^{55}]
勇娃儿[iuŋ^{53} war^{55}]　　　　静静儿[tɕin^{214} tɕiēr^{55}]
涛娃儿[tʰau^{55} war^{55}]　　　　英英儿[in^{55} iēr^{55}]
磊娃儿[lei^{53} war^{55}]　　　　翠翠儿[tʂʰuei^{214} tʂʰuer^{55}]

---

① 黄伯荣、廖序东:《现代汉语》(增订五版)(上册),北京:高等教育出版社,2011年,第93-94页。
② 任泽全:《恩施州志》,武汉:湖北人民出版社,1998年,第1089-1093页。

2. 动植物名的儿化

在恩施方言中,动植物名的儿化现象也十分普遍。

(1) 动物名的儿化。

跟对人名的儿化方式有相似之处,对动物名的儿化方式就是在动物名之后加上"娃儿",如:

猫娃儿[mau^{55}war^{55}]　　　鸡娃儿[tɕi^{55}war^{55}]

狗娃儿[kou^{214}war^{55}]　　羊娃儿[iaŋ^{13}war^{55}]

牛娃儿[iou^{53}war^{55}]

当然,对动物名也还有其他的儿化方式,如:

羊丁丁儿[iaŋ^{13}tiŋ^{55}tiɚ^{55}](蜻蜓)　　鸦雀儿[iA^{55}tɕʰiɔɚ^{55}](一种鸟)

泥鳅儿[ni^{13}tʰɕiɚ^{55}]　　　蚂蚁儿[mA^{53}iɚ^{55}]

(2) 植物名的儿化。

花儿[xuɚ^{55}]　　　　　　　树叶叶儿[ʂu^{53}iɛ^{21}iɚ^{13}]

苕娃儿[ʂau^{13}war^{55}](红薯)　　苞谷头儿[pau^{55}ku^{13}tʰɚ^{13}]

茶叶儿[tʂA^{13}iɚ^{13}]　　　　　(玉米棒)

树枝枝儿[ʂu^{53}tʂi^{55}tʂɚ^{55}]

捆条儿[kʰuen^{53}tʰiɚ^{55}](细长、柔韧性强的一种植物。用来捆绑柴木)

3. 实物名词的儿化

生活中有许许多多的用具、食物、服饰等表示实物的名词,这类名词的使用率非常高,在恩施方言中也有儿化的现象。如:

项链儿[xaŋ^{214}liɚ^{13}]　　　　洋芋片儿[iaŋ^{13}y^{13}pʰiɚ^{53}](土豆

锅娃儿[kuo^{55}war^{55}]　　　　片)

锅铲儿[kuo^{55}tʂʰɚ^{53}]　　　　鸡蛋花儿[tɕi^{55}tan^{13}xuɚ^{55}]

杯杯儿[pei^{55}pɚ^{55}]　　　　　苕[ʂau^{13}pʰɚ^{55}](薯条)

瓢娃儿[pʰiau^{13}war^{55}]　　　短袖儿[tuan^{53}ɕiɚ^{53}]

面条儿[mien^{214}tʰiɚ^{13}]　　　巴褂儿[pA^{55}kuɚ^{55}](短褂)

凳凳儿[təŋ^{214}tɚ^{55}](凳子)　　荷包儿[xuo^{13}pɚ^{55}](衣服口袋)

汗架架儿[xan^{13}tɕiA^{214}tɕiɚ^{13}]　摇裤儿[iau^{13}kʰuɚ^{55}](内裤)

搓板儿[tsʰuo^{55}pɚ^{55}](洗衣板)

4. 抽象名词的儿化

抽象名词是普通名词的一种,表示抽象概念。如,时间等看不见、摸不着的名词:

明儿[mər¹³]（明天）　　　　向前儿[ɕiaŋ²¹⁴tɕʰiər⁵⁵]（大前天）
昨儿[tsuər¹³]（昨天）　　　　黑上歇儿[xɛ¹³ʂaŋ¹³ɕiər⁵⁵]（晚上）
前儿[tɕʰiər¹³]（前天）

5. 身体部位名词的儿化

在恩施方言中，表示身体各部位的词也出现了儿化，如：

脑阔儿[nau⁵³kʰuor¹³]（头）　　倒拐儿[tao²¹⁴kuər⁵³]（肘）
喉咙管儿[xou¹³luŋ¹³kuər⁵³]（喉咙）　客心板儿[kʰɛ¹³ɕin⁵⁵pər⁵³]（膝盖）
手板儿[ʂou¹³pər⁵⁵]（手）　　　指盖儿[tʂɿ¹³kər⁵⁵]（指头）
脚板儿[tɕio³⁵pər⁵¹]（脚）　　　下巴儿[ɕiA²¹⁴per⁵¹]（下巴）
指盖儿壳儿[tʂɿ¹³kər⁵⁵kʰuər³⁵]

（二）形容词的儿化

形容词是表示形状、性质和状态的词。① 恩施方言中的形容词也存在儿化现象，如：

尖尖儿[tɕiɛn⁵⁵tɕiər¹³]　　　　弯弯儿[wan⁵⁵wər¹³]
滴滴儿[ti⁵⁵tiə¹³]（很小）　　　好生生儿[xau⁵³səŋ⁵⁵sər⁵⁵]
薄絮絮儿[po¹³ɕy¹³ɕiər⁵³]（形容很薄）　胖极极儿[pʰaŋ¹³tɕi⁵⁵tɕiər¹³]
光区区儿[kuaŋ⁵⁵tɕʰy⁵⁵tɕʰyər¹³]（光滑）
襟佻佻儿[tɕin⁵⁵tʰiao⁵³tʰiər¹³]（穿得少且不整齐）

例句：

①那筒棒前头是个尖尖儿（那根棍子前面是削尖了的）。

②你把手弄成一个弯弯儿形状。

③他才那么小滴滴儿，还走不来路（他才那么小，还不会走路）。

④好生生儿人说没就没了。

⑤你这个裤子薄絮絮儿的，招呼些冻哒胯子疼（你这个裤子太薄了，小心把腿冻着了）。

⑥你看隔边屋里的细娃儿胖极极儿的（你看隔壁家的孩子长得好胖）。

⑦那边那个岩[ai³⁵]头光区区儿的（那个石头好光滑）。

⑧你天天穿些襟佻佻儿的衣服，吊儿郎当的（你每天穿的衣服又少又不整齐，不正经）。

---

① 黄伯荣、廖序东：《现代汉语》（增订五版）（下册），北京：高等教育出版社，2011年，第12页。

(三) 副词的儿化

副词是一类用以修饰或限制动词和形容词,表示范围、程度、时间等意义的词。[①] 在现代汉语中,副词可以分为表示程度,表示范围,表示时间、频率,表示处所,表示肯定、否定,表示方式、情态,表示语气和表示关联这八种类别。[②] 在恩施方言中,表示时间,表示肯定、否定,以及表示方式、情态的这三类副词中有着儿化现象。

1. 表示时间

将将儿[$tɕiaŋ^{55}\,tɕiər^{13}$](刚刚)　　刚刚儿[$kaŋ^{55}\,kər^{13}$]

到时候儿[$tau^{214}\,ʂʅ^{13}\,xər^{13}$]　　一哈哈儿[$i^{13}\,xa^{53}\,xər^{55}$](一会儿)

三不着儿[$san^{55}\,pu^{13}\,tʂər^{55}$](偶尔)

例句:

①他不在屋里,将将儿(刚刚儿)出门(他不在家,刚刚出去了)。

②莫得急,到时候儿给你帮忙做。

③你等我一哈哈儿,我马上来。

④太吵了,你刚刚儿说了什么?

⑤隔边屋里三不知儿过来玩哈子(隔壁家的人偶尔过来玩)。

2. 表示肯定、否定

是那么过儿[$ʂi^{214}\,nA^{13}\,mɛ^{13}\,kuər^{55}$](是)

恰恰儿[$tɕiA^{13}\,tɕiər^{13}$](恰恰相反)

例句:

①你说的是那么过儿,我也看到哒滴(你说得很对,我也看到了的)。

②恰恰儿,事情跟你说的不一样(恰恰相反,事情跟你说的不一样)。

"恰恰儿"是与普通话意义相差比较大的一个词。在恩施方言中,"恰恰儿"是一个否定词,有"恰恰相反"之意,一般用在反驳别人观点的时候,口语中一般用作"那恰恰诺,……",在这句话后面陈述自己的观点。

3. 表示方式、情态

悄悄儿[$tɕʰiau^{55}\,tɕiər^{13}$](悄悄地)　　轻轻儿[$tɕin^{55}\,tɕiər^{13}$](容易地,稍微)

快点儿[$kʰuai^{214}\,tiər^{53}$]　　慢点儿[$man^{214}\,tiər^{53}$]

轻点儿[$tɕʰin^{55}\,tiər^{53}$]

---

① 黄伯荣、廖序东:《现代汉语》(增订五版)(下册),北京:高等教育出版社,2011年,第18页。

② 黄伯荣、廖序东:《现代汉语》(增订五版)(下册),北京:高等教育出版社,2011年,第18-19页。

例句：

①昨儿我是悄悄儿走的,他们都找不到(昨天我是悄悄走的,他们都不知道)。

②那箱子蛮轻,我轻轻儿一使力就肘起来了(那个箱子很轻,我稍微一用力就举起来了)。

③快点儿走,前头有人在等我们。

④慢点儿,等一等后面的小孩子。

⑤你擦玻璃的时候轻点儿,小心弄伤了手。

(四) 数量词的儿化

在恩施方言中,数词和量词的儿化现象并不多,但是,当数词和量词结合起来成为数量词之后,就出现了儿化的现象。

一盅盅儿[i^{13} tʂuŋ^{55} tʂuər^{13}]

一碗碗儿[i^{13} uan^{53} wər^{53}]

一丁丁儿[i^{13} tin^{55} tiər^{53}]

一桶娃儿[i^{13} tʰun^{53} wər^{13}]

一锅娃儿[i^{13} kuo^{55} wər^{13}]

例句：

①难为您儿给我倒一盅盅儿水(麻烦您给我倒一小杯水)。

②为了那一丁丁儿好处使呢么大的力,划不来(为了那么小的好处花那么大的力气,不划算)。

③你刚才就吃那么一碗碗儿饭,不饿吗？

④去打一桶娃儿水来。

在数量词的儿化中,大多都是与容器、液体相关的量词,上面所举的"盅""碗""桶""锅"都是与容器、液体相关的量词。

(五) 代词的儿化

代词是代替名词、动词、形容词、数量词、副词的词,起代替和指示作用。[①] 在现代汉语中,代词是词汇中非常重要的一部分,按意义将代词分为人称代

---

① 黄伯荣、廖序东：《现代汉语》(增订五版)(下册),北京:高等教育出版社,2011年,第21页。

词、疑问代词和指示代词。[①] 在恩施方言中,以上三类代词都有一定的儿化现象。代词的儿化方式通常就是在代词后面加上"儿"。

1. 人称代词

第一人称:个人儿[kuo^{13} z̩ər^{13}]

第二人称:您儿[niər^{53}]

第三人称:他您儿[niər^{53}]

恩施方言中的人称代词主要是用在第二、第三人称的敬语中,例如上面所提及的"您儿"和"他您儿"。

例句:

①您儿今儿天纳闷有时间出来走哈子(您今天怎么有时间出来走一走)?

②他您儿都80岁哒,走起路来一点也不打蹩(他都80岁了,走起路来很顺畅)。

2. 疑问代词

恩施方言中表示地点的疑问代词跟普通话一致,就是"在哪儿"[tsai^{214} nər^{53}]。

例句:

你在哪儿看到过这样的书?

恩施方言中表示时间的疑问代词是"什时候儿"[ʂən^{53} ʂi^{13} xər^{13}]。

例句:

①你什时候儿到老屋里克(你什么时候去老家)?

②你们家是什时候儿起得新屋(你们家是什么时候建的新房子)?

3. 指示代词

恩施方言中经常用"这儿"[tʂər^{13}]、"那儿"[nər^{13}]、"那边儿"[ne^{214} piər^{13}]来指示方位。"这儿"是近指,"那儿""那边儿"是远指。

例句:

①这儿滴水好涩来(这里的水好脏)。

②那边儿有条狗娃儿喜欢㖠冷口(那边有一条狗喜欢突然袭击咬伤人)。

另外,在恩施方言中还用"这么过儿""那么过儿"来表示方式的指示代词,相当于普通话中的"这样""那样"。

[①] 黄伯荣、廖序东:《现代汉语》(增订五版)(下册),北京:高等教育出版社,2011年,第21-22页。

例句：

①这件事你这么过儿处理有点不合适。

②我像[tɕʰian⁵⁵]你这么过儿的时候,玩得还火色些(我像你这样大的时候,玩得比你还凶)。

③你想呐么过儿(你想哪样)？(挑衅语气)

三、恩施方言儿化词的特点

恩施为湖北省第一方言区,恩施方言系北方方言西南次方言的一支,又称西南官话,所以恩施方言儿化现象与普通话有许多相似之处,在意义以及用法方面有共同之处,但是,恩施方言的儿化现象也有其自身独有的特点。

(一) 词形方面

恩施方言的儿化词词形除了简单地在词尾加上"儿"之外,还有很多种方式以构成词语的儿化,具体如下。

1. 名词＋"娃儿"

在名词的儿化过程中,出现最多的就是"名词＋'娃儿'"的构词形式。在称谓名词中,普遍是姓名最后一个字加上"娃儿",如勇娃儿、猛娃儿、品娃儿等;在动物名词中,通常在动物名之后加上"娃儿",如猫娃儿、狗娃儿等;在器物名词中,也存在此类现象,如瓢娃儿,锅娃儿等。

《说文解字》中对于"娃"的解释是"圜深目皃。或曰吴楚之间谓好曰娃。从女圭声"[1]。"娃"这个字在最初使用的时候,是"美女"的意思,象征着美好的事物。随着语言的发展,各地方言语的互相传播、融合,"娃"字的意义发生了一些改变,扩大了意义的外延。到了俗语中,"娃"字经常被用于小称,表示亲密的关系,在很多地区成为小孩子的代称。在人和社会共同发展的过程中,动植物中许多种类成为人类赖以生存的条件,与人类的关系越来越亲密。人们在语言表达中为这些词语赋予了人格化的表达,所以将这个重要的"娃"字运用到了动植物的名称上。这种人格化的表达肯定了在人类历史发展的过程中,物质条件所起到的重大作用,也表达了人类和自然和谐相处的美好

---

[1] 许慎:《说文解字》,北京:中华书局,1963年,第263页。

愿望。

2. AA 儿式

（1）在名词的儿化过程中，会出现重复名词词尾的字再儿化或单独地重复一个字再儿化。在器物名词中，会出现凳凳儿、板板儿等；在称谓名词中，会在人名的小称中出现此类现象，比如琪琪儿、静静儿、宝宝儿等儿化词。

（2）在形容词的儿化形式中，主要是单音节形容词的儿化变体。比如尖尖儿、弯弯儿、滴滴儿等。

（3）在副词的儿化形式中，此类重叠的儿化形式也占了主要部分。在表示时间的副词中，出现了将将儿、刚刚儿等儿化词；在表示方式、情态的副词中，出现了轻轻儿、悄悄儿等儿化词。

（4）在量词的儿化形式中，同样也有很多重叠的现象，如杯杯儿、条条儿、片片儿、盅盅儿等儿化词语。

这种重叠式的表达使恩施方言显得生动活泼，相对于普通话书面语的表达更具有生活的气息。

3. ABB 儿式

形容词除了上述所说的"AA 儿式"之外，还有一种儿化的形式，就是"ABB 儿式"。在形容词的儿化里，就有好生生儿、薄絮絮儿、胖极极儿、光区区儿等词语；在数量词的儿化里，也大量地出现了"ABB 儿式"的重叠，比如一丁丁儿、一杯杯儿、一把把儿等。此类重叠同样使恩施方言变得生动活泼，特别是使形容词的形容效果更加准确，比书面语的表达更加丰富。

总的来说，恩施方言儿化词的词形丰富多样，以重叠之后儿化的方式为主，辅之以加"哈""娃"等特殊词语之后再儿化的方式。

（二）词性方面

在现代汉语中，儿化的一个重要作用就是区分词性。在恩施方言中，儿化词的词性变化不是很突出，但在儿化过程中会出现这种现象。许多词语儿化之后，词性发生了改变。例如：

"盖"是动词，表示掩盖的动作；"盖盖儿"是名词，表示具有遮蔽功能的东西。

例句：

①晚上要把被子盖好。

②你去把炉子上的盖盖儿揭一下。

"滴"是量词，用于滴下的液体的数量；"滴滴儿"是形容词，形容很小。

例句：
①这片叶子上有几滴水。
②这个细娃儿才这滴滴儿，肯定还不会说话。

还有许多词本身就有量词、名词两种词性，加了儿化之后，自如地在这两种词性之间转换，比如盅、杯、碗、片等词语。

"条"是量词；"条条儿"是形容词。
"片"是量词；"片片儿"是形容词。

例句：
①我要去买一条毛巾。
②我把这肉撕成一条条的。

（三）语用方面

恩施方言的儿化词大量地运用在平时的交际中，在词语运用过程中，许多词听起来都显得更加亲切、委婉，甚至从这些儿化词中透露出喜爱之意，但也有少量含有贬义。

在称谓词中所用的儿化都是表达一种亲密的关系，通过儿化叫出来的人名或小名让这种地域的称谓充满和谐和爱的味道。比如华娃儿、静静儿、婶儿比华华、静静、婶婶显得更加亲切，显示了发话者的喜爱之情，体现了恩施地区民风淳朴的特点。

大部分形容词的儿化也能表达亲切、喜爱的感情色彩。如：
①这个细娃儿才这小，肯定还不会说话。
②这个细娃儿才这滴滴儿，肯定还不会说话。
"滴滴儿"相对于"小"，喜爱的情感色彩更加浓烈。

形容词儿化后在入句的时候通常在儿化词后面加"的"。部分形容词有贬义的情感色彩在其中，这类形容词大多是形容不好的事或物，但这类词仅少量存在。例如：
①襟佻佻儿
你天天穿些襟佻佻儿的衣服，吊儿郎当的（你每天穿的衣服又少又不整齐，不正经）。
②蛋俩俩儿（粗语）
你一天正经些，不要蛋俩俩儿的。

(四) 语义方面

在现代汉语中,区分词义是儿化词的重要功能,在恩施方言中有许多词语儿化之后改变了词义或者使语义程度发生变化,这种演变上的共性就是使词义变小或变少。

1. 名词的词义变化

在名词中有这样一些单音节词,在单音节重叠之后加"儿"形成新的儿化词,同时使词义发生了改变。

(1) "头"意为人身体的最上部分或动物身体最前的部分。

例句:

你的头上有根草。

"头头儿"意为剩下残留的部分或者物体的上端、尽头。

例句:

①你给我把这根线头头儿剪哒。

②在那条路的头头儿上有一棵树。

(2) "眼"意为人和动物的视觉器官。

例句:

我眼里好像进沙子了。

"眼眼儿"意为物体上面的小洞。

例句:

我阔以从墙上的那个眼眼儿里看到外头的人。

2. 形容词的词义变化

恩施方言中,形容词的儿化常伴有重叠形式,就如前文所写的"AA儿式""ABB儿式",形容词主要起修饰作用,那么形容词儿化之后的语义变化就主要是修饰程度的变化。

(1) "薄"的形容程度小于"薄絮絮儿"的形容程度。"薄絮絮儿"表示比"薄"更薄的意义。

例句:

①你穿的衣服好薄,招呼些感冒了。

②你穿些薄絮絮儿的衣服,招呼些感冒了。

(2) "光区区儿"的形容程度大于"光"的形容程度。"光区区儿"表示比"光"更光滑的意义。

例句：

①那个石头上面莫子都没得,很光。

②那个石头上面莫子都没得,光区区儿的。

(3)"胖极极儿"的形容程度大于"胖"的形容程度。"胖极极儿"表示比"胖"更胖的意义。

例句：

①他长得胖,衣服都要撑破了。

②他长得胖极极儿的,衣服都要撑破了。

3. 副词的词义变化

副词与形容词都有修饰功能,副词儿化的语义变化与形容词相同,也是修饰程度的变化。

(1)"悄悄儿"的修饰程度大于"悄悄地"的修饰程度。"悄悄儿"的词义程度更深,儿化后更加凸显"悄"这个状态。

例句：

①他没有看到我,因为我悄悄地走了。

②他没有看到我,因为我悄悄儿走了。

(2)"轻轻儿"的修饰程度大于"轻轻地"的修饰程度。"轻轻儿"的词义更深,儿化之后突出了"轻"的感觉。

例句：

①那箱子蛮轻,我轻轻地一使力就肘起来了。

②那箱子蛮轻,我轻轻儿一使力就肘起来了。

4. 数量词的词义变化

数量词与形容词和副词一样起修饰作用,但是,数量词的儿化并不是使修饰程度加深,恰恰相反,数量词的儿化使得数量词的修饰程度减轻。

(1)"一盅盅儿"的修饰程度小于"一盅"的修饰程度。"一盅盅儿"表示更少的水。

例句：

①难为您儿给我倒一盅水。

②难为您儿给我倒一盅盅儿水。

(2)"一碗碗儿"的修饰程度小于"一碗"的修饰程度。"一碗碗儿"表示更少的饭。

例句：

①我今天不饿,只要一碗饭。

②我今天不饿,只要一碗碗儿饭。

总的来说,儿化词的语义变化主要包括词语意义的变化和词语修饰程度的变化,主要是使词义变少或变小。儿化词修饰程度的变化占语义变化的主要部分。

四、结　　语

儿化现象是方言研究里面的重要课题,而且恩施方言的儿化现象有其特殊性。恩施方言的儿化词数量多,种类丰富,特点明显。本篇论文列举了不同词性的恩施方言儿化词语料,从儿化词的词形、语用和语义入手分析。恩施方言儿化词有着以重叠为主的多种词形构成方式;儿化词对部分词语词性的改变作用明显;儿化词不同的情感色彩在语言运用方面起着重要的作用;儿化词丰富的语义内涵,特别是修饰程度的变化,使语义变得更小或更少。

儿化词只是方言研究的一小部分,希望关于方言的研究可以为保护方言文化和建设地域文化提供一些帮助,使方言所代表的民族文化继续灿烂辉煌。

参考文献

[1] 王娟.新郑方言儿化词研究[D].昆明:云南师范大学,2015.

[2] 皮婕.恩施方言句末疑问语气词研究[D].北京:中央民族大学,2011.

[3] 任泽全.恩施州志[D].武汉:湖北人民出版社,1998.

[4] 李艳霞.安阳方言形容词儿化调查[J].安阳师范学院学报,2006(4):82-83.

[5] 黄伯荣,廖序东.现代汉语(上册)[M].增订五版.北京:高等教育出版社,2011.

[6] 崔娅辉.周口方言儿化初探[J].语言应用研究,2011(3):88-89.

[7] 谢璐雪.襄阳方言儿化现象[J].襄阳职业技术学院学报,2014(2):

28-32.

[8] 翟维娟.山西新绛方言的儿化、子尾和重叠[D].天津:天津师范大学,2015.

[9] 潘栖.大同方言的儿化词研究[D].大连:辽宁师范大学,2014.

通城方言补语的分析

葛伊莹

指导教师：高娟

一、引　言

通城位于湖北省咸宁市，是湖北省东南部的一个小县城。通城虽然地理面积不大，但风景优美、物产丰富、人杰地灵，孕育了许多杰出的人物。起义英雄李自成与通城也有千丝万缕的关系，传言当年李自成携带大量财富途经通城，在通城不幸遇难，故在通城隽山上存有其墓碑。通城有一条母亲河——隽水河，隽水河哺育了通城的子子孙孙。在隽水河的两岸，通城人安居乐业，生活幸福安康。

通城地理面积虽然不大，但是"十里不同音"，住在通城南面的人们甚至听不懂通城北面的方言。原因是通城处于湘鄂赣交界处，受周边口音影响较大。除此之外，各个地方的通婚也对通城方言产生了很大的影响。由于通城方言的复杂性和独特性，其被称为地方方言中的"活化石"。本文以通城方言补语为研究对象，并结合其他方言补语的情况，对通城方言的程度、趋向、时地、结果、情态、数量、可能补语的特点进行分析与研究。

二、通城方言补语的分类及特点

（一）程度补语

1. 程度副词作补语

在通城方言的程度补语中，一般会用程度副词作补语，如很、透、多、坏等。这些程度副词一般修饰程度的深浅与感情的强烈。在通城方言中，程度补语一般会加上带有地方特色的语气词，如呀、哟、特等。加上这些语气词之

后,句子有了一定的语调。例如:

①天气热得很唷!
②真是坏透特唷!
③憋得急死个人唷!
④舒服多特!
⑤爽坏特!
⑥好极特!
⑦好得很呀!

在通城方言的程度补语中,形容词的前面通常加上程度副词,表示程度的深浅。格式为"主语+谓语+宾语+宾补"。例如:

①革(这)朵花闻起来很香。
②革(这)个苹果吃起来真好吃。
③革(这)幅画看上去真好看。
④革(这)个玩具摸起来很舒服。
⑤我发觉她长得真牌子(漂亮)。

在通城方言的程度补语中,短的句子通常会加上一些独具地方特色的语气词,如"特""呀"等,表示一种特殊的语气。在通城方言中,也会一个意思有几种不同的表达。如"开心坏特"中的"坏特"是开心的程度补语,同时"咋呷巴样""死特""咋猴子样"修饰"开心"都是开心的补语且表达的意思是一样的。例如:

①开心坏特。
②开心得咋呷巴样。
③开心死特。
④开心得咋猴子样。

2. "不得了、要死、要命、不行"等结构作补语

在通城方言中,也会出现"不得了、要命、要死、不行了"等词作补语的现象,且这些词相当于程度副词。"要死""要命"这些词在句子中并没有实在的意义,其所表达的意思仅仅是程度很深,或者带有一些夸张的色彩。例如:

①镗(听)到革(这)个话后简直气得要死特。
②手上把得刀切了一峭(下),疼得要死呀。
③他革(这)个人把得朋友讨厌得要死。
④他们两个人关系好得要死。
⑤她喜欢革(这)件礼物喜欢得不行。

⑥他成绩好得不得了唷!
⑦他喜欢他女朋友喜欢得要命呀!
⑧小明屋特一家人脾气都拐得要命。
⑨她这么晚都不回家,屋特(家里)的人都担心得要死。
⑩他什么都听父母的话,真是乖得要命呀!

在通城方言中,"要死"和"要命"的句法成分和语义选择都是一样的,表示的是动作以及情态的程度。因此,在同一语境中,"要死"和"要命"常常是可以互换的,影响不大,且在通城方言中比较常见。例如:

①他革(这)个人把得别个讨厌得要死。

革(这)个人把得别个讨厌得要命。

②他哇(说)起事来啰嗦得要死。

他哇(说)起事来啰嗦得要命。

③他喜欢他姑特(女孩)喜欢得要命。

他喜欢他姑特(女孩)喜欢得要死。

3. "V+不过"

在通城方言中,"V+不过"这种形式中的程度补语起补充说明的作用,用"不过"修饰动词,表示程度的深浅与感情的强烈。在通城方言中,会带上独具地方特色的方言语气词,如"呀""特"等。例如:

①小李真是让人心疼不过呀!
②他革(这)个人太小气不过了。
③发生革(这)样的事,他该是最倒霉不过的了。
④革(这)件事再好不过特。
⑤革(这)件事让人喜不过特。

4. 忒……了

在通城方言的程度补语中,在形容词或者副词的前面通常加上程度副词,表示强调。"忒"在通城方言中是程度副词,表示"很"的意思,常用在程度补语中修饰形容词。例如:

①吃得忒(太)多了。
②她长得忒(太)好看了。
③革(这)道题出得忒(太)容易了。
④笑得忒(太)傻了。
⑤他跳得忒(太)高了。
⑥我真是忒硕(傻)了。

⑦她真是忒(太)好了。

5. "V+得"

这种格式里的"得"直接作粘合式补语,补充说明动作的程度深。在通城方言中,"得"是一个表示实在意义的动词,作补语时不读轻声,而是读它的本音。"了"是这一格式的常项,它必定不可少,读轻声。同时,在通城方言中,"V+得了"可以转换成"V+得不得了"。例如:

①偶(我)真是气得了。
②一拿到大学通知书,他的一家人都喜得了。
③看到一条蛇向她爬来,她吓得了。
④这碗饭吃完,我饱得了。
⑤在黑暗的地方,我怕得了。
⑥走了革(这)么远的路,我累得了。

在通城方言中,有些句子为了补充说明这些性质形容词程度的深浅,则会用程度副词"得很"修饰。例如:

窄得很　宽得很　大得很　小得很　多得很　少得很

在通城方言中,如果要对这种程度补语进行否定,则与普通话一致,直接在性质形容词的前面加否定词"不"。例如:

不窄　不宽　不大　不小　不多　不少

6. "V+得不得过"

在表达程度方面,"不过"作粘合式补语,构成"A+不过"或"V+不过"的必要条件,只要其中有一个条件得不到满足,组合就不成立。在通城方言中,"V+得不得过+语气词"构成了一种特殊的补语。例如:

①他累得不得过唷!
②她忙得不得过唷!
③她饿得不得过唷!
④她牌子(漂亮)得不得过唷!
⑤她饿得不得过唷!

7. "A+得点儿"

在通城方言中,通常用"A+得点儿"的形式修饰主语。在句子中,"得点儿"作形容词的补语。而且形容词仅限于性质形容词,并且一般用的都是组合式的补语形式。例如:

①革(这)个桥窄得点儿。
②革(这)个衣服宽得点儿。

③革(这)个苹果大得点儿。
④革(这)串葡萄多得点儿。
⑤革(这)个橘子酸得点儿。
⑥革(这)个小孩胖得点儿。
⑦革(这)个姑特(女孩)牌子(漂亮)得点儿。
⑧革(这)个姑特(女孩)高得点儿。
⑨革(这)个房子高得点儿。

在通城方言中,"点儿"表示程度不深,补充说明其前面形容词的程度超过了发话者的主观愿望,但超过的程度不深,只是稍微有点儿。因此,这种表达式往往都可以变换成如下格式。例如:

①革(这)个桥有点儿窄。
②革(这)个衣服有点儿宽。
③革(这)个苹果有点儿大。
④革(这)串葡萄有点儿多。
⑤革(这)个小孩有点儿胖。
⑥革(这)个姑特(女孩)有点儿牌子(漂亮)。
⑦革(这)个姑特(女孩)有点儿胖。
⑧革(这)串珠子有点儿闪。

在通城方言中,如果要补充说明这些性质形容词的程度深,则和普通话一样,用程度副词"很"直接放在"得"的后面构成组合式程度补语。例如:

①革(这)个桥窄得很。
②革(这)个衣服宽得很。
③革(这)个苹果大得很。
④革(这)串葡萄多得很。
⑤革(这)个姑特(女孩)牌子(漂亮)得很。
⑥革(这)个小孩胖得很。
⑦革(这)串珠子闪得很。
⑧革(这)个姑特(女孩)胖得很。

在通城方言中,大多会用"有点儿"来修饰形容词,表示程度的深浅,作程度补语。例如:

①革(这)个苹果有点儿大。
②革(这)本书有点儿叩(厚)。
③革(这)个姑特(女孩)有点儿牌子(漂亮)。

④革(这)个老人有点儿和蔼。
⑤革(这)个男孩有点儿梭(笨)。
⑥革(这)个房子有点儿高。
⑦革(这)个姑特(女孩)有点儿胖。

8. "A＋特"

在通城方言中,会用"A＋特"的形式作句子的补语,一般用于使动用法中。与普通话中"A＋的"类似。例如:
①这个节日使得(这)个商店冷清特。
②这件事让他得(的)脸红彤特。
③这个天盆里得(的)飞(水)冷冰特。
④这道工序使得麻油香喷特。
⑤她的所作所为使得我心冷特。
⑥她的礼物使得我高兴特。
⑦活动使得教室吵哄特。
⑧小工具使得灯光白晃特。
⑨这个护肤品使得妹妹长得可牌子(漂亮)特。

(二) 趋向补语

在通城方言中,趋向补语比较常见,分为"V＋单音节趋向补语"与"V＋双音节趋向补语"。通城方言中,只带趋向动词充当的补语,后面不带宾语的动补句有与普通话一致的,也有不完全一致的。

1. V＋单音节趋向补语

在通城方言中,一般是动词加单音节趋向动词"上""下""过""去""进""出"。例如:
①我来过特。
②他走开特。
③我赶上特。
④我跑进特。
⑤他跑去特。
⑥我走进特。

2. V＋双音节趋向补语

在通城方言中,一般是动词或者形容词加复合趋向动词"过来""出去""起来"等。例如:

①他走过来特。

②你脚(走)出去特。

③我赶过来特。

④他把钱还得过来特。

⑤他慢慢变得坚强起来特。

⑥场景(生活)慢慢变得好起来特。

3．V＋趋向补语＋N

在通城方言中,趋向补语一般是"V＋趋向补语＋N"的结构,一般表达的是去了哪些地方、做了哪些事情或发生了什么。趋向补语一般放在动词之后、宾语之前。例如：

①他拿来特两袋苹果。

②她走进特办公室。

③他丢出去特两个香蕉。

④他抱来特一个小熊。

⑤她带来特一只兔子。

⑥她提来特一袋子水果。

4．V＋N＋趋向动词

中间的受事宾语一般是名词,指的是宾语的发展趋向。例如：

①我每个月都会寄些钱回家滴。

②他挑特一些东西回了家。

③他捧特一束花来了。

④我带了两个苹果给他。

⑤小米买了两个糖给妹妹。

5．V＋趋向补语＋V＋趋向补语

运用"ABAC"的模式作趋向补语不仅是现代汉语的一种特色,也是通城方言补语的一大特色。例如：

①他在客厅走来走去德。

②小鱼在水里游来游去德。

③她在操场上跳来跳去德。

④他在楼梯上爬上爬下德。

⑤他在房间里进来进去德。

普通话里,动词后直接带单音节趋向动词"来"或"去"作补语,通城方言里可加别的成分构成动补结构,即"来"不直接放在动词后作补语,而是在动

词和趋向补语之间有一个虚词"得",构成"V+得"。例如:
①他们从后头赶得过来特。
②他把钱还得过来特。
③他把车还得过来特。
④我把礼物送得过去特。
⑤她把事业做得成功特。

动词加单音节趋向补语,在通城方言中比较常见,表趋向时简单明了。而双音节趋向补语或者多音节趋向补语,书面语意味更浓。

6．V+特

在通城方言里,"V+特"一般会放在谓语之后,通常会带上地方特色词汇"特",表示动作已经完成。例如:
①他把钱还得来特。
②他捧了一大把花来特。
③夜晚久久平静不下来特。
④他的书掉屋里去特。

(三) 时地补语

在通城方言中,时地补语表示中心语行为所涉及的时间位置或方所位置,通常由介词结构充当,介词结构表示时间或方所意义。通城方言的时地补语,也分时间补语和地方补语两大类。

1．时间补语

在通城方言中,时间补语的补语是时间,一般指的是某个具体的时间点或者时间段。时间补语多会带上地方特色语气词。例如:
①我听特一会儿。
②我来特两个多月特。
③我讲特十分钟。
④他学习特两个小时。
⑤他等特她半个小时。

2．地点补语

地点补语的补语是地点,一般指的是具体地点。在通城方言中,地点补语与现代汉语类似。例如:
①这事出在通城特。
②我吃饭在街上特。

③我带着他去云南特。
④他领着我去武汉特。

在通城方言中,时间补语有时可以放在动词和宾语之间,它和宾语之间可以加"的"前提:宾语不能为人称代词(你、我、他、她、它)。例如:

①你看特一个小时的电视?
②他学特两年的英语。
③他游特一下午泳。
④我散特一会儿的步。

在通城方言中,宾语是人称代词时,时间补语放在宾语后边。格式一般为"主语+动词+(了)+宾语+时间补语"。例如:

①我找特你一个小时特。
②我们就在革(这)等她一会儿吧!
③我帮特你十多年特。
④妈妈打特孩子一分多钟。
⑤老师批评学生特一个小时。

(四) 结果补语

通城方言中的结果补语是中心语行为补语所导致的。

1. V+结果补语

在通城方言中,"V+结果补语"的形式很常见。一般分为两种情况:一种情况为带"得"的结果补语,通常"得"后的补语由状态形容词充当;另一种情况则是不带"得",补语通常由词或者短语充当。例如:

①他一下就跑得很远很远特。
②他们两个人闹翻特。
③我硬是急得爱提(眼泪)直流。
④这件事把人都气晕过去特。
⑤他看小说看得入了迷。
⑥学好了本事做么事都不怕。
⑦他拿棍子呼过去,把小偷撵去(赶走)跑了。
⑧他把他舅爷气去跑了。

2. V+结果补语+O

在通城方言中,这一格式的动补句跟普通话里的动补句结构一致。句子里动词后既带结果补语,又带宾语。例如:

①把人都气晕特头过去。
②他看小说都看入了迷。
③学好了本事做么事都不怕。

3. V+去+V+了

在通城方言中,"V+去+V+了"是特有的结果补语句形式。第一个动词后面的"去"是必不可少的成分,用普通话来表示这一结果时,是"V+V+了";第二个动词作结果补语。句末的"了"也是这一格式必不可少的成分。整个格式可以看出是趋向补语和结果补语的结合,也就是说,这种格式既有趋向补语,又有结果补语。例如:

①他拿棍子呼过去,把小偷撵去(赶走)跑了。
②他把他舅爷气去跑了。
③她把花拿去走了。
④她把弟弟带去跑了。

(五)情态补语

在通城方言中,情态补语比较常见,在谓语动词或形容词后加"得",一般是用来评价、判断或描写动作或人、物的情态的成分。如"他气得跳了起来"。最常见的是 V+情态补语。

在通城方言中,情态补语也是表示动作或者形状呈现出来的状态。主语和补语之间一般加助词"得"。例如:

①革(这)个雨来得猛呀!
②你呀,想事情不要想得太简单了呀!
③他讲课讲得眉飞色舞滴!
④他气得脸都紫特。
⑤他开心得爱提(眼泪)都流特出来。
⑥他激动得哇(说)不出话来。

在通城方言的情态补语中,一般会加上独具地方特色的语气词,如"他讲阔(课)讲得眉飞色舞滴"中的"滴"。另外,通城方言的情态补语与现代汉语的情态补语相比,语序有些不同。在现代汉语中,正常的语序为"他开心得眼泪都流出来了"而在通城方言中,表述为"他开心得爱提(眼泪)都流特出来"。

(六)数量补语

通城方言中的数量补语与现代汉语中的区别不大,是指位于动词后作补语的数量补语,包括时量补语与动量补语。

1. 时量补语

由表示时量的数量短语来充当,表示动作持续的时间。例如:

①我每天都坚持锻炼一个小时。

②我每天晚上一般都得复习两三个小时。

③我常常学到十一点多。

④我原本打算学一年的。

通城方言的时量补语中,常用上一些独具地方特色的词汇,如"特""上"等,表达一定的语气。例如:

①我来特两个多月了。

②我常常要等上十多分钟。

③他去特三个月了。

④她吃顿饭要吃上一个小时。

⑤他上个厕所要上半个小时。

⑥我在这里住特一年特。

2. 动量补语

由表示动量的数量短语来充当,表示动作发生的次数。例如:

①这句话我哇(说)过三遍。

②他打特我一下。

通城方言的数量补语中,一般不会有"上"这个特殊词汇,但一般都有"特""了"等。例如:

①革(这)本书我看特两遍。

②革(这)个东西我看特两眼。

③革(这)个地方来特三次。

④他打特我一下。

⑤革(这)句话我哇(说)特三遍。

⑥革(这)些碗洗了一遍。

通城方言的数量补语中,大多会加上地方特色词汇"特"。"特"在句子一般起语气词或者结构助词的作用。

(七) 可能补语

1. "V+得"形式

通城方言中可能补语多带"得",表示能怎么样或不能怎么样。例如:

①他蛮吃得！
②这个苹果吃得完！
③他蛮喝不得酒。
④我根本不认得他。
⑤你把一桶干净水倒特，我看你是不得水了！
⑥只要去得三次就能学会哒。

2. "V+得+宾语"形式

在通城方言中，可能补语也用"V+得+宾语"的形式来表示。在动词后加"得"或"得不"。例如：

①革(这)个论文写得(不)完。
②革(这)句话听得(不)懂。
③革(这)个门出得(不)去。
④革(这)个问题解决得(不)好。
⑤革(这)个照片看得(不)清楚。

3. "否定词(有、莫、不)+V+得"形式

在通城方言中，也有"否定词(有、莫、不)+V+得"表可能，并不是表达一种否定的含义，表达的意思是可能实现或者可能不实现。例如：

①革(这)场饭你去得(去不得)。
②革(这)个苹果你吃得(吃不得)。
③革(这)个人你认得(认不得)。
④革(这)个苹果丢不得。

此外，其否定形式一般将"V+得了"改为"V+不了"。例如：

走得了(走不了)　办得了(办不了)　决定得了(决定不了)

这种形式在现代汉语中比较常见，在通城方言中也存在。

4. "V+得+滴"形式

在述语和结果补语之间加入"得"或"不"，表示动作的结果、趋向可能或不可能出现。在通城方言中会加上特色句尾语气词"滴"。例如：

①他蛮吃得滴。
②革(这)个苹果吃得完滴。
③他蛮喝不得酒滴。
④我根本不认得他滴。

在现代汉语中，一般不会出现"滴"这个语气词，通常是"的"，如"我根本不认得他的"。

5. "V/A+怕"形式

在通城方言中,可能补语中通常会加上一些口头语,表示猜测或者疑问的语气。例如:

①这件事可能是真的怕!
②我可能真的喜欢他怕。
③他可能是吃饱了怕。
④我可能是不喜欢他怕。
⑤我可能是太困了怕。

这种情况在现代汉语中也会出现,但是并不常见,在通城方言的可能补语中则比较常见。在通城方言中,通常加上"怕"这个地方特色语气词,表示猜测或者可能的语气。

6. 其他可能补语

①"V+得+得":革(这)个苹果吃得得。
②"V+(宾)+得+主谓"形式:他送一本书得我看。

三、总　　结

本文通过对通城方言的程度、趋向、时地、结果、情态、数量、可能补语进行分析与研究,并以通城方言补语的特点为切入点,使我们对通城方言有了进一步的了解。通城方言俗称方言中的"活化石",研究其补语难度虽大,但通过研究通城地方志和其他方言补语,我们整体上对通城方言补语有了大致的了解。在本文中,对通城方言补语的程度补语与可能补语的分析较细致,而情态补语与趋向补语研究则不够。作为通城学子,对通城方言的研究,既是对本地方言的继承,也是对现代汉语补语的补充与发展。

参考文献

[1] 王求是.孝感方言研究[M].武汉:华中师范大学出版社,2014.
[2] 王松.基于程度补语句下位分类研究的思考[J].安康学院学报,2012(3):59-61.
[3] 赵元任.湖北方言调查报告[M].上海:商务印书馆,1948.
[4] 华学诚,杨雄.《方言》校释论稿,北京:高等教育出版社,2011.

[5] 盛银花.安陆方言研究[M].武汉:华中师范大学出版社,2015.

[6] 罗芬芳.修水赣方言语法特色研究[D].南宁:广西师范学院,2011.

[7] 曲溪濛."A 点儿"与 V 的语序问题考察及功能分析[D].哈尔滨:黑龙江大学,2010.

[8] 邓云华.汉语联合短语的类型和共性研究[D].长沙:湖南师范大学,2004.

[9] 刘晓倩,邵敬敏."罢了"的语法化进程及其语义的演变[J].古汉语研究,2012(2):66-73.

[10] 张燕.较量[J].读写月报,2013(2):28-32.

[11] 金琼贺,程立浩.通城方言语法初探[J].中文信息,2016(2):369-370.

[12] 侯小丽.咸阳方言补语及其相关现象[D].福州:福建师范大学,2009.

保康方言儿化词研究

代安良

指导教师：童琴

一、引　言

儿化现象由来已久，学者们对于儿化现象的研究也有着诸多成果，尤其是在普通话中儿化词的性质、形式、功能和教学方法等方面建树颇丰。在方言儿化词研究方面，学者们对儿化韵的地区分布、形式、性质及儿化韵的形成等进行了收集整理，还对单个方言儿化现象做了研究。

但在单个方言片区的研究中，因人力、物力等限制，仍有许多地方方言可做研究补充。保康方言研究便是如此。其主要研究成果体现在语音、方言词汇收集和简单的语法现象分析等方面。保康方言中的儿化现象并没有被单独研究过。本文尝试分析保康方言中不同词性的儿化词，归纳保康方言儿化词中的词形、词性、语义、语用等特征，以此做研究。一是尽可能保护、传承保康方言，二是为保康地区的普通话推广提供一定的参考。

本文的语料主要来自对保康县城关镇、寺坪镇、马桥镇、歇马镇、店垭镇等片区方言使用者的调查，调查对象概况如表 1 所示。

表 1　调查对象情况表

姓名	性别	年龄	籍贯	学历
代全富	男	50	湖北省保康县寺坪镇	初中
刘兴平	女	48	湖北省保康县马桥镇	小学
黄德军	男	57	湖北省保康县歇马镇	初中
任礼鹏	男	28	湖北省保康县店垭镇	大专
鲁晓婷	女	23	湖北省保康县城关镇	本科

二、保康方言儿化词的构成

保康方言中的儿化词在保康方言中的运用十分普遍,在人们日常的口语交流中,名词的儿化应用最为广泛,形容词和量词的儿化出现频率也很高,动词的儿化相对较少,但也有相应的特点。本研究将从名词、动词、形容词、副词、数量词、代词等方面的儿化现象系统分析保康方言中儿化词的构成。

(一) 名词的儿化

1. 普通名词的儿化

保康方言中的普通名词,如常见的动植物名、家具名、食物名等会加儿化。

鲜花儿　小草儿　茶叶儿　苞谷坨儿(玉米)

鸡娃儿　猪娃儿　牛娃儿　鸭娃儿

板凳儿　门槛儿　烟花儿　灯泡儿

面条儿　肉丝儿　洋芋片儿(土豆片)　蛋花儿(鸡蛋花)

2. 称谓名词的儿化

称谓词是人际交往中相互使用的称呼、称号等。保康方言中,很多称谓词后会加儿化。

(1) 长辈在称呼晚辈名字(小名)时,一般会用小名最后的一个字加"娃儿",比如笔者的小名叫阳阳,长辈们一般会称阳娃儿;小名叫金海的,长辈会叫他海娃儿。诸如此类还有很多,如:

山娃儿　丽娃儿　旭娃儿　军娃儿　鹏娃儿

涛娃儿　颖娃儿　晨娃儿　明娃儿　康娃儿

(2) 亲属之间相互的称呼、同辈间的关系称呼也会加儿化,如:

老表娃儿(表兄弟相互之间的称呼)　兄娃儿(特指弟弟)

兄弟伙儿(兄弟几人的统称)　姊妹伙儿(姐妹几人的统称)

妯娌伙儿(两兄弟妻子之间的关系)　新郎官儿(结婚时对新郎的称呼,平时可以用来打趣穿着正派、帅气的男子)

新姑娘儿(结婚时对新娘的称呼)　丫头儿(小姑娘)

婆娘儿(妇女的俗称)　媳妇儿(婚姻关系中男子对女子的称呼)

老伴儿(老年夫妻之间的称呼)　老头儿(专指老年夫妻之间,女方对男方的称呼)

老麻麻儿(专指老年夫妻之间,男方对女方的称呼)

(3)除了这些称谓词加儿化,人们在称呼某些特殊人群(含贬义)时,也会加"佬儿""包儿"等儿化,如:

叫花佬儿(乞丐)　打铁佬儿(铁匠)

杀猪佬儿(杀猪匠)　好吃佬儿(贪吃的人)

可恶佬儿(可恶的人)　乡巴佬儿(很土气、没有见识)

哑胡包儿(形容很蠢、很笨的人)　扣掐包儿(形容极其吝啬、一毛不拔的人)

3. 时间名词的儿化

(1)普通话中常见的时间名词,如前天、昨天、今天、明天等,在保康方言中一般具体表现为把"天"字去掉,后接儿化。如:

上前儿(大前天)　前儿(前天)　昨儿(昨天)　今儿(今天)

明儿(明天)　后儿(后天)　外后儿(大后天)

(2)这些时间名词在保康方言中也有另外一种表现形式(现在年轻一辈用得比较少),算是一种特殊儿化,具体是把"天"字去掉,后接"个儿"。如:

上前个儿(大前天)　前个儿(前天)　昨个儿(昨天)

今个儿(今天)　明个儿(明天)

举个具体例子,如"我昨天在路边摊买了一件花衬衣",用保康方言表达就是"我昨个儿在地摊儿上买了一件花衬衣"。

(3)除上述时间名词的儿化,保康方言中还有特殊的时间名词的儿化表达。如:

麻麻亮儿(黎明)　晌午头儿起(正中午)

晚儿上(晚上)　春儿上(春天)

早半儿(上午)　晚半儿(下午)

4. 部分方位名词的特殊儿化

(1)普通话中东、西、南、北、前、后、上、下、左、右等方位名词在保康方言中具体应用为"方位词+边儿(或面儿)",表示"在……(旁)边"。如:

东边(面)儿　西边(面)儿　南边(面)儿　北边(面)儿

前边(面)儿　后边(面)儿　上边(面)儿　下边(面)儿

左边(面)儿　右边(面)儿

(2)除了上述方位名词的儿化,保康方言中还有一种特殊的方位表达——"N+F(儿)+起",表示"在……上(或者附近)"。如:

床头儿起(床头边上)　河边儿起(河边上)　房顶儿起(屋顶上)

鼻尖儿起（鼻尖上）　房檐儿起（屋檐上）　墙角儿起（墙角附近）

例如：

①床头儿起有插线板，可莫乱摸哦（床头边上有插线板，千万别乱摸）！

②快看！河边儿起有两只鹅（快看！河边上有两只鹅）！

③你鼻尖儿起有个东西，我给你擦一哈儿（你鼻尖上有个东西，我帮你擦一下）。

④把墙角儿起的锄头拿来哈儿（把墙角的锄头拿过来）。

5. 身体部位词的特殊儿化

在保康方言中，表示身体部位的词也有部分出现儿化，如：

脑阔娃儿（头）　喉咙管儿（喉咙）

下巴儿（下巴）　肩膀儿（肩膀）

倒拐儿（肘）　手腕儿（手腕）

手板儿（手掌）　手指个儿（手指）

指甲盖儿（指甲）　客气包儿（膝盖）

脚板儿（脚掌）　脚趾个儿（脚趾头）

（二）动词的儿化

动词是表示动作、行为、心理活动或存在的词。保康方言中也存在动词的儿化现象，虽然相对名词的儿化而言，动词的儿化数量较少，但也有其特色。保康方言中动词的儿化主要存在于动作动词（如"听、说、看、读、写、走、提、抬"）和趋向动词（如"上、下、进、出、来、回"）之中，具体表现为"V+（一）哈儿"，"一"可用可不用，不区别意义。如：

听（一）哈儿　说（一）哈儿　看（一）哈儿　读（一）哈儿

写（一）哈儿　走（一）哈儿　提（一）哈儿　抬（一）哈儿

上来（一）哈儿　下来（一）哈儿　进来（一）哈儿

出来（一）哈儿　过来（一）哈儿　回来（一）哈儿

例句：

①你听一哈儿人家是咋样儿说哩（你听一下别人是怎样说的）！

②你说哈儿看，你有啥子想法儿（你说说看，你有什么想法）？

③就只是看一哈儿，又不会吃亏（就只是看一眼，又不会吃亏）！

④我不识得字，这封信你帮我读一哈儿中不（我不认识字，这封信你帮我读一下可以吗）？

⑤下课了莫慌走，写哈儿作业先（下课了别急着走，先写会儿作业）。

⑥明个儿我们去走哈儿人家,你到屋里好好儿看门(明天我们去走人家,你好好儿看家)。

⑦包太重了,我帮你提一哈儿吧(包太重了,我帮你提一下吧)!

除了上述特殊的动词儿化形式外,保康方言中还存在"V＋儿"的常见儿化形式,如关门儿、干活儿、打滚儿、好玩儿等。此类动词儿化和普通话动词儿化相似,学者们对于此类动词儿化研究较为透彻,故本文只将保康方言中此类动词儿化提出来,不做赘述。

(三) 形容词的儿化

形容词是表示事物形状、性质和状态的词。保康方言中存在很多形容词儿化的现象,如:

高高儿　胖胖儿　弯弯儿　尖尖儿
红艳艳儿　黑乎乎儿　白花花儿　绿油油儿
金灿灿儿　亮晶晶儿　慢腾腾儿　皱巴巴儿
圆溜溜儿　毛绒绒儿　胖乎乎儿　轻飘飘儿

例句:

①他个头儿高高儿哩,找他来帮忙应该刚好儿合适(他个子挺高,找他帮忙应该刚好合适)。

②这丫头儿虽然有个胖胖儿脸,但这弯弯儿眉和尖尖儿鼻子还是很俊(这女孩儿虽然脸有点胖,但是弯弯的眉毛和尖尖的小鼻子还是很耐看)!

③你这是到哪儿整哩,脸上全是黑乎乎儿哩(你这是在哪儿弄得,脸上全是黑乎乎的)?

④今年的麦子真好,打的面也是白花花儿哩(今年的麦子真好,磨的面粉白白的)!

⑤春儿上了,到处儿都是绿油油儿哩,真好看(春天到了,漫山遍野都是绿油油的,真漂亮)!

(四) 副词的儿化

在现代汉语中,副词是用以修饰或限制动词和形容词,表示范围、程度、时间等意义的词。可分为表程度、表范围、表时间和频率、表处所、表肯定和否定、表方式和情态、表语气、表关联八种。在保康方言中,表程度、时间和频率、范围、处所、方式和情态这几类副词存在儿化现象。

1. 表程度的副词儿化

保康方言中存在很多表程度副词的儿化现象,如:

有点儿(有点)　越发儿(越发)　打底儿(打底)

差不多儿(差不多)　稍微儿(稍微)　压根儿(压根)

例句:

①稍微儿走慢点儿,我有点儿累了(稍微走慢点,我有点累)。

②差不多儿就行了,莫太过了(差不多就行了,别太过分了)。

③他的话,我压根儿都不信(他的话,我根本不信)。

2. 表时间、频率的副词儿化

保康方言中存在很多表时间、频率副词的儿化现象,如:

将将儿(刚刚)　刚刚儿(刚刚)

一哈儿(一会儿)　到时候儿(到时候)

例句:

①夏天天气太热了,只能天刚麻麻儿亮就到地里干活儿,太阳出来热起来了就回来(夏天天气太热了,只能天刚亮就到地里干活,太阳出来热起来了就回来)。

②你来得真是将将儿好,再晚一点儿我们就走了(你来得真是刚刚好,再晚一点我们就走了)。

③我们出去玩一哈儿,天黑前就回来,莫担心(我们出去玩一会儿,天黑前就回来,不用担心)!

④晚上一起出去唱歌儿啊,到时候儿叫你(晚上一起出去唱歌呀,到时候叫你)。

3. 表范围的副词儿化

保康方言中存在很多表范围副词的儿化现象,如:

单单儿(单单)　总共儿(总共)

大概儿(大概)　统统儿(统统)

①全班都及格儿了,单单儿你一个儿四十多分儿,你还好意思笑(全班都及格了,单单你一个人四十多分,你还好意思笑)?

②一天总共儿才赚了80块钱(一天总共才赚了80块钱)。

③我也只晓得个大概儿,具体里啥儿都找不到(我只知道个大概,具体什么都不知道)。

4. 表处所的副词儿化

保康方言中存在少数表处所副词的儿化现象,如:

四处儿(四处)　到处儿(到处)　随处儿(随处)

例句：

①天天儿窝在屋里太闷了,我们出去四处儿转转吧(每天都窝在家里太闷了,我们出去四处转转吧)！

②赶紧把抽烟机打开啊,油烟子弄得到处儿都是哩(赶紧把抽烟机打开呀,油烟弄得到处都是)！

③我这人比较随性,你不用管我哈,我随处儿逛逛就好(我这人比较随性,你不用管我,我随处逛逛就好)。

5. 表方式、情态的副词儿化

保康方言中存在部分表方式或情态的副词的儿化现象,如：

悄悄儿(悄悄地)　轻轻儿(轻轻地)

赶紧儿(赶紧)　快点儿(快点)

慢点儿(慢点)　轻点儿(轻点)

例句：

①大家悄悄儿过去,别让人家发现了(大家悄悄地过去,不要让别人发现了)。

②这个箱子的东西很容易碎,一定要轻轻儿搬(这个箱子的东西很容易碎,一定要轻轻地搬)。

③时间不多了,大家动作麻利点,赶紧儿过去(时间不多了,大家动作麻利点,赶紧过去)。

④后面的快点儿跟上(后面的快点跟上)。

⑤我脚好疼,你走慢点儿,不然我跟不上(我脚好疼,你走慢点,不然我跟不上)。

(五) 数量词的儿化

保康方言中,数词和量词的单独儿化现象并不多,但当数词和量词结合成数量词后,就有了保康方言特有的数量词儿化的现象。如：

一碗儿(一碗)　一杯儿(一杯)

一勺儿(一勺)　一铲铲儿(一铲)

一滴滴儿(很少的一滴)　一点点儿(很少的一点)

一末末儿(很少的一点)　一丁丁儿(很少或很小的一点)

例句：

①难为您儿帮我上一碗儿饭可以不(麻烦您帮我上一碗饭可以么)？

②我只有一杯儿的酒量(我只有一杯的酒量)。

③这菜感觉没得啥子味儿,再加一勺儿盐吧(这菜感觉没有什么味道,再加一勺儿盐吧)。

④我吃不了多少了,添一铲铲儿饭就行了(我吃不了多少了,添一小铲饭就行了)。

⑤我们不喝多了,这杯儿喝清了每人再斟一滴滴儿,当作门杯儿可以不(我们不喝多了,这杯喝完了每人再斟一点,当作团圆酒可以么)?

⑥我上火了,一末末儿/一丁丁儿辣的都不能沾(我上火了,一点辣的都不能吃)。

(六) 代词的儿化

现代汉语中,代词是能起代替和指示作用的词。普通话中,有时间代词"多会儿、这会儿、那会儿"和处所代词"哪儿、这儿、那儿"等儿化现象。这些儿化保康方言中也都存在。

例句:

①他还有多会儿到(他还有多久才能到)?

②他这会儿估计在过来的路上(他这个时候应该在过来的路上)。

③他那会儿在干嘛(他那个时候在干什么)?

④哪儿有吃饭的地儿(哪里有吃饭的地方)?

⑤这儿隔县城还有好远(这里距离县城有多远)?

除此之外,保康方言中还存在人称代词的儿化,如:

第一人称:自个儿(自己)

第二人称:您儿(您)

第三人称:他个儿(他、他自己)

例句:

①屋里一个人都没得,我只好自个儿做饭了(家里一个人都没有,我只好自己做饭了)。

②您儿这是要去哪儿(您这是要去哪里)?

③等他这么半天都不来,算了,不管他,让他个儿耍(等他这么长时间都不来,算了,不管他,让他自己玩)。

三、保康方言儿化词的特点

保康方言属于西南官话的方言分支,由于受历史上流民迁移的影响,保康方言整体上呈现一种"五言杂陈"的状态,也正是因此,保康方言中的儿化现象十分常见,种类也格外丰富。保康方言的儿化与普通话的儿化有许多相似的地方,在意义和用法上有许多共同点。但是,保康方言的儿化现象也有其独特之处。

(一) 词形方面

1. 词+"儿"

保康方言儿化词中最常见的构词形式就是在词尾加"儿","N+儿"用得最多,如花儿、小草儿、茶叶儿、灯泡儿、门槛儿、洋芋丝儿、鸡蛋花儿等;"V+儿"用得相对较少,一般是某一个具体的动作行为加儿化,如关门儿、干活儿、打滚儿、翻身儿、唱歌儿等。

2. 词+"娃儿"

在保康方言名词的儿化中,除了常见的词尾加"儿"形式,还有"名词+娃儿"的构词形式。这一构词形式主要分两种:一种是"动物名+娃儿",如鸡娃儿、鸭娃儿、牛娃儿、羊娃儿、猫娃儿、狗娃儿等,这类儿化称谓对小动物的喜爱溢于言表;另外一种是"小名+娃儿",如丽娃儿、旭娃儿、军娃儿、鹏娃儿、涛娃儿、颖娃儿、晨娃儿、明娃儿等,表示长辈和晚辈间的亲密关系。

3. 词+"伙儿"

词+"伙儿"这一构词形式在保康方言的称谓语中较为常见,是指关系比较好或者亲属间的一个小团体,如大家伙儿、兄弟伙儿、姊妹伙儿、妯娌伙儿、郎舅伙儿等。

例句:

①今天真是个好日子,大家伙儿难得聚在一起。

②他们弟兄伙儿关系好哩很,怎么可能会因为一点鸡毛蒜皮的小事起冲突呢?

这类构词形式在构成表人名词的时候,一般都是表多数,相当于一个复数"们"。

4. 词＋"包儿"

词＋"包儿"这种构词形式在保康方言中用得不多,一般只出现在某种特殊场合,表示对具有某种不良品性之人的称呼,带有较为强烈的轻蔑嫌憎之意,如哑乎包儿(傻子)、扣掐包儿(极其吝啬的人)、憨包儿(很蠢的人)、唾脓包儿(极其不讲卫生的人)等。

5. 词＋"个儿"

词＋"个儿"这一构词形式在保康方言中主要存在于对人的称谓之中,表示某人自己,如自个儿、您(个)儿、他个儿。另外这一构词形式也存在于时间上的表达,如上前个儿(大前天)、前个儿(前天)、昨个儿(昨天)、今个儿(今天)、明个儿(明天)。

6. 词＋"佬儿"

词＋"佬儿"这一构词形式在保康方言中也主要存在于对人的称呼中(含贬义),如果"佬儿"附在动宾短语后,则构成略带贬义的表人名词,如打油佬儿、杀猪佬儿、砍柴佬儿、摸鱼佬儿等。当"佬儿"附在带贬义形容词后,则表示某种品性不良或者有某种特殊遭遇的人,如好吃佬儿(好吃懒做的人)、贪玩佬儿(特别贪玩的人)、调皮佬儿(特别调皮的人)、背时佬儿(倒霉的人)、遭业佬儿(境遇可怜的人)等。

7. N＋F＋儿＋起

N＋F＋儿＋起这一特殊构词形式主要存在于保康方言的方位词儿化中,表示"在……的旁边"。常见的"方位词＋儿",如东边儿、西边儿、南边儿、北边儿、前边儿、后边儿、上边儿、下边儿、左边儿、右边儿,以及"N＋儿"的构词形式,如河边儿、床边儿、路边儿、车边儿等,都可以用"N＋F＋儿＋起"来表示,如东边儿起、西边儿起、南边儿起、北边儿起、河边儿起、床边儿起、路边儿起、车边儿起等。

8. V＋一＋"哈儿"

V＋一＋"哈儿"这一构词形式在保康方言中比较常见,主要用于祈使句中,如"等一哈儿,我实在走不动了""那儿围了好多人,我们去看一哈儿""这个箱子好重,能不能帮我抬一哈儿?",这种构词形式主要表请求语气。

9. AA＋儿

保康方言的名词儿化中,经常出现"AA＋儿"的构词形式。

(1) 在名词的儿化形式中,常见的有铲铲儿、板板儿、凳凳儿等。

(2) 在形容词的儿化中,"AA＋儿"形式的儿化现象主要是单音节形容词的儿化变体,如弯弯儿、滴滴儿、高高儿等。

（3）在副词的儿化中，"AA＋儿"形式的儿化现象也经常出现，在表时间的副词中，有刚刚儿、将将儿等；在表方式、情态的副词中有悄悄儿、轻轻儿等。

这种"AA＋儿"重叠式的表达方式，使得保康方言听起来更亲切，并且相对于普通话的表达方式而言，保康方言的这种表达方式也更贴近生活。

10. ABB＋儿

保康方言中除了上述"AA＋儿"构词形式之外，还有另一种"ABB＋儿"形式。

在形容词的儿化中，有红艳艳儿、黑乎乎儿、白花花儿、绿油油儿、雪籽籽儿等；

在数量词的儿化中，有一铲铲儿、一滴滴儿、一点点儿、一末末儿、一丁丁儿等。

这类重叠同样使得保康方言听起来更加亲切、委婉，表达方式也更加丰富。

综上，保康方言儿化词构词形式多样，主要以"动词/名词/形容词/副词＋儿""名词＋娃儿""称谓词＋伙儿""称谓词＋佬儿""名词＋个儿""名词＋包儿""动词＋哈儿""N＋F＋儿＋起""AA＋儿""ABB＋儿"等形式构成。

（二）词性方面

现代汉语的儿化，其中一个作用是区分词的性质。在保康方言中，儿化词区分词性的作用不大，但也确实存在可以区别词性的现象。

1. 动词儿化变名词

动词儿化变成名词的现象相对较少，如画（画儿）、勾（勾儿）、铲（铲铲儿）、垫（垫垫儿）等。

"画"是动词，表示描绘这一具体的动作。

"画儿"是名词，表示具有绘画线条的东西。

例句：

①他画得真好看。

②你的画儿真好看。

"铲"是动词，表示人拿着器物做的具体动作。

"铲铲儿"是名词，表示铲子这一具体的东西。

例句：

①院子里存了好厚的雪，我们去铲一条路出来。

②这儿只有一把铲铲儿，再帮我拿一把来。

2. 形容词儿化变名词

保康方言中存在形容词儿化变成名词的现象,如干(干儿)、弯(弯儿)等。

"干"是形容词,和湿相对。

"干儿"是名词,表示风干的食物,如葡萄干儿、萝卜干儿等。

例句:

①这里的空气好干,呼着喉咙疼。

②葡萄晒成干儿,就是你最喜欢的零嘴儿了。

"弯"是形词,和直相对。

"弯儿"是名词,表示一定的弧度。

例句:

①他把尺子掰弯了。

②第一次到这儿来,迷路了,绕了好大一个弯儿。

3. 量词儿化变名词

保康方言中存在量词儿化变成名词的现象,如包(包包儿)、盒(盒盒儿)等。

例句:

①我去买包茶叶。

②你这个包包儿在哪儿买的?好好看!

综上,保康方言儿化虽然具有一定区分词性的功能,或多或少能够改变词性,但这种改变程度并不是很强,只有部分动词、形容词、量词儿化后会变成名词。

(三)语义方面

现代汉语中的儿化词具有区别词义的功能,在保康方言中也有一些词语儿化之后改变了词义或语义程度。

1. 名词的词义变化

保康方言名词中的一些单音节词,在加"儿"后形成儿化词,词义相较原单音节词,产生一定程度的改变。如:

头:人或动物的头部。

头儿:为首的人或者物体的上端、尽头。

例句:

①我的头有点疼。

②线弄得太乱了,半天找不到头儿。

眼：人或动物的视觉器官。

眼儿：物体上的小孔。

例句：

①他的眼里有光！

②这块儿板子被虫啃了一个小眼儿。

信：传达讯息的函件。

信儿：消息。

例句：

①我前天给老同学写了封信。

②他都出去半年了，到现在也没得个信儿。

2. 动词的词义变化

保康方言动词的儿化现象并不是特别明显，双音节动词加"儿"不是很多，如打滚儿、贪玩儿、拐弯儿、干活儿、关门儿等，另外，保康方言中还存在"动词＋一哈儿"这一特殊动词儿化现象，如：

听一哈儿　说一哈儿　看一哈儿　读一哈儿

写一哈儿　走一哈儿　提一哈儿　抬一哈儿

相较于未加儿化的原动词，加了儿化的词在感情色彩上则更生动亲切、贴近生活。

3. 形容词、副词的词义变化

保康方言中形容词、副词的儿化常伴随着重叠形式，如同上面所写的"AA＋儿"式和"ABB＋儿"式，形容词、副词儿化相较于原词汇，语义上的变化主要是修饰程度上的变化，保康方言中形容词、副词儿化语义上的修饰程度要比普通话更强。

例句：

①春儿上了，到处儿都是绿油油儿的，可漂亮了（春天到了，到处都是绿油油的，可漂亮了）！

②我轻轻儿地挪了哈儿凳子，生怕吵醒了正在午睡的妈妈（我轻轻地挪开了凳子，生怕吵醒了正在午睡的妈妈）。

③这个石头光溜溜儿滴，坐着可舒服了（这个石头很光滑，坐着可舒服了）！

4. 数量词的词义变化

保康方言中数量词的儿化在修饰上会增加"小""少""轻微"的意义。

例句：

①我在菜市场买了两块儿豆腐(我在菜市场买了两块豆腐)。
②我酒量小,喝一杯儿酒就倒了(我酒量小,喝一杯酒就倒了)。
③一会儿和我到老屋里挑两捆儿柴下来(一会儿和我到老房子那挑两捆柴下来)。
④我忍不住碰了他一下儿(我忍不住碰了他一下)。

从上述例子也可以看出,语义程度上两块儿比两块少、一杯儿比一杯少、两捆儿比两捆少、一下儿比一下更轻。

综上,保康方言中名词儿化具有一定区分词义的作用,部分名词儿化后词义发生了改变;部分动词儿化后词的色彩更浓;部分形容词、副词、数量词儿化后修饰程度会发生改变。

(四)语用方面

保康方言中的儿化词大量运用在人们的日常交流中。保康方言中名词儿化除了称谓词中的"佬儿""包儿"等特殊儿化词外,其他大都是表达一种亲密的关系。如儿化叫出来的"小名+娃儿"、亲属之间的儿化称谓、动植物名的儿化称呼等,无不体现出保康方言亲切和朴实的特点。

动词儿化相对于原动词而言,则显得更加委婉,尤其是"V+儿"式的儿化,如打滚儿、关门儿、干活儿、唱歌儿等,更是透露出人们豁达的生活态度和惬意的生活方式;"V+一哈儿"式的儿化,如过来一哈儿、看一哈儿、提一哈儿等,则直接拉近了对话双方的距离,也显得更加礼貌。

形容词、副词的重叠儿化,如绿油油儿、毛茸茸儿、胖乎乎儿、轻轻儿、悄悄儿等,除了增强修饰程度外,大都也表达出亲切、喜爱的感情色彩。

综上所述,保康方言词的儿化会增强词的感情色彩,除了称谓词中的少量特殊儿化词表贬义、厌恶外,大多儿化词听起来都较为委婉、亲切,喜爱之情溢于言表。

四、结　语

方言是中华民族宝贵的文化财富,在推广普通话、方言逐渐消逝的今天,方言的研究、整理和保护工作显得尤为重要。方言儿化是方言研究中的一个重要课题。保康方言儿化现象明显,儿化词数量很多,种类较为丰富。本文通过对保康方言语料的收集调查,从不同角度梳理描写了保康方言儿化词的构成,分析归纳了保康方言儿化词的特点。词形方面,保康方言儿化词构成形式多样,主要以"词+娃儿""词+伙儿""词+包儿""词+个儿""词+佬儿""N+F+儿+起""词+哈儿""AA+儿""ABB+儿"等形式构成。在词性方面,保康方言儿化区别词性的作用不是很强,但也有自己的特色,部分动词儿化后会改变词性变成名词,如画、勾、铲等。部分形容词儿化后会变成名词,如干、弯等。部分量词儿化后也会变成名词,如包、盒等。在语义方面,保康方言儿化具有一定区分词义的功能,或多或少能够改变词义或语义程度。在语用方面,除了称谓词中的少量特殊儿化词外,保康方言儿化词的绝大部分都听起来较为委婉、亲切。

希望通过本文的整理研究可以为保康方言的保护及方言文化和地域文化的建设提供一定的帮助,使民族文化更好地传承。

参考文献

[1] 王娟.新郑方言儿化词研究[D].昆明:云南师范大学,2015.

[2] 陈爽.保康方言中的后缀[J].语文教学与研究(教师版),2005(6):20-22.

[3] 黄伯荣,廖序东.现代汉语(上册)[M].增订五版.北京:高等教育出版社,2011.

[4] 崔娅辉.周口方言儿化初探[J].语言应用研究,2011(3):88-89.

[5] 谢璐雪.襄阳方言儿化现象[J].襄阳职业技术学院学报,2014(2):28-32.

[6] 翟维娟.山西新绛方言的儿化、子尾和重叠[D].天津:天津师范大学,2015.

[7] 谭停.襄阳话儿化现象研究[D].南宁:广西大学,2017.

[8] 潘栖.大同方言的儿化词研究[D].大连:辽宁师范大学,2014.

巴东方言中的亲属称谓词研究

李 芳

指导教师：童琴

一、引　言

　　方言是人类社会的一部分，通常与地域密切相关。方言不仅是承载信息的工具，而且是负载情感文化的纽带。就语言而言，语言的意义是由其所在的语言语境所决定的。亲属称谓是指以本人为中心，对于跟自己有关系的血亲、姻亲或收养的人的称呼方式。汉语中的亲属称谓蕴含着深厚的历史文化内涵，反映着中华民族家庭结构、社会组成和文化渊源。亲属称谓词与人们的生活息息相关，因此近年来受到了学界的广泛关注。广大学者对亲属称谓词的研究，大致分为六大出发点：以古籍为资料的研究；对中外亲属称谓词的对比研究；对亲属称谓词的发展研究；对亲属称谓词的文化内涵的研究；对现代亲属称谓词系统的研究；对方言亲属称谓词的研究。虽然地区方言研究成果颇丰，汉语普通话亲属称谓词和方言亲属称谓词的研究著作和文章更是不可计数，但目前关于巴东方言的研究主要针对巴东的语音、词汇，有的只是在关于西南官话或者恩施文化等的研究中被提到而已，研究论文的数量非常有限，且研究路径比较单一，没有自己独具特色的专题研究成果，部分巴东方言特色领域甚至鲜有人涉足。

　　文明要进步，文化要发展。随着普通话的逐步推广，许多地方本土话已渐渐被汉语普通话同化，但作为民族优秀非物质文化遗产之一的方言不应就此消失。保护非物质文化遗产是我们这一代有觉悟的文化人的社会责任。近些年来，党和政府采取多种措施加大地方文化保护力度，越来越多的传统文化焕发出勃勃生机，和现在高度发达的现代文明融会贯通、相得益彰；越来越多的有识之士开始重视地区独特的文化遗产，包括巴东方言在内的许多文化遗产的挖掘、整理、保护工作已受到高度重视。为了继承前辈研究的成果，弥补巴东方言研究力度的不足,改变巴东方言研究成果寥寥无几的局面,突破绝大部分研究只停留在语音、词汇、语法单方面的局限性,笔者对巴东方言的亲属称谓进行了探究。这不仅可以反映巴东方言的社会文化与亲属制度,而且能使人们具体地了解巴东方言中亲属称谓词的特点和变化。作为一个巴东人,看着家乡在经济全球化和"全面小康"实践过程中日益繁荣,并获得越来越高的知名度,笔者也想通过对家乡方言的研究去带动更多人挖掘巴东丰富的文化内涵。

笔者试图通过本课题研究,解决巴东方言亲属称谓词方面的三个问题:一是通过翻查文化典籍、调查亲属称谓,分类整理巴东地区不同时期的亲属称谓词,研究该地区方言亲属称谓词的历史演变轨迹;二是采用田野调查法、历史文献法比较分析巴东的亲属称谓,并历时考察巴东亲属称谓古今变化的文化差异;三是进一步分析巴东方言称谓词发生变化的原因,并发起保护地区方言的倡议。

二、巴东地区古今亲属称谓词的描写

巴东,古名为"巴",主要分布在今川东、鄂西一带,少数民族占全县总人口的50.5%,其土家族人口占少数民族人口的99.4%。在没有民族大融合之前,当地主要民族是土家族,主要语言是土家语。但是土家语只有语言没有文字,关于土家语尤其是明代以前的记载可能无从查起。现存《巴东县志》合计五本——明嘉靖《巴东县志》①、明万历《巴东县志》②、清康熙《巴东县志》③、清同治《续修巴东县志》④和民国《巴东县志》⑤。关于巴东方言,最早的记载见于清康熙《巴东县志》,在这部县志的卷之二中,齐祖望等深入考察当时的巴东方言并做了详尽记载,尤其是其中的例言,为我们了解巴东汉语方言和土家语言的演进、外地语言的融入、人口的迁徙其及成因等提供了珍贵的第一

---

① 明杨培之、许周纂修。明嘉靖三十年(公元1555)校刊本,共3卷,3册1函。
② 明李光前纂修。明万历四十一年(1613)刻本,共4卷,存2卷。
③ 清齐祖望纂修。清康熙二十二年(1683)刻本,共4卷。
④ 清廖恩树主修,萧佩声编纂。清同治五年(1866)刻本,6册16卷。
⑤ 沈维鲁撰,1993年10月第1版,志稿6册。

手资料。

值得注意的是,巴东历史变革导致的地域范围、行政区划和方言归属也有所变化。晚清时期"承前清制,编户八里,以前四里(在市、长丰、清坪、安居)并为一里为前里,以后四里(前一、二都,后一、二都)并为一里称后里"。民国时期"民国初至 20 年(1931),划 16 区,习常按地域称为左六区、中四区、右六区……民国时期,区—乡区(联保)区划变动计有 9 次"。① 紧接着是中华人民共和国成立后县乡内部的调整。由此看来新中国成立后巴东归属恩施之后地域范围变化就不再明显,现如今巴东位于恩施土家族苗族自治州东北部,居湖北省西部。东连兴山、秭归和长阳,东南与五峰相邻,南与鹤峰接壤,西靠建始、巫山,北靠神农架林区。县政府驻地信陵濒临长江南岸。总而言之,巴东历史演变颇为复杂,与宜昌的兴山、秭归等地有着千丝万缕的关系,归属于西南官话这一大背景之下的巴东方言自然也就随之变化。

对于亲属称谓的分类方法多样,学者们一般采用《尔雅》的分类方法,即划分为宗族(父系亲属)、母党(母系亲属)、妻党(妻系亲属)、婚姻(夫系亲属)。在这里,我们参考冯汉骥先生的做法将所有亲属分成两大类,即血亲亲属和姻亲亲属,其中血亲亲属又有两个支系为父系亲属和母系亲属,姻亲亲属也有两个支系为妻系亲属和夫系亲属。②

(一) 清代地方志所记的亲属称谓词

清康熙《巴东县志·风土·方言》第二卷开篇就说道:"巴东虽僻处深山,而语言朗彻,颇似中原雅音。四声中独无入声,其呼入声者,皆平声也。如呼屋为吴,呼沃为讹之类。平上去三声,惟庚青蒸梗回敬径等七韵,呼为根亲珍颐库觐余八十二韵,悉如本音。"③这是对于清朝年间巴东地区的语音声调的直观显现。文中所记亲属称谓具体的描写整理如表 1 所示(仅列出有所记录的,没有记录的标记为"—")。

---

① 湖北省巴东县志编纂委员会:《巴东县志》,湖北科学技术出版社,1993 年,第 4-6 页.
② 冯汉骥:《中国亲属称谓指南》,上海文艺出版社,1989 年,第 63 页.
③ 《中国方志丛书·湖北省巴东县志》,成文出版社,1976 年,第 592 页.

表1 清康熙《巴东县志·风土·方言》所记亲属称谓具体的描写

普通话称谓			地区 前四里(县境内绿葱坡以北)	后四里(县境内绿葱坡以南)	
			—	俗称	官称
血亲	父系氏族	祖父/祖母	—	阿他/阿木乌	老爹(读嗲)/—
		父/母	阿包/阿姐	阿巴/阿牙	—/妈(平声)
		伯父		阿徘	—
		叔父		阿必么	—
		姑姊兄嫂	与燕赵中州相差不大	—	—
	母系氏族	外祖/外祖母		—	家公/家母,或家家
		舅/舅母			
		姨姊妹夫			
姻亲	夫系	媳妇	—		奇互
		姑夫			姑爹
	妻系	姨夫	与燕赵中州人不甚相远		姨爹
		妻舅			

由此可见有关亲属称谓因地而异。前四里独具特色的就是对于父母的称谓,其他称谓——祖辈、伯叔、妻舅、姑姊兄嫂、姨姊妹夫等"与燕赵中州人不甚相远",通过查阅《燕赵文化》①也可以看到这些称呼趋同于黄河以北平原地区文化。至于后四里两种称谓记录的原因,可能是后面紧跟着谈到的"田野中俗称如此,而士(大)夫家罕言之","清江南北,各为一种。桃符口人又一种。总谓之草语"。②故而大胆猜测,前里后里称谓产生区别是因为江北地区的李闯王余部反清活动割裂南北,使后里在前代多为蛮音,而"家公""家母"此类称呼是士大夫一类上层阶级的亲属称谓,而普通民众、乡野村舍都是以"阿+"形式称呼。另外,在清同治《巴东县志》③第十卷风土方言中,也有同样的记载。通过简单的时间纵向对比来看,清康熙《巴东县志》和清同治《巴东县志》有关于清代时期的巴东亲属称谓记录没什么区别,后者在前者的基础

---

① 盘福东:《中国地域文化丛书》(共24种)之一,辽宁教育出版社,1995年,第271页。
② 《中国方志丛书·湖北省巴东县志》,成文出版社,1976年,第592页.
③ 江苏古籍出版社·上海书店·巴蜀书社:《中国地方志集成·湖北府县志辑》,江苏古籍出版社,2013年,第277页。

上丰富和完善了巴东风土方言卷首语有关于亲属语音的相关发音举例。

(二) 民国地方志所记的亲属称谓词

民国《巴东县志》提到:"巴东话属北方方言区西南次方言,与现代汉语普通话较为接近。"①此县志在编排结构上跟清康熙《巴东县志》颇为相似。都是开篇介绍当时巴东的地理位置、建制沿革、行政区划,然后分经济、物产、文化、人物等条目,各条目再次细化,最后对参与编写的人员做出统计等。随着时代的发展,县志越发充实和完善。民国《巴东县志》在前代总结的基础上对于巴东方言语音和词汇有了更加具体而全面的补充,可以说是改变了之前对一个方言仅记载寥寥数页的尴尬局面。现摘录整理其中涉及亲属称谓的部分如表2所示。

表2 民国《巴东县志》亲属称谓

称谓系统		普通话称谓	巴东方言称谓
血亲	父系氏族	曾祖父	太太
		曾祖母	太婆
		祖父	嗲嗲
		父	呀呀
		祖母	婆婆
		姑	娪儿(lir)
	母系氏族	外祖父	嘎公
		外祖母	嘎嘎、簪儿(zer)嘎嘎、孀儿(mer)嘎嘎
		妻兄、妻弟	舅老官
姻亲	夫系	婶	婶儿
		妻	屋里
	妻系	襟兄、襟弟	老姨

另有:家中最小的女儿(小、幺)——咪咯儿

(三) 巴东地方的亲属称谓调查

近30年国家先后两次出版《中国语言地图集》,其中对于巴东方言的划分

---

① 《巴东县志》,湖北科学技术出版社,1993年,第539页。

与清朝和民国对比，从整体来说是越来越精确、具体。民国《巴东县志》把巴东方言归为北方方言区西南次方言，《中国语言地图集》(1987)把恩施、利川、建始、巴东、宣恩、来凤、咸丰二市五县划入西南官话成渝片；《中国语言地图集》(2012)把巴东县、建始县、恩施市、宜昌市等33个县市归属为西南官话湖广片鄂中小片。根据长江巴东网发出的介绍来看，巴东方言细分下来属于西南官话荆宜片恩施话，这在一定程度上对巴东方言有了一个较为准确的定位。

为了获得巴东方言中的亲属称谓词，笔者调查了巴东12个乡镇的50多个人，所调查的人员年龄集中在55~90岁之间，整理之后对照中国社会科学院的《汉语方言词语调查条目表》收录的称谓系统，按"普通话——方言"形式加以描写。

1. 调查对象

调查对象如表3所示。

表3 调查对象

序号	地区	人员代表	性别	年龄	文化程度
1	野三关镇	袁学刚	男	58	高中
2	沿渡河镇	张爱翠	女	64	小学
3	清太坪镇	李金枝	女	72	文盲
4	东瀼口镇	张安之	男	75	小学
5	官渡口镇	黄灿	女	68	初中
6	茶店子镇	邓帮举	男	71	文盲
7	水布垭镇	田文才	男	62	初中
8	绿葱坡镇	李周香	女	56	高中
9	大支坪镇	田秀祥	男	76	文盲
10	信陵镇	张世菊	女	59	初中
11	溪丘湾乡	谭传斗	男	60	高中
12	金果坪乡	陈传根	男	83	文盲

2. 称谓描写

(1) 父系氏族。

曾祖父/曾祖母——太太

祖父/祖母——爷爷/奶奶

伯祖父/伯祖母——大爷爷/大奶奶

叔祖父/叔祖母——二爷爷/二奶奶,三爷爷/三奶奶……幺爷爷/幺奶奶(依次排行)

祖姑父/祖姑母——姑爷爷/姑奶奶(或姑婆)

舅爷/舅奶——舅爷爷/舅婆婆

姨爷/姨奶——爷爷/姨婆

伯父/伯母——伯伯①/大妈

叔父/叔母——二叔/二妈,三叔/三妈……幺幺/幺婶(依次排行)

姑父/姑母——姑爹/大爹……幺姑爹/幺爹(依次排行)

父亲/母亲——爸爸/妈

胞兄、胞姐、胞弟、胞妹——哥哥②、姐姐、弟弟、妹妹(或乳名)

堂哥、堂姐、堂弟、堂妹——哥哥、姐姐、弟弟、妹妹(或乳名)

儿子、女儿——名字(或乳名)

孙子、孙女——名字(或乳名)

(2) 母系氏族。

外曾祖父/外曾祖母——太太、太嘎嘎

外祖父/外祖母——胡嘎/嚓儿嘎嘎(或枣儿嘎嘎)

伯外祖父/伯外祖母——大嘎嘎

叔外祖父/叔外祖母——二嘎嘎、三嘎嘎……幺嘎嘎(依次排行)

外祖姑父/外祖姑母——姑嘎嘎

外舅爷/外舅奶——舅嘎嘎

外姨爷/外姨奶——姨嘎嘎

舅舅/舅妈——舅舅/舅妈(或舅娘)……(依次排行)

姨妈/姨父——大姨儿(或大姨妈)/大姨爹、三姨儿/三姨爹……幺姨儿/幺姨爹(依次排行)

表哥、表姐、表弟、表妹——哥哥、姐姐、弟弟、妹妹(或乳名)(依大小排行)

外孙子、外孙女——名字(或乳名)

(3) 姻亲关系。

岳父/岳母——爸爸/妈

公公/婆婆——爸爸/妈

妯娌——竹娌

---

① 方言发音为[pə³³]。

② 方言发音为[kuɔ³³]。

连襟——老姨
姐夫——姐夫哥
妹夫——妹夫子
嫂——嫂儿
弟妇——弟媳妇儿
姑——姑子
伯——大伯子
叔——叔子
舅——舅子(或舅郎哥儿、舅郎倌儿)
姨——姨妹子
丈夫/妻子——年轻：老＋姓/屋里(或爱人、媳妇儿)；年老：老头子/老婆子
女婿——女媳(或名字)
儿媳妇——媳妇(或名字)

三、巴东方言亲属称谓词的特点

(一) 构词特点

现代汉语的词汇特点主要有以下三方面：其一，双音节词的数量占优势；其二，有独特的量词和语气词；其三，词的构造形式多种多样。世界语言的三种构成方式在现代汉语中都存在，即重叠、派生、复合，其中复合式构成词占主要地位。亲属称谓词的复合方式一般是"名词＋名词""量词＋名词"的形式，同现代汉语没太大差异。在讨论巴东方言亲属称谓词的构成特点时，笔者主要从语素选择和重叠形式两方面入手，探究它与普通话相比的特点。

1. 语素选择

在现代巴东方言中，还有另外一种称呼形式就是把不同的亲属称谓语素叠加，这样可以展现出亲属关系的细微差别。有的是异类关系的叠加，如"姨姐子"和"姨妹子"，"姨"表示妻子的姐妹，"姐"和"妹"表示与妻子的长幼区分；"叔伯弟兄"和"叔伯姊妹"，"叔伯"表示父亲的兄弟，"弟兄""姊妹"表示同辈的长幼关系。有的是同类关系的叠加，如"公公老头儿"和"婆子妈"，"公公"和"婆子"指丈夫的父母，"老头儿"和"妈"用于称呼亲生父母。两种同类

称谓叠加，可以区别丈夫的父母和自己的父母，同样的还有"姐夫哥哥""弟妹儿"等。通过列举也可看出从古代（清朝）到近代（民国）再到现代其实还是有一些称谓词世代相传保留至今的，如沿用几百年的"嘎嘎"，清朝记录为"家家"，民国记录为"嘎嘎"，至今留存其语音语义；"姑""姨""舅""姊"等皆是由传统语素沿用而来。此外，"姨"在古代巴东方言中的用法仅限于母亲的姐妹，与古代一夫多妻制度下称呼父亲的妾为"姨""姨娘"完全不同。

2. 重叠形式

巴东方言在古代似乎是没有重叠称谓的，而现代普通话中可以单用的"爸""哥""姐""弟""妹"等称谓词，在巴东方言中必须要重叠使用，即称呼时必须用"爸爸""哥哥""姐姐""弟弟""妹妹"。"爸"可以在前面加上排行和名字的最后一个字，如"大爸""陆爸"。"哥""姐""弟""妹"加上排行和名字的最后一个字用时，必须重叠使用，如"贵贵姨儿""欢欢姐姐"等。除此以外，重叠后的词跟不重叠的词可以区别意义，如个别地区"爹"称呼爸爸等父辈，而"爹爹"则称呼爷爷等祖辈。

（二）语用特点

1. 面称和背称的使用

根据使用场合的不同，亲属称谓词可以分为面称和背称两类。面称，就是对对方的当面称呼，背称则是在正式场合或向别人介绍时所用到的称呼。不论是哪一种，都能体现出一定的文化特点。上文中的称谓总结只列举部分面称，其实巴东方言的背称也是很有规律的。但同时，面称和背称并不是整齐对应的。背称亲属时，无论是长辈还是晚辈，一般都习惯于在面称前面加上"我＋"或"他＋"，表明是自己的或第三方的亲属。但在口语中双方知晓谈论对象的情况下就不那么讲究了。在长辈和晚辈之间，晚辈称呼长辈基本是相同的，面称和背称使用的都是亲属称谓词，而且无论什么情况下，晚辈都不可直呼其长辈名。但是长辈称呼晚辈就有所差异。面称时，一般都直呼其名或乳名，例如父母会喊自己的孩子为"丫头""姑娘"或"儿仔"，这种使用称谓的情况比较少见，而且一般仅存在于父母和孩子之间。背称时，如果交谈双方是熟悉的人，就会直呼晚辈的名字；如果与不熟悉的人交谈，除了经常使用直系的亲属称谓外，很多时候都是用定中结构的短语来代替固定的称谓词，比如，把外甥女称为"我姐姐的姑娘、我哥哥的小孩"，把弟妹称为"我兄弟媳妇"等。这些称呼从侧面体现出巴东人尊敬长辈的社会心理特点。

2. 某些称谓的沿用

巴东亲属称谓词的发展上也表现出称谓的延续继承。比如"外祖""外祖母"自清朝至今仍有称呼为"嘎嘎"的传统，只不过清代记作"家家"，实际意义没变。另有"姑爹""姨爹"这类字音、字形自始至终未曾更迭的。民国的"婆婆""簪儿嘎嘎""孀儿嘎嘎""老姨""舅郎倌儿""姊儿""屋里"等亲属称谓仍是现今通常使用的称呼。可见语用上巴东亲属称谓也有自身存在的稳定性、继承性。

（三）文化特点

巴东方言的亲属称谓系统作为巴东方言的一个部分，以其对当地文化的深刻反映，让我们认识到方言与当地文化的密切关系，也从侧面反映出语言对社会文化的吸收与包容。

1. 部分称谓遗留迷信思想

在巴东方言中，有迷信思想遗留的现象。有的人会把自己的父亲喊为"伯伯"，把母亲喊为"大妈"，两者在亲属称谓系统中其实是对伯父与伯母的称呼。它本质上体现了当地的一种比较迷信的观念，原因是有的人认为自己的孩子不太好养，为了让孩子健康长大，就要"贱养"——不让孩子和自己过于亲密，以伯父伯母的身份把他们养大，和很多地方给孩子起名叫"狗蛋"等类似。

2. 个别称谓不对等

汉语的亲属称谓也隐含着方言和普通话的不对等关系。比如"姊妹"通常用于称呼女性同辈，但是在某些情况下也包括了同辈的男性。巴东方言亲属称谓中就有这种用法。"你们家三姊妹"中"三姊妹"可能同为男性，也可能同为女性，还有可能男女都有。有的地方也称呼女儿为"儿"，晚辈称呼最小的姑姑为"小爸爸"，这些原本都是对男性的称谓，实际称呼的现象反映了夫妻对生男孩的某种期待，或者是把女孩当作男孩养，从某种程度上来说也是重男轻女的一种表现。

3. 女性称谓男性化

现代社会中，不少文学著作、网络流行语、方言称谓都存在一种性别倒错现象，即本是用于形容、称呼男性的字词用在了女性身上，本是用于形容、称呼女性的字词用在了男性身上。在巴东方言亲属称谓中就有一种女性称谓男性化的现象，有些村落的人把"姑"称为"爹"，但是巴东传统文化资料中却没有相关记载。古代巴东称父亲姐妹为"姑"，而现代语用中，父亲的姐姐称

"大爹",父亲的妹妹称"幺爹",姑父、姨夫还是称作"姑爹""姨爹",从称谓范围来看是对"爹"词义的扩大,究其原因,姑属直系血亲,虽为女性身份,但用"爹"称呼,可能是为了增强宗族认同感,彰显男性的家族主体地位。由此可见,古往今来巴东人民语用上有重男轻女色彩。

4. 姻亲称谓从他法

通过上文称谓词的统计比较可以看出,父系氏族称谓词的数量明显多于母系氏族,血亲称谓词多于姻亲称谓词,这些都可以从侧面反映出人们思想深处的宗族观念、婚姻观念和家庭观念。在巴东方言的姻亲称谓中,除了少数没有依从他人,大多都是随夫妻中的另一方来称呼的,也就是把姻亲关系从称呼上纳入自己的血亲,如把丈夫、妻子的母亲都叫作"妈",父亲都喊为"爸爸"等。另外,女性在称呼丈夫的亲属时,有的地方具有从子从孙现象,也就是说她们会跟着自己的孩子甚至孙子来称呼。打个比方,笔者的四姨就会跟着她的孩子称笔者父亲为"姨爹"。不过这种现象在女性群体中较为常见,男性很少会有从他称谓。至于"连襟"关系的两个人,皆以"老姨"来称呼,在此大胆推测可能是从子的方式而并非上文谈到的性别倒错。这些称呼方式将整个姻亲、血亲都纳入自己最亲密的范围中,反映了巴东人对亲属关系的一种重视,他们借此维系良好的亲戚关系,维系宗族内部的团结,体现出人们交际中的亲疏远近,这也是巴东当地谦逊友善的礼性、抬高他人的民风的一种表现。

5. 注重辈分和排行

汉语的亲属称谓受到经济制度、家庭结构、宗教礼仪和语言系统等各种因素的制约,具有浓厚的等级观念,不同的辈分有不同的称呼。一个人在家中的地位可以从家人对他的称呼中看出来。因此,在称呼对方时一定要注意,不能乱了辈分,巴东方言也不例外。老一辈尤其强调辈分关系,倘若辈分和年龄相冲突,人们往往会先讲究辈分,再涉及年龄。过去巴东地区家庭成员相对较多,各个成员间年龄差距越拉越大,可能会使同辈或不同辈人相差几十岁,这就会出现一个两岁的孩子在辈分上是一个四十多岁中年人的长辈的情况,在巴东方言亲属称谓中后者依然需要称呼前者为"叔叔"[①]或"嬢嬢"[②]。另外,同辈间也十分注意排行,内部之间严格强调秩序性——同一类亲属中要按照年龄大小,以老大、老二、老三等形式排列,长幼有序、老少分

---

① 多用来称呼父亲的堂兄弟。
② 多用来称呼父亲的堂姐妹。

明。简言之,巴东的亲属称谓中注重辈分和排行的文化特点,基本体现出巴东人家庭结构脉系分明、宗族相别的礼性思想。

四、巴东方言亲属称谓词的古今变化及原因

亲属称谓词及其方言变体的形成原因非常复杂,大致可分为两个方面。其一,语言文字方面,如构词方式、语音文字等。其二,文化制度方面,如民族的尊老爱幼、男尊女卑、男外女内、忌讳思想、宗法思想、婚姻制度、居住制度以及与外民族的文化接触等。

(一) 巴东方言亲属称谓词的古今变化

1. 词的构成

在古代,巴东交通闭塞、与世隔绝,拥有自己本民族方言亲属称谓词,"前里又称父谓之阿包,母谓之阿姐。后里又称祖谓之阿他,祖母谓之阿木乌,父谓之阿巴,母谓之阿呀,伯父谓之阿徘,叔父谓之阿必么。"①由此可见,清代甚至之前,巴东亲属称谓前缀"阿"居多,而且偏向于社会底层的劳动人民。对于放在亲属称呼或人名之前作为名词前缀的"阿"的起源,学术界并没有一致的看法。中国最早的词典《尔雅》中的《释亲》篇对直系亲属都称为"父、母、兄、弟、姊、妹"。随着汉语双音化的发展,出现了以上述称谓为词根,以"阿"为前缀构成的新的双音节称谓词。但是经文献检索,暂未发现在魏晋之前巴东方言中以"阿"做亲属称谓前缀的文献用例。

在现代,巴东方言亲属称谓词很少会用"阿"做前缀,它的附加造词法主要分两种:附加前缀或者后缀、复数词尾。附加的前缀主要表示排行:大、二、三……小(幺)。排行最大的前加"大",如大姨、大爹;排行次大的前加"二",如二爸、二爹;排行最小的前加"幺"或"小",如幺婶、小爸。"幺"和"小"在交流过程中还带有宠爱、俏皮的感情色彩,如称呼"小女儿"为"幺妹儿"。附加的后缀主要有"婆、嘎、妈、儿、子"几种形式。其中"婆"更多地用于父系氏族内部及与之相关的姻亲关系亲属上,如姨婆、舅婆;"嘎"更多地用于母系氏族内部及与之相关的姻亲关系亲属上,如姑嘎、舅嘎;"妈"更多地用于父系和母

---

① 《湖北省巴东县志》,成文出版社,1976年,第593-594页。

系的姻亲关系，如幺妈、舅妈；至于"儿"和"子"以年轻人使用最多，女性称呼丈夫的血亲多用"＋子"形式，如大伯子、小姑子；男性称呼妻子的血亲多用"＋儿"形式，如姨妹儿、舅郎哥儿，当然也有规律之外的，如舅子、嫂儿。这些称谓方式在一定程度上体现出宗族内部的泾渭分明，同时在无形之中拉近了亲人之间的距离。

2. 宗族排行

在古代宗族家庭结构中，男性的长幼顺序是按"伯、仲、叔、季"排列的。现代男性的长幼顺序一般是称比父亲年长的为"伯"，称比父亲年幼的为"叔"。但与"伯、叔"相对应的女性称谓只有"婶"。在平时生活中只能在"婶"前面加上"大"或"小"，要么就加数字区分长幼顺序，如二婶、三婶。为什么"婶"不用不同的代名词来区分长幼顺序呢？其原因就在于巴东人民非常注重宗族关系，就像汉民族记家谱也只记男性后代一样。在母系氏族就没计较那么多了，舅、姨无论是否年长于母亲，皆按照排行依次称呼。

3. 称谓简化

汉语的亲属称谓隐含着宗族内部的不平等关系，汉文化血缘宗亲有堂亲和表亲之分。"堂"为"同堂"即为内亲，"表"者"外"也，表亲即"外亲"。在中国人传统的观念中，姑妈、姨妈和舅舅的子女是异姓，他们的孩子不会再跟着自己氏族取姓，本质上来说他们名为亲，实为客。但是巴东人在称呼"堂、表"亲属时，普遍省略"堂、表"等区别性成分，即堂哥、表哥一律用"排行＋哥哥"或者直接用"哥哥""名字的最后两个字＋哥哥"来称呼；父亲的舅舅、舅妈称呼为"舅爷爷、舅婆婆"，父亲的姨、姨爹称作"姨婆婆、爷爷"。但是这在母系氏族中就不仔细区分男女，统一称呼为"舅嘎嘎、姨嘎嘎"。另外在实际称呼过程中也会有称呼嫂子为"姐姐"，称呼"外公、外婆"为"爷爷、奶奶"等情况，后者经常出现在男方上门①的女方家庭。巴东人素来讲究礼性，谦卑友善，这几种称谓方式可能就是为了去疏就亲，淡化不同的亲戚关系之间的差别，而且现代家庭多是独生子女，去掉"堂、表、外公、外婆、嫂子"等称呼，使亲戚之间关系更亲密，距离更近，一定程度上改变了传统文化中强烈的内外血亲的宗族观念。

---

① 上门，即入赘。

(二)巴东亲属称谓发生变化的原因

1. 社会转型是亲属称谓简化的根本原因

传统宗法社会讲求"长幼有序、尊卑有别"和"亲疏不同、内外分明",致使亲属称谓具有名称区分细致、称呼礼仪繁多的特点。但是在现在这个民主法治社会中,人们不需要再依靠宗族势力提升社会价值,而是靠个人的努力打拼创造美好的生活,因此宗族社会重亲属的传统必然受到冲击,表现在亲属称谓上便是称谓的简化。根据功能语法学说,语言的社会属性决定了方言称谓词的多少和形式。新时代、新形势下,亲属称谓的经济效用要求这些称谓词逐渐简化。

2. 国家政策是亲属称谓消亡的社会因素

(1)计划生育和晚婚晚育政策的普通实施深入人心,使得五世同堂甚至四世同堂的现象逐渐消失,一部分亲属称谓词鲜少用武之地,远亲的称呼除了表明亲属关系之外失去实际存在的意义,这也是"表、堂"称谓逐渐消失以及重孙类姻亲称谓简化的重要原因之一。

(2)国家全力普及义务教育,大力提倡普通话,让更多的人接受规范化教育,各地区把普通话当作日常交流的规范语言,致使亲属称谓词由古至今发生变化,使得青年人群在称谓词的认识上与巴东地区的实际亲属关系情况脱节,从而在交流中采用更简单直接的称谓词称呼。随着普通话的逐步推进,许多地方的家乡话甚至已逐步被普通话同化。

3. 语言接触是亲属称谓同化的重要缘由

(1)从语言本身来看,我国各民族之间的交流活动和融合进程拉近了彼此之间的距离,使得文化差异渐趋缩小。上古汉语的词以单音节为主,语音系统比较复杂。随着语音系统的简化,出现了大量同音词,迫使汉语的单音节词向双音节化的方向发展。巴东方言也是一样,语言的简化自然而然地削弱了原有的地方性亲属称谓词的使用价值。

(2)从语言接触来看,随着现代信息化时代的到来,地区越来越多地受到影视文学、网络报刊等大众传媒的影响。加上越来越多的青壮年外出务工,越来越多的地域经济吸引无数外来人员入驻、宣传,跟普通话一样,其他地区与巴东的方言接触也让本土的亲属称谓词去繁就简,以跟上主流发展。

总之,影响方言变化的因素是多方面的,我们应该以发展的眼光和辩证的思维正视亲属称谓词的演进和变更。

五、总　结

　　恩施地处湖北西南山区,多民族长期杂居共处,形成了独具特色的方言亲属称谓语系统。作为一名巴东人,笔者首次采用田野调查法、历史文献法、比较法等方法,描写了自清代至今的巴东方言中的亲属称谓词,分析了巴东方言亲属称谓词的结构形式,归纳了巴东亲属称谓语用上的特点,揭示了巴东方言亲属称谓词所蕴含的文化内涵,比较了古今巴东整个亲属称谓系统的演变,探索了巴东方言中亲属称谓变化的原因,以期为汉语方言研究添砖加瓦。新时代的我们肩负着文化传承与发展的重任,应该正确认识方言的价值。方言是不可多得的语言样品,是语言的"活化石";方言是传统文化、地域文化的基本载体和最直接的表现形式。它承载了一个地方从古至今的人文地理、风俗民情,保留了一个地方几乎所有的历史文化信息,是不可恢复的历史记忆、不能再生的文化基因。一种动物的消失会导致自然界生物链的缺失,同样,每一种方言的消失也会意味着文化链的缺失和一种文明的断送。

参考文献

[1] 李泽如.阜阳方言中的亲属称谓词研究[J].阜阳师范学院学报(社会科学版),2015(6):57-62.

[2] 杨江桥.湖北省枝江市善溪窑方言宗亲亲属称谓词研究[J].武汉职业技术学院学报,2016(1):5-9.

[3] 郭瑾.山西方言亲属称谓词的共时分布与历史探源[D].太原:山西大学,2014.

[4] 黄昭艳.广西沿海汉语方言亲属称谓词研究——以钦州汉语方言为例[J].广西民族大学学报(哲学社会科学版),2013(3):120-124.

[5] 范丽君.内蒙古方言亲属称谓词文化特征研究[D].呼和浩特:内蒙古大学,2004.

[6] 师红利.永济方言亲属称谓词研究[J].文化创新比较研究,2017(16):46-47.

[7] 席卓馨.晋语介休话亲属称谓词语研究[D].北京:中央民族大学,2016.

[8] 李霞,成文露.湖北麻城方言的亲属称谓词研究[J].黄冈师范学院学报,2016(1):56-60.

[9] 龚先美,周秀琼.广西昭平方言亲属称谓词研究[J].龙岩学院学报,2017(4):28-33.

[10] 李丹丹.汉语亲属称谓词研究[D].哈尔滨:黑龙江大学,2012.

[11] 徐媛媛.汉语亲属称谓词研究[D].上海:复旦大学,2007.

[12] 金小栋,赵修.湖北恩施方言中表程度的两种特殊结构[J].现代语文(语言研究),2010(4):98-99.

[13] 张良斌.恩施方言与普通话声母j、q、x的对比研究[J].湖北教育学院学报,2006(4):23-24,29.

[14] 张良斌.恩施方言的声母系统[J].湖北教育学院学报,2007(9):21-22.

[15] 罗姝芳.恩施地区汉语方言中的土家族词语[J].边疆经济与文化,2007(8):69-72.

[16] 陈彦蓉.恩施方言词汇语法研究[D].恩施:湖北民族学院科技学院,2016.

[17] 喻黎.仙桃方言亲属称谓语研究[D].武汉:华中师范大学,2008.

[18] 郑尔宁.近二十年来现代汉语称谓语研究综述[J].语文学刊,2005(2):120-122.

[19] 王倩蕾.现代汉语亲属称谓研究综述[J].连云港师范高等专科学校学报,2013(3):40-44.

[20] 高璇.现代汉语亲属称谓语素组合特点初探[J].现代语文(学术综合),2011(4):148-154.

[21] 魏娟.现代汉语方言直系血亲亲属称谓对比研究[D].扬州:扬州大学,2016.

[22] 向梦玲.称谓语的性别倒错现象研究[D].宜昌:三峡大学,2016.

[23] 周维.语言接触背景下汨罗方言中男性称谓语泛化现象的变化研究[D].湘潭:湘潭大学,2014.

[24] 吴晓君.汉语称谓与男尊女卑[J].哈尔滨学院学报,2006(3):107-109.

[25] 江钒.汉语方言亲属称谓研究述评[J].萍乡学院学报,2017(5):83-87.

[26] 刘春华.湖北恩施方言的亲属称谓[J].三峡大学学报(人文社会科

学版),2014(S1):61-64.

[27] 童琴.从地方志看鄂州岁时民俗词语变化[J].湖北第二师范学院学报,2017(11):13-18.

[28] 杜璇.现代汉语亲属称谓研究——以《现代汉语词典(第6版)》为例[D].曲阜:曲阜师范大学,2017.

[29] 胡士云.汉语亲属称谓研究[D].广州:暨南大学,2001.

[30] 曹永芳.现代汉语亲属称谓的理据性研究[D].沈阳:辽宁大学,2013.

武穴岁时民俗词语的研究

林 洋

指导教师：郭家翔

一、引 言

岁时民俗，是指随着季节和时间序列的变化，人们生活中不同的民俗事件和传承，比如春节、清明节、中元节等。从一个地区岁时民俗的记录可窥得这个地区人们的生活习俗、宗教信仰、风土人情等各方各面，所以岁时民俗不但是民俗学研究的重要内容，而且是人类学研究中民族志的重要组成部分。早在古代便有文人对岁时民俗进行过详细记录，如南北朝时期宗懔的《荆楚岁时记》、清代敦崇的《燕京岁时记》和顾禄的《清嘉录》等，都为之后这方面的学术研究提供了宝贵且丰富的资料。近代以来，国内外许多学者对岁时民俗进行了详细记载和深入研究，使相关地区的岁时民俗研究达到了较高的水平。

关于"民俗词语"的界定，曲彦斌先生在《中国民俗语言学》中指出"民俗语汇是各种民俗事象和民俗要素的语言载体，包括方言土语、詈语、俗语词、隐语行语、民间流行习语、口头禅、非隐语性行业习惯语等，以及秽语等粗俗语词、禁忌语、口彩语、语词形态的谚语、民间秘密语等语类。它是民俗语言中最活跃的部分。"[1]此定义把表示民俗事象以及民俗要素的方言土语、詈语、俗语词、隐语行语、民间流行习语等语类都划归为民俗词语。杨振兰在《民俗词语探析》中将民俗词语划分为专职民俗词语和兼职民俗词语，认为民俗词语即负载民俗事象的词语，也包括少部分兼表民俗事象的词语，它们是民俗事象的语言符号化的载体。[2]孙宜志在《民俗词语刍议》中认为民俗词语是用来指称民俗仪式及其相关事象的词语。[3]

因为民俗是大家约定俗成的，是在百姓的日常生活中形成的，而各地区

---

[1] 曲彦斌：《中国民俗语言学》，上海文艺出版社，1996年，第62页。
[2] 杨振兰：《民俗词语探析》，《民俗研究》，2004年第3期。
[3] 孙宜志：《民俗词语刍议》，《民俗研究》，2000年第3期。

地域环境和人文环境的不同造成了民俗事象的差异。本文对武穴的民俗词语进行研究,主要将其分为民俗词、谚语、惯用语和歇后语等语类。

二、武穴岁时民俗词语的分类

武穴旧称"广济",地处鄂皖赣毗连地区,先民来自五湖四海,其传统习俗,本地与其他地区交融,兼收并容,以汉俗为基本里俗,但也具有一定地方特色。清《湖广通志》载称:"广济风俗醇庞近古,然好气任侠。"《广济县志》载称:"广济俗多朴茂,民爱稼穑,士喜读书,以孝友为先,然其人稚而戆。"[①]武穴岁时民俗通过一代又一代的言传身教相传至今,具有浓厚的地方色彩。本文以重要节日为例,将民俗词从节日称谓,跟节日相关的民俗词,跟节日相关的谚语、惯用语、歇后语三方面来介绍。

(一) 春节

古时人们称春节为"新正"或"正旦""元旦",春节是中华民族最为重视的节日,也是文化内涵最丰富、最具有魅力的一个节日。在民间,从腊月二十三或二十四的祭灶,一直到正月十五,这期间都称为春节。

1. 跟春节相关的民俗词

(1) 腊八节。在腊月初八,人们要熬制腊八粥,粥内一般包括红薯、花生、红豆、绿豆等,主料以大米和糯米为主。寓意忆苦思甜。

(2) 跺年粑。是以劳动的特点命名的。由于舂米的人动作像跺脚一样,故用碓舂米做成的年粑叫作跺年粑。

(3) 福猪福鸡。过年期间禁忌较多,为避免不吉利,武穴人把杀猪杀鸡换称为"福猪福鸡",也就是把"杀""宰"这些字换成"福"字。

(4) 干塘捉鱼。即在放干了水的泥塘里捉鱼,为做腊鱼做准备。

(5) 祭灶。传说过年时,各路神仙都是要上天的,长辈在腊月二十三这一天要送灶神上天庭,并希望能给自己带来好运。

(6) 过小年、打扬尘。腊月二十四俗称小年。这天家家户户都要进行大扫除,清洁各处,此活动为"打扬尘",寄寓除尘迎新之意。

---

① 湖北省武穴市地方志编纂委员会:《广济县志》,汉语大词典出版社,1994年,第770页。

(7)办年货。去集市置办过年要用的所有东西,为过年做准备。年货通常要在腊月二十八之前准备好。

(8)赶乱岁。古时候人们认为在腊月二十三之后是没有神仙管理的混乱日子,较为贫穷的家庭就会在此期间抓紧办婚事,即便窘迫寒酸,也不算冲撞神明,是一种迷信思想。

(9)打豆腐。据老人说这叫发财豆腐。

(10)贴对联、贴年画、贴门神。图喜庆和吉利。

(11)洗邋遢。在这一天,全家老小都要洗头洗澡,除去身上的灰尘或是不干净的东西。

(12)换年福(可提前也可推后)。全家团聚,以阉鸡、鲤鱼、猪肉等三牲为供品,祭祀祖先。祭毕,供品回锅,全家共食。

(13)辞年岁。嫁出去的女儿回娘家"辞年岁",新嫁娘要送猪肉、糕点之类的礼品给娘家,寓意晚辈时时记得回报养育自己的长辈。如今一般直接送红包。

(14)团年饭(古时穷人一般将"换年福"和"团年饭"仪式合并)。腊月二十八到年三十之间都可以,农村一般为早上或中午,城镇一般为晚上,团年饭之前要放鞭炮,并且团年饭前的第一碗饭必须先盛起留给祖先,之后大家才能开动。有部分重男轻女的家庭不允许出嫁的女儿上桌吃饭,认为不吉利,这是封建糟粕思想。

(15)压岁钱。团年饭后晚辈给长辈辞年岁,长辈则回给晚辈"压岁钱"。

(16)祭祖。俗称"辞岁",就是人们会带一些祭品给祖先过年,并告知祖先年来了。一般是吃完年饭的当天下午,各家要到祖坟前祭祀,祭品一般为酒和肉(肉为刚腌制好的腊肉),也可以根据自家情况带一些其他吃食,祭拜完之后,祭品会带回来。据长辈们说这些祭品受到了祖先的保佑,人们尤其是小孩吃了以后会身体健康、心想事成,体现了当地人对祖先的崇拜观念。

(17)守夜、接年。大年三十晚上,全家人都要守岁,一直要到下半夜之时才能去睡,并且屋里灯要亮一晚上。

(18)出天方。是人们初一为迎接新一年的到来,放鞭炮接年的活动。这项活动按当地惯例由家庭男丁进行,朝西表示迎财,朝东表示接福。出天方的时间,一般为初一早晨日出之时。

(19)红糖糍粑。大年初一早餐不吃米饭,一般以红糖佐以糍粑为食。

(20)关财门。大年初一这一天,所有店铺均紧栓大门,称"关财门",登门者从门缝投进贺年帖,宾主不相见。

(21)初一拜家门年。早上先由小孩子去全垸①拜一轮,接着是青年和中年男人出门拜年,拜年的时候不会在别人家吃饭,一般站着拜个年、喝杯糖水、接根烟就赶往下一家了,一般会给小孩一些糖果、糕点、方便面之类的零食。而且拜年一般先去拜垸里的本家亲戚,再去各家各户拜年,拜年时间不能超过中午十二点。

(22)拜年包儿。即拜年礼包。武穴人初一过后去亲戚家拜年要带礼品,显得有诚意,其中武穴酥糖包是武穴的地方特色礼品。

(23)接客。这里的客专指女客,正月女人不能出门拜年,除非是新婚夫妇,才可以在初二一起回来给女方父母拜年。

2. 跟春节相关的谚语、惯用语、歇后语

(1)打伢过年。因为春节期间,从腊月二十四开始,禁忌打人、骂人。为了警戒小孩在春节期间说不吉利的话,长辈会提前对其进行教育。

(2)上天言好事,下界降吉祥。祭灶神时,祈求灶神上天之后给主人家里带回吉祥好运。

(3)守岁守得好,来年无烦恼;守岁守得长,有棉絮铺床。表达出人们希望通过守岁在来年能有好运气和幸福生活。

(4)二十二跺年粑,二十三牵猪杀,二十四"小年夜",二十五打豆腐,二十六剁年肉,二十七画贴壁,二十八家家吃,二十九家家有,三十夜"瓦罐杂"(吃团年饭,以火钵炖肉为主菜);大年初一,出方大吉;初二、初三去拜年,初七、初八龙灯发;十五到,年过了。

(5)一拜亲,二拜舅,初三、初四拜外父。这体现的是拜年的规矩,初一拜本家或是垸里各家各户,初二拜舅佬,初三、初四拜岳父和各家亲戚。

(6)三十的火,十五的灯。

(7)两个鲤鱼换年福——多余一礼。

(8)抬菩萨洗澡——空劳神。

(二)元宵节

《说文解字》写道:"元,始也,从一从兀。"新年的第一个月叫元月。"宵"形声字,表意,古文字形像房屋,肖表声,本义是夜晚。故农历正月十五的晚上就叫"元宵节",古称"上元节",俗称"过月半"。

---

① "垸"是当地一种聚落地名,类似"弯、咀",同一垸内的住户多为同姓本家。

1. 跟元宵节相关的民俗词

（1）正月半。元宵节的俗称,意思是正月已过半。这天,每家的妇女都忙着包卷煎、做元宵。

（2）看花灯。据《广济县志》载,古时有"上元作灯市"之俗。现在武穴市区每隔两三年仍举行一次闹元宵灯会。

（3）祭祖。时间一般为下午。这次祭祖与除夕当天的祭祖相呼应,除夕祭祖是告知祖先年来了,正月半的祭祖则是向祖先还愿,讨一个好彩头,并提醒祖先年要过完了。

（4）玩龙灯。城镇居民多以各种形状的彩灯悬挂于门首。青少年则成群结队手持彩灯,沿家恭贺。

（5）玩草把龙。农村青少年组队到各家各户去舞草把龙（用干枯的稻草编织而成）送福,祈求来年风调雨顺。

（6）抬菩萨。这里的菩萨一般是当地的神,且按地方命名,当天人们抬着它去沿家送福,就是为了接神回祠堂,以佑全村整年平安顺利。

2. 跟元宵节相关的谚语、惯用语、歇后语

（1）正月半,敲葫芦瓢,老鼠下儿不长毛。

（2）炮儿放得暖洋洋,恭喜老板好屋场;左边一个金鸡叫,右边一个凤凰啼;凤凰啼得龙得转,金鸡啼得状元回。

（3）玩龙玩得十八节,十八节上出凰涅;凰涅一扎火,生儿做知府;知府大,生儿坐天下;生儿生一对,生儿做皇帝。

（4）玩灯玩灯,做做玩玩;插田割谷,读书做官。

（三）上巳节

上巳节,俗称"三月三",是农历三月上旬的第一个巳日,即古代干支纪日法中的称谓,也是祓禊的日子。在武穴俗传是禅宗四祖道信的生日。

1. 跟上巳节相关的民俗词

（1）三月三。上巳节俗称"三月三"。

（2）地菜花。生长在田野里的一种野菜,叶子呈三角形,营养丰富。

（3）地菜粑。家家户户吃芥菜粑或用野地菜做的粑。

（4）菜粑节。当地相传吃菜粑能化灾避难。

2. 跟上巳节相关的谚语、惯用语、歇后语

（1）三月三,鬼上山。三月三又叫鬼节,据说这天为孤魂野鬼的假日,农村人们大都备酒菜烧纸钱祭祀,晚上去野外看"鬼火",以占卜人事吉凶。

(2) 三月三,地菜当灵丹。相传吃菜粑能化灾避难,因此上巳节也叫菜粑节。

(四) 清明节

清明节是二十四节气之一。《岁时百问》曰:"万物生长此时,皆清洁而明净。故谓之清明。"①作为节气的"清明",时间在春分之后,这时冬天已过,春意盎然,天气晴朗,四野明净,故用"清明"来形容这个时期。

1. 跟清明节相关的民俗词

(1) 祭祖。民间活动。清明节前后,全家出动,举着花环,提着香纸炮和供品,去祭祀祖先。

(2) 扫墓。青少年要在这天祭扫革命烈士墓,缅怀革命先辈。

(3) 插柳。清明节的活动。

(4) 踏青。清明节的活动。

2. 跟清明节相关的谚语、惯用语、歇后语

(1) 清明前后,种瓜点豆。

(2) 三月是清明,一时下雨一时晴。

(五) 端午节

"端"字有"初始"的意思,故"端五"也称"初五"。每月有三个五日,头一个五日就是"端五"。按照历法,五月正是"午月",因此也叫"端午"。《荆楚岁时记》中提到"仲夏登高,顺阳在上",故五月初五又称"端阳节"。

(1) 发粑。发粑是农村各家用新割的稻谷做成的馒头,寓意"吃新"。

(2) 粽子。城镇居民一般吃粽子。

(3) 送端午。当年出嫁的女儿要在端午节这天回赠娘家东西,一般为酒肉、发粑、伞和扇子。体现了武穴人重孝和重感情。

(4) 端午饼。端午节特有的食品。

(5) 咸鸭蛋。端午节期间的食品。

(6) 皮蛋。端午节期间的食品。

(7) 插艾草。中午时分,家家门窗插艾叶、菖蒲,以示避邪。

(8) 划龙船、板凳船。湖区或沿江地区还届时举行划龙船比赛,龙船里一

---

① 卢德平:《中华文明大辞典》,海洋出版社,1992年,第884页.

般放的是板凳,因此也叫板凳船。

(六) 中元节

中国古代以一、七、十月之十五日分称上元、中元、下元:上元是天官赐福日,中元为地官赦罪日,下元为水官解厄日。所以会在中元时普度孤魂野鬼。这天也是人们祭祀悼念死者的日子,俗称"七月半",亦称"鬼节"。

(1) 祭祖。时间一般为中午,各家准备好一桌丰盛的饭菜,供桌要放在祖宗官匾的正下方,在供桌的上方点上香,最后由长辈祝祷,请四方祖先出来一起吃饭。

(2) 包袱。写有祖宗姓名的冥钱封包。

(3) 荐包袱。家里人把冥纸钱用纸包好,分成数包,封好之后,写上自家祖先的名字,摆在簸箕上,并放在自家祖宗牌匾下的方桌上。

(4) 烧包袱。先叫祖宗用饭,饭后,将这些包袱送到垸门前烧掉。

(七) 中秋节

"秋,庄稼成熟曰秋。"农民为了庆祝丰收、表达喜悦的心情,就以"中秋"这一天作为节日。根据中国历法,农历八月处于秋季的第二个月,故称为"仲秋",而八月十五又在"仲秋"之间,所以最后称"中秋"。

1. 与中秋节相关的民俗词

(1) 月饼。农历八月十五为中秋节,亦称"仲秋节"。

(2) 中秋饼。中秋节期间的食品。

(3) 糍粑饭。蒸的糯米与芝麻磨成的粉搅拌在一起就叫作糍粑饭。

(4) 送中秋。出嫁的女儿要在中秋节这天回赠娘家东西,一般为肉、藕、板栗和白糖等。

(5) 摸秋。旧时垸里伢儿们在这一天会到别人菜园里摘一条冬瓜,系上红绳,送往没有生儿子的嫂子被子里,希望她来年抱个胖儿子,此俗为"摸秋送子"。

2. 与中秋节相关的谚语、惯用语和歇后语

(1) 云掩中秋月,雨打上元灯。

(2) 到中秋,赛摸秋。

(3) 八月摸个秋,摘柚抱瓜不算偷。

（八）重阳节

在《易经》中"九"被定义为阳数，农历九月九日中的月、日都是阳数，两个"九"相重，故称重阳。又因"九"在个位数中是最大的，是吉祥长久的象征，两九相重，又是两阳相叠、"阳上加阳"，于是就把这一天命名为"重阳节"。

1. 与重阳节相关的民俗词

（1）秋祭。这一天要去祭祀祖先，缅怀祖先。九月处于秋月，因此叫"秋祭"。此项活动为旧俗，武穴现已几乎不见。

（2）重阳糕。重阳节期间的食品。

（3）打碑基。即给祖先修缮和重选坟地，并铸造新的墓碑，以示对祖先的重视。

2. 与重阳节相关的谚语、惯用语和歇后语

（1）重阳无雨望十三，十三无雨一冬干。

（2）九月重阳，抱火进房。

（3）三月三，九月九，无事莫在江边走。

三、武穴岁时民俗词语的语言学特征

武穴岁时民俗词语是方言词的一部分，在构词、语义和语法等方面都有自己的特色。本章我们从音节特点、语法特点和语义特点三方面对岁时民俗词语进行探讨，从而初步总结出武穴岁时民俗词语的内部结构规律和特点。

（一）武穴岁时民俗词语的音节特点

本文笔者对搜集的80个岁时民俗词语按照双音节、三音节、多音节进行分类比较，统计结果如表1所示。

表1 岁时民俗词语分类比较

音节	数量	比率	例子
双音节	17	21%	祭祖、祭灶、守岁、接客、粽子、皮蛋、扫墓、月饼、登高、包袱、摸秋
三音节	34	42%	打豆腐、打扬尘、办年货、辞年岁、赶乱岁、团年饭、出天方、看花灯、地菜粑、端午饼、烧包袱、中秋饼

续表

音节	数量	比率	例子
多音节	29	37%	干塘捉鱼、红糖糍粑、打伢过年、地菜煮鸡蛋、玩草把龙、二十二跺年粑、初三初四拜外父、金鸡啼得状元回、云掩中秋月、重阳无雨望十三
小计	80	100%	

根据上面表格数据可知，三音节和多音节是武穴岁时民俗词语主要音节结构形式。岁时民俗词以双音节为主，岁时民俗语以三音节和多音节为主。

（二）武穴岁时民俗词语的语法特点

1．岁时民俗词

（1）动宾结构。

拜年　祭祖　扫墓　登高

摸秋　祭灶　守夜　接客

（2）偏正结构。

发粑　皮蛋　月饼　秋祭

2．岁时民俗语

（1）动宾短语。

打扬尘　办年货　跺年粑　烧包袱

打豆腐　送端午　送中秋　玩草把龙

（2）偏正短语。

红糖糍粑　压岁钱　团年饭　地菜花

地菜粑　端午饼　中秋饼　重阳糕

咸鸭蛋　腊八节　元宵节　重阳节

综上可见，偏正式和动宾式两种结构形式是武穴岁时民俗词语的主要结构方式。这一特征与岁时民俗词语主要表现为事物类和事件类有关。事物类民俗活动主要表现形式为名词性成分，特别是偏正式结构中的定中式偏正结构，所以武穴方言中的岁时民俗词语定中式偏正结构居多，如发粑、皮蛋、中秋饼、地菜粑、咸鸭蛋、端午饼等都是定中式偏正结构。事件类民俗事象偏重于动作行为，主要表现形式为动词性成分的结构体，如拜年、打扬尘、办年货、跺年粑、吃年饭、打豆腐等。

（三）武穴岁时民俗词语的语义特点

词义主要分为概念意义和附加意义。对于武穴民俗词语而言，意义是民俗义存在的前提，同时，民俗义主要与附加意义中的联想意义相关。

1. 概念意义

词语的概念意义是语言交际中表达的最基本的意义，是客观事物主要特征的反映和概括。如"扫墓"，这个"墓"是一种抽象的概况。武穴岁时民俗词语的一些词语的本义与其概念意义一致，如月饼、粽子、踏青。

踏青：清明节前后到郊外散步游玩。明刘侗、于奕正在《帝京景物略·春场》中写道："三月清明日……是日簪柳，游高梁桥，曰踏青。"《金华府志》也有文："清明日，人家门户插柳枝，少长行赏郊外，名曰踏青，前后十余日，祭扫先坟。"可知"踏青"的本义与其概念意义基本是一致的。

粽子：晋代之后，粽子成为端午节庆食物。《荆楚岁时记》载："夏至节日，食粽。"《岁时杂记》称："端午粽子名品甚多，形制不一。"可见，粽子的本义与其概念意义基本是一致的。

2. 联想意义

文中列举的一些民俗词语，除了它所表示的概念意义之外，还蕴含着对该对象的联想，这就是联想意义。如人们一说"压岁钱"，我们内心就能立即联想到这是过年长辈给晚辈钱财的一项民俗活动。词语的形象色彩带给人的联想是多方面的，有直接用物达意的，还有对抽象事物的概括表达也借助了具体的形象。

1）直接用物达意，具有形象性

如端午饼、中秋饼、腊八节、草把龙、腊肉、月饼等，这类词语大多是以借代手法用具体的形象来给事物命名。又如年粑、年货、年饭、年肉等，这类词语都是过年期间特有的词语，通常还保留着字面义。

再如，红糖糍粑也叫"元宝"，因为吃红糖糍粑的时候要将一个圆粑切成两半，切后形如金元宝，大年初一吃红糖糍粑，是希冀新一年的生活甜甜蜜蜜。把粑称作元宝，是希望新的一年都有好收入。

2）词语对抽象事物的概括表达也经常借助具体的形象

这类词语一般不用其字面意义，它已经从字面意义转化为一种更深刻的抽象的含义，通常是其比喻义的固定使用，如福猪福鸡、抬菩萨、（发财）豆腐、关财门等。

四、武穴岁时民俗词语的地域文化

(一) 宗法观念浓郁

1. 重视祖宗的心理

武穴有许多重视祖宗的传统,这些传统也通过岁时民俗词语保留了下来。现列举如下。

祭祖:除夕、元宵节、清明节、中元节、重阳节等节日都涉及祭祖的环节,而这几个节日几乎占了全年节日的一半,且每次祭祖都有不同的内涵。例如:除夕祭祖是告知祖先年到了,并带着丰富的祭品送给祖先过年;清明节祭祖是祭拜祖先,修缮祖先的坟地;中元节祭祖是请祖先吃顿饭,然后通过烧包袱送钱或物品给祖先享用等。这些文化内涵充分体现了武穴人民对祖宗的重视心理。

此外,武穴农村里在初一、十五或特殊的日子里要给家里供奉的祖宗祠烧香放鞭炮,人们认为香烧得越多,祖先越会保佑自己,这也体现了武穴人民对祖先的重视。

2. 重视亲戚与本家感情的心理

武穴人重感情主要体现在对亲情的重视和对本家乡邻感情的重视两方面。还年福、团年饭、辞年岁、送端午、送中秋等岁时民俗词语体现了对亲情的重视;玩草把龙、初一拜年等岁时民俗词语体现了对本家乡邻感情的重视。

还年福、团年饭:时间在腊月二十八到三十之间,吃这顿饭最重要的是一家人团聚。如果还有没回到家的家人,饭桌上一定要给他留一个空位并摆上餐具,表示全家人还是团圆的。

送端午、送中秋:武穴人很重视亲情的维系,在端午节和中秋节这两个大节里,嫁出去的女儿要向娘家送一些东西,例如端午节送粽子、发粑、扇子等,中秋节送中秋饼、板栗、莲藕等,既表明自己与娘家要常来往,又体现出对娘家的重视和对娘家人的回报。

玩草把龙:农村青少年组成一个龙队去各家各户送福,一边舞龙一边给主人家说吉祥话,希望主人家来年顺顺利利发大财,最后要把舞完的草把龙烧掉,这一行为被称为"升天",人们期盼着升天的龙能保佑来年风调雨顺。这既联系了乡邻之间的感情,又体现了对神灵的崇拜。

初一拜年：武穴旧时居住在同一个村落的人们多为同姓本家,早上先由小孩子去全垸拜一轮,接着是青壮年男人出门拜年,拜年的时候一般就站着拜个年,喝杯糖水,接根烟就赶往下一家了,小孩一般是给一些糖果、糕点、方便面之类的零食,不会在别人家吃饭。而且拜年顺序为先去拜垸里的本家亲戚,再去拜垸里其他非本家。新春拜年对人们衔接友谊非常重要。

3. 重男轻女的思想

在中国的宗法思想中,女性是嫁出去的,男性是留在家族中继承家业的、生子要从父姓,这种思想在武穴仍然比较严重。

在武穴岁时民俗词语中,祭祖、接客、摸秋等词语也体现了武穴人重男轻女的思想。

（二）封建鬼神迷信思想

中国几千年的封建制度虽已废除,但是封建思想仍有残留。在武穴岁时民俗词语中,有一部分表达出对神灵的敬重和信奉以及希望神灵保佑家庭幸福的迷信思想。例如福猪福鸡、祭灶、赶乱岁、打伢过年、"三月三,鬼上山"等。

此外,在武穴农村,每逢初一、十五,很多家庭都要给家里的祖宗牌匾敬香放鞭炮,既是对祖先的崇拜,又祈求祖先保佑家里人健康长寿。而且,在除夕、元宵节、清明节、中元节以及重阳节期间,家家户户都要给祖先上坟送祭品。并且在中元节这一天,人们会把"烧"说成"送",体现出对神灵的迷信和敬畏。

（三）向往平安、长寿的心理

岁时节日主要适应于天象、物候、自然产物、对自然神的崇拜和对和谐的追求。岁时民俗中向往平安长寿的方式很多,例如抬菩萨、祭灶、地菜粑、地菜煮鸡蛋等。

综上所述,民俗词语是一个庞大而复杂的系统,它能够最直接、最全面地反映武穴本地的思维方式、认知方式及文化和心理内涵。本文列举的岁时民俗词语通过分类归纳可反映出武穴地区的宗法特点、重视孝道以及重视邻里关系的和谐、男尊女卑的思想观念、驱鬼辟邪、保求平安长寿等文化内涵。

五、结　语

本文通过地域代表性较强的岁时民俗来探讨民俗词语,以求得出岁时民俗词语的语言学特点和文化内涵。岁时民俗是所有民俗中最古老、最稳定、人们最关注的民俗,它见证了历史,经过了岁月的洗礼,带有浓厚的原始性和地方性特点,能反映该地区人们的生活和思想。同时,这些岁时民俗中蕴含的一大批带有地域特点的民俗词语,具有重要的研究价值。

武穴岁时民俗词语的研究总结如下:在列举的 80 个岁时民俗词语中,语法特点上动宾式和偏正式民俗词是整个民俗词的主要结构方式,与之对应的偏正短语和动宾短语也在民俗短语中占比较大;语义特点上总结了岁时民俗词语的概念意义和联想意义两方面的特点。对武穴岁时民俗词语的地域文化的探究反映了武穴的宗法思想浓郁,包括重视祖先、重视亲戚与本家感情和男尊女卑的思想,以及封建鬼神迷信的思想和向往平安、长寿的心理。

本文以武穴岁时民俗词语为主要研究材料,简要分析了岁时民俗词语中语言学特征和地域文化即词语包含的文化内涵,以微观的词汇语法和宏观的地域文化分析为主线,对武穴岁时民俗词语进行了归纳和总结。

参考文献

[1] 王作新.语言民俗[M].武汉:湖北教育出版社,2001.

[2] 王燕.邱县方言民俗词语研究[D].济南:山东师范大学,2011.

[3] 中国地方志集成·省志辑·湖北[M].南京:凤凰出版社,2010.

[4] 申小龙.汉语与中国文化[M].上海:复旦大学出版社,2008.

[5] 乔继堂,任明,朱瑞平.中国岁时节令辞典(修订版)[M].北京:中国社会科学出版社,1998.

[6] 李荣.现代汉语方言大词典[M].南京:江苏教育出版社,2002.

[7] 张彦林.明清时期长江流域岁时节令民俗文化词语研究[D].武汉:武汉大学,2016.

[8] 陈雄川.武穴市农村文化传承与发展[D].武汉:华中师范大学,2014.

[9] 罗常培.语言与文化[M].北京:北京出版社,2004.

[10] 罗常培,胡双宝.语言与文化(注释本)[M].北京:北京大学出版社,2009.
[11] 赵瑞婷.莘县方言民俗词语研究[D].西安:西安外国语大学,2016.
[12] 侯精一.平遥方言民俗语汇[M].北京:语文出版社,1995.

武汉方言俗语研究

潘慧娴

指导教师：郭家翔

一、引　言

俗语是一种具有浓厚地方特色且为人民群众所喜闻乐见的语言形式，它使用广泛，通俗易懂，是研究一方风土人情的极佳材料。俗语有多种定义，广义的俗语指的是民间流传的通俗语句，狭义的俗语是指那些通俗并且形象的定型语句，还有一种理解是两者兼而有之。本文认为俗语是一切广泛使用且结构定型的语句，如谚语、歇后语、惯用语、俗成语等。在此基础上，本文将运用文献查找法、实地调查法等方法，结合所学，从结构类型、语义特征、语法功能等方面，对所搜集到的武汉地区俗语中的谚语、歇后语及惯用语进行分析研究，并分析武汉俗语的主要来源及其所体现的武汉文化内涵。

二、武汉方言俗语的分类研究

（一）武汉地区的谚语研究

谚语是汉语俗语里使用范围较广且数量可观的一种语言形式，不止平民百姓在使用，文人墨客同样经常使用。它的内容源于生活，通俗易懂，是人们生产生活智慧的结晶。由于谚语使用的广泛性，人们对各类谚语的研究从来没有停止过，也取得了多层次的成果。武占坤、马国凡的《谚语》，王勤的《谚语歇后语概论》，宁矩的《谚语·格言·歇后语》等著作都对谚语有自己的界定。概括而言，谚语就是内容上阐明事理、形式上口语化程度较高、结构上比较定型的语句。

武汉地区的谚语是历代生活在这片土地上的劳动人民从生产生活中提炼出来的,是人们日常生活、生产方式、文化习俗和地域交流的写照。从搜集到的谚语来看,武汉谚语类型丰富、形象生动,语言色彩浓厚,且有极强的人文性。本文对武汉谚语的研究将从结构类型、语义特征和修辞手法三方面进行。

1. 谚语的结构类型

对武汉谚语结构类型的分析可以从单句和复句两方面进行。

1) 单句

单句是由短语或词充当、有特定的语调、能独立表达一定的意思的语言单位,一般分为主谓句和非主谓句,其中非主谓句又分为名词性、动词性和形容词性非主谓句。武汉谚语中这两种形式的谚语都有所表现。如:

①三岁的伢不能用芒锤夯(打)。

②天狗吃不了日头。

③夜晴不是好晴(指久雨后夜晴仍有雨)。

武汉谚语中,主谓句较多由谓词性词或短语构成。非主谓句也是动词性非主谓句居多。谚语中不论是主谓句还是非主谓句都是以谓词性为主,这一点在武汉的谚语中也很好地体现出来。

2) 复句

复句由两个或两个以上分句构成,有语序和关联词语两种组合方式。

(1) 由两个分句组成的谚语。

①一升米养恩人,一斗米养仇人。

②享福一灯盏,受罪一箩筐。

③秧好一半谷,妻好一半福。

④站的菩萨站一生,坐的菩萨坐一生。

⑤三十斤的鱼,四十斤的泡。

⑥早起三光,晏(晚)起三慌。

⑦宁可死做官的老子(爹),不可死讨饭的娘。

⑧一个人顿(放)得巧,十个人找不到。

⑨提起来千斤,放下去四两。

⑩三代不读书,一屋大肥猪。

例①~⑥是直接用语序组合而成的复句,其中例①③④是由两个主谓句分句组成的并列复句,例②⑤分别是由两个中补短语和两个偏正短语组合成的并列复句;例⑦~⑩是用关联词连接的复句,其中例⑦是由"宁可……不可……"构成的选择关系复句;例⑧⑩是省略了关联词"如果……那么……"的假设关系复句;例⑨是省略了关联词"但是"的转折复句。

(2) 由三个或三个以上的分句构成的复句。

①十个男的九个吹(牛皮),一个不吹有点呸①(人品有问题);十个女的九个嚼(舌根),一个不嚼有点苕。

②大考大玩,小考小玩,不考不玩。

③汉口的洋钱是堆着的,汉阳的洋钱是晒着的,武昌的洋钱是顶着的。

2. 谚语的语义关系

任何语言形式都能承载一定的语言意义。通过对句子前后关系和分句的意义联系进行分析,可以把武汉的谚语分为同义和反义谚语、本义和派生义谚语。

1) 同义和反义谚语

同义谚语即取材不同但传达相同道理或经验的谚语。武汉的同义谚语举例如下:

①人有小九九,天有大算盘。

②瞎子见钱眼睁开,跛子见钱跛得快。

反义谚语即取材和所传达的知识经验均不同的谚语,武汉谚语中的反义谚语较多,举例如下:

①朋友不怕多,仇人怕一个。

②石头磨得两头低,走遍天下无人欺;石头磨得两头翘,走遍天下无人要。

③蜘蛛晒网,天气晴朗;蜘蛛收网,只听雨响。

④前三十年睡不醒,后三十年睡不着。

⑤人要实心,火要空心。

⑥人多好种田,人少好过年。

⑦有钱的诊好,无钱的等好。

⑧学好千日不足,学坏一时有余。

⑨贱不过于人,贵不过于人。

⑩大人望种田,细伢望(盼望)过年。

---

① 音"pei",阴平。

2）本义和派生义谚语

武汉谚语中有着相当数量浅层意义的谚语,这些谚语的字面意义已经揭示了谚语本身想要传达的内容,令人一目了然;当然也还有很多谚语在字面意义之外,通过比喻、引申等手法产生了派生义,通常这些派生义有一定的深度和普遍性,蕴含一定的哲理。

本义谚语的字面即内涵。举例如下：

①男不做三,女不做四（指三十岁和四十岁生日）。

②人抬人高,人踩人草。

③穷不失志,富不癫狂。

④夫勤无懒地,妻勤无脏衣。

⑤人叫不动,鬼（心术不正的人）叫飞跑。

⑥三月三,九月九,划子莫在湖上走,若要不信试试看,十有八九翻跟斗。

⑦千里路上见老乡,赛过在家见亲娘。

⑧养儿是一家,养女是一户。

⑨男吵官司女吵穷。

⑩干娘干老子（干爹）,一年一件花袄子。

武汉方言中在本义谚语之外,还有不少派生义谚语运用引申、抽象等手法使人们通过两者的相似之处联想到深层意义,从而达到警世喻理的效果。本文对武汉谚语派生义的研究从引申义、抽象义以及概括义入手。

（1）引申义。

引申的前提是字面提及的事物与想要阐明的道理之间具有某种共通之处。举例如下：

①一天攒一把,一年买匹马。

②只看到强盗吃肉,有看到强盗挨打。

③石头磨得两头低,走遍天下无人欺；石头磨得两头翘,走遍天下无人要。

④三十斤的鱼,四十斤的泡。

例①启示人们持之以恒的积累会带来丰硕的收获或回报；例②使人联想到有些人只看到别人光鲜享福的时候,没看到背后也要付出代价,或者做坏事总会被追究责任；例③通过石头的平翘状况和其价值的联系,使人明白谦逊会得到尊重,而傲慢无礼会受到排挤和孤立的为人处世之道；例④夸张地描述鱼自身的体重和鱼泡的重量,使人明白做人不可轻浮没有内涵,要注重提高自己的内在涵养。

(2) 抽象义。

抽象的基础就是通过个别或者具体事物的特征,发现某些普遍存在的、共同的、本质的属性。武汉地区的谚语有些虽然描写的对象是个别的、具体的,但仍具有普遍性。举例如下:

①有钱难买亲生儿。

②一升米养恩人,一斗米养仇人。

例①中的"亲生儿"不一定局限于血缘关系上的儿子,而是可以理解为具有真诚关系的人,说明钱并不能买到亲密而真诚的关系;例②中用"一升米"和"一斗米"说明施予的多少和时机不同起到的作用可能大相径庭,在一个人迫切需要帮助的时候你及时给予帮助,会成为他的恩人,而当继续施予时,反而可能会被当作理所当然,并且可能会因为给得不够多而成为被仇恨的对象。

3. 谚语的修辞手法

武汉地区的谚语大多数是用不加修饰的浅显易懂的语言阐明道理或总结经验,如"三盘六坐九能爬""儿像老子女像娘""接个媳妇卖个儿""当家三年狗也嫌",等等。但也有一些谚语使用对偶、排比等手法,使警世喻理的俗语变得生动有趣。

1) 对偶

对偶是两个字数相等、结构相似的语句表现相关或相反的意思的一种修辞手法,在整个谚语系统中是占比例很大的修辞方式。武汉谚语中也有不少这样的例子。

①养儿是一家,养女是一户。

②行时不知来路,背时不知去路。

③人抬人高,人踩人草。

④石头磨得两头低,走遍天下无人欺;石头磨得两头翘,走遍天下无人要。

⑤说大话,用小钱。

⑥夫勤无懒地,妻勤无脏衣。

⑦十个男的九个吹,一个不吹有点呸;十个女的九个嚼,一个不嚼有点苕。

⑧瞎子见钱眼睁开,跛子见钱跛得快。

例①~⑤是反对,前后部分语义相反,是从不同的方面阐明道理:例①说明养儿和养女对家族发展的影响不同;例②说明顺境和逆境中处理方法得当的重要性;例③说明得势则越来越成功,失势则命运不济;例④劝诫人们保持谦逊,趾高气扬只会遭到排挤和反对;例⑤无情地揭露了言行不一之人的嘴脸,即信口开河行事却畏畏缩缩,或者嘴上很大方实际很吝啬。例⑥~⑧是正对,前后语义相同,从不同方面说明同一道理;例⑥赞美了勤劳的家庭生活有序的局面;例⑦概括了一些喜欢吹牛皮的男性和嚼舌根的女性,俏皮又形象;例⑧用看似不可能的事件描绘了人们对金钱的追求。

2）排比

排比由三个或三个以上短语或句子组合而成。结构相同或相近,内容相关或相似,排比有增强语气、加强语势的表达效果。在武汉谚语中,这种修辞手法的运用较少,举例如下：

①大考大玩,小考小玩,不考不玩。

②汉口的洋钱是堆着的,汉阳的洋钱是晒着的,武昌的洋钱是顶着的。

3）比喻

比喻是利用事物之间的相似点,借一个事物来说明另一个事物。无论是整个谚语系统还是武汉谚语中都能找到许多运用比喻来阐明事理的例子。举例如下：

①人抬人高,人踩人草。

②三代不读书,一屋大肥猪。

③荞麦粑粑上了霉（粉擦得太多）。

④水往下流（长辈疼爱晚辈）。

以上前两例使用暗喻,只有喻体和本体出现,没有比喻词,分别将失势的人和不读书的人比作草和猪,形象生动。

4）夸张

①脸有一城墙加一磨子厚。

②说得水点得灯着（言语夸张不切实际）。

③三十斤的鱼,四十斤的泡。

5）比拟

①蛇打的窟窿蛇晓得。

②老哇（乌鸦）笑猪黑,自家不晓得。

③炉子靠水缸,你热我不热。

6）顶真

①斧打凿,凿入木。

②天晴防天涩（大雨）,天涩防冇得。

③光棍怕痞子,痞子怕绵缠（纠缠不休）。

(二)武汉地区的歇后语研究

歇后语是汉语词汇的组成部分之一,是由近似于谜面、谜底的两部分组成的带有隐语性质的口头固定短语,也是广大人民群众使用广泛、喜闻乐见的语言形式。歇后语的前一部分是比喻,即说出一个事物来打比方,像谜语里的"谜面";后一部分像"谜底",是真义所在。两部分之间必有间歇,间歇之后的谜底部分有时不说出来,而让人猜想它的含义,幽默风趣,近似俏皮话。歇后语常使用比喻和谐音两种修辞手法。

歇后语的内容一般来源于人们日常的生产生活,地域性强,能够较好地反映某地区的地域文化、地域特征、生活方式、民风民俗等。武汉地区的歇后语即武汉人民在长期大量生产生活的劳动经验中积累的经验和知识,是对周围环境认识的结晶。本文对武汉歇后语的研究从结构特征、语义特征和修辞手法三方面进行分析探讨。

1. 歇后语的结构特征

1)"谜面"的结构类型

(1)主谓结构。

在武汉歇后语中,绝大多数都是主谓结构的类型。例如:

①道士掉了令牌——有得法(没办法)

②狗子进茅厕——闻(文)进闻(文)出(文绉绉)

③两个哑巴在一头睡——没得话说(没得说的,好得很)

④刷子掉了毛——板眼多(名堂多)

⑤豆腐掉到灰里头——打也打不得,拍也拍不得

⑥袜子破了——鞋(还)好

⑦虾子过河——牵须(谦虚)

⑧巧巧的妈妈生巧巧——实在是巧(巧得很)

⑨跛子穿大衣——闷倒拐(阴险)

⑩驼子打伞——背湿(时)(倒霉)

⑪红薯装进麻袋里——装苕(装傻)

⑫辣椒冇(没有)点(略洒)水——干蒸(争)

⑬猫子掉了爪子——巴不得

⑭阎王爷做报告——鬼款(胡说八道)

⑮红薯断了根——苕脱了节(特别傻)

⑯狗子长角——装羊(佯)(装糊涂)

(2) 偏正结构。

①婆婆的棺材——只管漆(吃)

②破庙的菩萨——东倒西歪

③黄花菜的隔壁——木(莫)耳(不理)

④鸭棚的老板——管淡(蛋)事(管闲事)

⑤许仕林的姆妈(妈妈)——蛇(折)人(丢人)

⑥洞庭湖里吹喇叭——哪地哪(没有眉目)

⑦门缝里看人——把人看扁了

⑧十五个吊桶打水——(心里)七上八下

⑨荷叶包鳝鱼——开溜

⑩阎王殿里拔河——鬼扯(说瞎话,胡说)

⑪茅厕里荡桨——敲屎(死)(犯贱)

⑫红薯地里讲假话——哄苕(骗谁呢)

⑬穿两条棉裤放屁——过絮(细)又过絮(细)(仔细,细心)

偏正结构又分为定中结构(例①～⑤)和状中结构(例⑥～⑬),从搜集到的语料来看,状中结构较多。总体上武汉歇后语的主谓结构比偏正结构多。

2)"谜底"部分的结构类型

(1) 主谓结构。

①眨巴眼养瞎子——一代不如一代

②老鼠拖葫芦——大事在后头

③刷子掉了毛——板眼多(名堂多)

(2) 动宾结构。

①吃了扁担——横了肠子(横下心)

②缺巴齿的姆妈做生(过生日)——闹豁嘴(敷衍应对)

③道士掉了令牌——冇得法(没办法)

④乌龟吃大麦——糟蹋粮食

(3) 偏正结构。

①吃猪油穿缎子——两面光

②老太太吃腊肉——横扯皮(吵架)

③阎王爷吃饭——鬼做(装模作样)

(4) 动补结构。

①非洲人的爸爸跳高——黑(吓)老子一跳

②飞机栽到地上——掉得大(损失大)

③"高黏除"的膏药——巴(贴)得紧

④胡敬德炒米泡——黑(吓)人巴煞(吓人极了)

由上可知,武汉的歇后语以动宾结构和动补结构为主。

2. 歇后语的语义特征

武汉地区的歇后语主要把对人或事物的描述作为"谜面",通过"谜面"在语义表达上的生动形象、幽默风趣、隐含讽刺的特点,将世间百态、喜怒哀乐诙谐地表达出来。本文从以下几个方面浅析武汉歇后语的语义特征。

1) 形象性

武汉歇后语描写对象广泛,从人到动物,从自然现象到日常生活,都能作为来源。

(1) 以动物为描述对象。

①狗子进茅厕——闻进闻出

②虾子过河——牵须

③猫子掉了爪子——巴不得

④老鼠拖葫芦——大事在后头

⑤乌龟吃大麦——糟蹋粮食

(2) 以特定的人或行为为描述对象。

①道士掉了令牌——冇得法

②跛子穿大衣——闷倒拐

③驼子打伞——背湿(背时)

④门缝里看人——把人看扁了

⑤红薯地里讲假话——哄苕

(3) 以当地典型或特有事物的特征为描述对象。

①"高黏除"的膏药——巴得紧

②胡敬德炒米泡——黑人巴煞

③洞庭湖里吹喇叭——哪地哪

2) 贬义性

武汉部分歇后语有很强的讽刺性,体现了武汉人爱损人的特征。例如:

①跛子穿大衣——闷倒拐

②辣椒冇点水——干蒸

③眨巴眼养瞎子——一代不如一代

④刷子掉了毛——板眼多

⑤缺巴齿的姆妈做生——闹豁嘴

3. 歇后语的修辞手法

本文分析所搜集的武汉歇后语,发现有谐音和比喻两种修辞手法。

1)谐音

①狗子进茅厕——闻进闻出

②黄花菜的隔壁——木耳

③狗子长角——装羊

2)比喻

主要有喻事和喻物两种。

(1)喻事类。

①老太太吃腊肉——横扯皮

②阎王爷吃饭——鬼做

③豆腐掉到灰里头——打也打不得,拍也拍不得

(2)喻物类。

①红薯断了根——苕脱了节

②眨巴眼养瞎子——一代不如一代

③吃了扁担——横了肠子

通过以上研究分析,可以窥见武汉歇后语的语言特征,即以动宾和动补结构为主,运用谐音和比喻手法使语义更加生动形象。

(三)武汉地区的惯用语研究

惯用语同歇后语、谚语、俗成语等语言单位共同组成俗语,结构基本上以三字格为主,同时也有部分四字格或句子,这是与歇后语的区别。惯用语与谚语的不同之处更多体现在语义表达上,谚语侧重传达生活经验,惯用语则侧重描述各种形象状态或动作行为。它们都是使用频率高、结构定型、意义有整体性的固定语汇单位。由此,武汉惯用语可以被定义为"在武汉地区人们口头使用频率高、结构定型、意义有整体性的描述性语言单位"。下面从结构特征、语义特征和语法特征三方面分析武汉的惯用语。

1. 惯用语的结构特征

可以大致将惯用语分为短语型和句子型两种结构。前者一般表示不完整的语义,而后者相当于一个句子,可以独立表达完整的语义。

1)短语型

(1)动宾式。

①闹醒黄(胡闹,鬼混)

②打梭子(敬/散香烟)

③射垛子(影射)

④吃鸡下巴(插嘴)

⑤掉底子(丢人)

⑥打闹台(打通儿;造声势;扰乱)

⑦撮短水(非正式的、临时的捞钱方式)

⑧开洋荤(享受)

(2)偏正式。

①檐老鼠(蝙蝠)

②不服周(不忿)

③夜猫子(熬夜的人)

④痄①喉咙(公鸭嗓儿)

⑤百家饭(为了小儿好养,家长讨来许多户人家的饭给他吃)

⑥黄昏账(烂账)

⑦闷葫芦(存钱罐)

⑧糍粑屁股(坐下便不想起来)

⑨陀螺屁股(坐不住)

(3)中补式。

①胀不过(吃撑了)

②过不得(难过)

③搁不得(不待见)

(4)并列式。

①精昂②鬼叫(大喊大叫)

②冇大冇小(对长辈无礼)

③顾嘴不顾身(形容嘴馋)

④公一天母一天(时好时坏)

此外还有其他结构类型,如连动式:抱倒别个的脑壳摇(乞求别人)。

2)句子型

笔者搜集到的句子型惯用语很少,且都是单句型,例如：

①陕西骡子做马叫(南腔北调,学外地腔)。

---

① 方言中音"ha",阴平。

② 音"ŋang",阴平,"大声喊叫"的意思。

②捞倒黄牛就是马(抓来就用,不分对象)。
③三文不当二文(挥霍浪费)。

2. 惯用语的语义特征

1) 描述义

惯用语的最大特点是它作为一种描述性语汇单位,描述的对象有人或事物的形象或状态,也有动作的行为或性质。武汉惯用语描述的内容主要是人。

(1) 描述人的行为。

①闹醒黄

②带把子

③打梭子

④射垛子

⑤吃鸡下巴

(2) 描述人的性格或特征。

①不服周

②夜猫子

③痄喉咙

④糍粑屁股

⑤陀螺屁股

⑥过不得(难过)

⑦搁不得(不待见)

2) 比喻义

①转不过弯来(比喻不能换个角度思考、理解问题)

②气不打一处来(比喻气从几方面出,集中起来)

③眼里进不得沙子(比喻不能忍受半点自己看不过去的事情)

3) 贬义性

武汉方言直率泼辣,有很多讽刺负面形象行为或长相不佳的惯用语。如:

①吃倒碗里的看倒锅里的(形容贪婪)

②吃鸡下巴

③痄喉咙

④缺巴齿(没有门牙)

⑤陕西的骡子做马叫

⑥抠错了胯子(搞错了对象)

⑦捞倒黄牛就是马

⑧二五点子(阴阳怪气)

3. 惯用语的语法功能

1) 单独成句

①陕西的骡子做马叫。

②捞倒黄牛就是马。

③抠错了胯子。

2) 充当句子成分,可以作主语、谓语、宾语、定语

(1) 作主语。

①瘆喉咙听起来就是不舒服。

②这个夜猫子大半夜还不睡觉。

(2) 作谓语。

①他这个人眼里进不得沙子。

②他专门打闹台。

③这个人蛮不服周。

(3) 作宾语。

①他喜欢吃鸡下巴。

②明明牙掉了,现在是个缺巴齿。

③他这个人是个陀螺屁股,总坐不住。

(4) 作定语。

①为了适应武汉公一天母一天的天气,你最好多备些衣服。

②小红是个节俭的孩子,从不乱花闷葫芦里的零花钱。

三、武汉方言俗语的来源探究

早在先秦两汉,俗语就产生于人们的口头创作并广泛流传和使用。俗语经常被用来喻世明理或表达情感,以增强语言的表达效果。武汉方言俗语的来源大致可以分为三类:一类是受南北地域交流影响,在武汉所孕育的码头文化中产生的方言俗语;一类是与武汉特有的文化现象(如宗教)有关的方言俗语;一类是受人们生活环境和地方民俗影响,口头创作的地域特色鲜明的方言俗语。下面就从这三方面对其来源进行探究。

（一）地域交流与码头文化

武汉在古代地处中原腹地，春秋战国时期属楚地，从来贸易繁荣，是南北往来必经之路，南北交流频繁，自然方言也受到影响。上古时代的楚国语言，经过动乱和移民，融进了北方语。明代初期，汉水改道，汉口从汉阳分离出来，崛起为新兴码头，吸引周边的人们来此经营、定居，逐步形成了以汉阳话为基础、融进周边移民语言成分、具有独特色彩的汉腔及语汇。武汉话发展的过程中有两个重要时期，一是清代康熙、雍正、乾隆三朝，汉口和北京、佛山、苏州四个地方成为全国四大物资集散地；二是近代以来，尤其是张之洞督鄂的18年间，武汉成为全国很大的商业城市之一。商业的交流带来了文化的吐纳，南北文化在此融合，不仅锻造出心直口快、热情细腻的武汉人，而且逐渐历练出一套极富个性的汉派方言，演绎着属于自己的喜怒哀乐。这种地域交流带来的直接结果就是武汉的码头文化及其影响下的方言俗语。码头见证了武汉城市的发展与变迁，有人说，武汉话是漂在长江里、系在码头上的，在汉口大码头讨生活的三镇贩夫走卒的肩膀上晃荡成长起来的，并随着武汉商业的兴旺而发扬光大。很多武汉话俗语都与"码头""船"或"水"有关系。举例如下。

打码头：强出风头。可以想象民国时期"青帮"和"洪门"这两大帮派在码头争权夺势、出尽了风头的盛况。

报水荒：说假话。用报水荒来指代说假话，似乎与"狼来了"的潜在意义差不多。它本身还是离不开"码头""水"之类具有地方特色的大背景环境的。

见风车舵：见风使舵。"车"在方言中有"转身"的意思。而在《新华字典》里，用轮轴来转动的器具都可以称为"车"，可见"车"可以指代"船"。驾船要根据风向，"见风车舵"比"见风使舵"更形象，也更具有武汉地方特色。

弯着船折骂：李四得罪了王五，王五专门去李四家门口骂人、挑事，这样就可以说"王五弯着船折骂"。

柴调子：以前的帮会也是有很多禁忌的，早上和节日期间，小孩都不允许直接说"牙齿"二字，要换称"柴调子"，至于来历，也只有帮会人自己才能说清楚了。

（二）武汉地方宗教影响

武汉地区各宗教历史悠久，有道教、佛教、天主教、伊斯兰教和基督教。这些宗教现今都有信众、活动场所和仪式。虽然武汉有许多群众没有具体皈依哪一个教派,但生活用语中依然有浓厚的宗教气息,并在一些俗语中体现出来。这主要是在佛教影响基础上,掺和道教以及传说形成的独特宗教文化。

佛:只认得鼓眼的金刚,不认得闭眼的佛爷。

菩萨:①菩萨拖桌子(打雷)。

②有理的菩萨供在他里在(理在别人那儿)。

③么菩萨管么事(不要做分外的事)。

④见么人说么话,见么菩萨发么卦(见风使舵)。

⑤站的菩萨站一生,坐的菩萨坐一生(比喻人世间的不平等)。

⑥破庙里的菩萨——东倒西歪

阎王:①鬼吵阎王要豆吃。

②阎王出告示——鬼话连篇

③阎王掉了下巴——鬼也不信

④阎王殿里拔河——鬼扯

⑤阎王爷吃饭——鬼做

鬼:①闯倒鬼(见鬼了)。

②鬼的姆妈(没有人)。

③官不怕你穷,鬼不怕你瘦。

④小庙里的鬼——冇(没)见倒大世面

斋公:开荤(开洋荤/开眼睛荤/开虾子荤)。

修:①前生冇(没)修德(上辈子没积德)。

②公修公得,婆修婆得,各人修各人得。

命运:①命里只有八斗米,走遍天下不满升。

②穷人不害病,犹如走大运。

③鸡子哈动了坟子(风水转变了)。

④命里有时总会有。

背时:①人背时盐罐里生蛆。

②烧香打破磬(好事办成坏事)。

这些带有宗教色彩的俗语不论是使用在日常生活口语中还是在文学作品中都有形象生动的效果,或是诙谐,或是感叹,能让人领会到本地人民的智慧和精神风貌。

(三) 本地人民的口头创作

跟其他方言一样,武汉话里也有很多极具特色的方言词汇是人们口头创作并经常使用的。如"苕",一般用于对愚笨或不率直行为的抨击或讽刺。

①红薯断了根——苕脱了节(特别傻)
②十个男的九个吹,一个不吹有点呸;十个女的九个嚼,一个不嚼有点苕。
③红薯装进麻袋里——装苕
④红薯地里讲假话——哄苕

还有一些用语也是来源于人们的口头创作,尽管有些粗俗,但俏皮而不失形象性,展现了当地人民丰富的创造力和生动的想象力。如:

①跛子穿大衣——闷倒拐
②驼子打伞——背湿
③缺巴齿的姆妈做生——闹豁嘴
④茅厕里荡桨——敲屎
⑤抠错了胯子

四、武汉方言俗语与武汉文化

语言是一种符号系统,是人们思维的工具,通过语言文字记录下来的俗语能够很好地反映一个地区人们的风俗习惯、思维方式、民俗禁忌等,是当地文化现象和文化积淀的绝佳素材。因此研究武汉地区的俗语可以了解武汉的物质和精神文化。

(一) 武汉俗语反映的物质文化

物质文化是文化形态的第一层,是由"物化的知识"构成的,是人类改造自然界生产生活方式和生产器具的产物,是可以看得见、摸得着,客观存在的事物。文化的物质层次是人改造自然界的活动方式及其全部产物,它所反映的是人与自然之间的关系。① 主要包括衣、食、住、行、用等方面的看得见的文化。大到人们的饮食、服饰、生产工具、楼房宫殿、交通工具等,小到柴、米、油、盐、酱、醋、茶等,生产生活的方方面面无不反映物质文化的风貌。

1. 武汉俗语反映的饮食文化

人类的生活方式是由形形色色的地理环境决定的,语言与文化联系的形

---

① 邢福义:《文化语言学(修订本)》,湖北教育出版社,2000,第109页。

成都带有这种环境影响的烙印,由此产生的俗语表现着武汉地区特有的饮食文化。

①荞麦粑粑上了霉(粉擦得太多)。

②三十斤的鱼,四十斤的泡。

③豆腐掉到灰里头——打也打不得,拍也拍不得

④红薯装进麻袋里——装苕

⑤荷叶包鳝鱼——开溜

⑥老太太吃腊肉——横扯皮(吵架)

⑦胡敬德炒米泡——黑(吓)人巴煞

⑧糍粑屁股

武汉的粑粑和长沙的糖油粑粑一样,是当地既有名又具有地方特色的小吃;武汉独特的苕(红薯)文化,催生了很多用"苕"形容人傻的俗语;武汉拥有众多的城中湖,水域广阔,夏天荷叶盛开,武汉人又有吃鳝鱼的传统爱好;每逢春节,家家户户便挂起了腊肉,吃起了糍粑;胡敬德米泡大概是老武汉人耳熟能详的小吃……这些都是武汉饮食文化的生动反映。

2. 武汉俗语反映的生产生活经验

武汉人民也和其他地方的劳动人民一样,在生产生活中挥洒汗水,付出勤劳与智慧,通过观察和思考总结出了许多蕴含生活生产道理的俗语。

①人不知春草知春。

②年怕中秋月怕半。

③三岁的伢不能用芒锤夯(打)。

④月到中秋分外明。

⑤夜晴不是好晴。

⑥天狗吃不了日头。

⑦蜘蛛晒网,天气晴朗;蜘蛛收网,只听雨响。

3. 武汉俗语反映的地理环境

武汉地处湖北省东南部,与洞庭湖相去不远,又拥有全国数一数二的城区面积,素有"大武汉"之称,有许多城中湖,广阔的水域也成为描写的对象。

①洞庭湖里吹喇叭——哪地哪

②五百年前一荒洲,五百年后楼外楼。

③行遍天下路,唯有武昌好过渡。

（二）武汉俗语反映的精神文化

精神是文化形态的最底层，旨在探究人的心理层面，是人改造客观世界的生活方式及其全部产物，内容涵盖价值观念、思维方式、审美情趣、宗教信仰等。如果说物质文化反映人与世界的关系，精神文化反映的则是人与自身的关系。武汉地处亚热带季风气候区，酷热的夏季和严寒的冬季使得武汉人性格率直甚至有些急躁、粗暴；码头文化的影响又塑造了武汉人爱损人、豪爽泼辣、讲义气等特质，这些在武汉的俗语中都有所体现。

1. 损人花样多

①三十斤的鱼，四十斤的泡。
②老哇（乌鸦）笑猪黑，自家不晓得。
③十个男的九个吹，一个不吹有点呸；十个女的九个嚼，一个不嚼有点苕。
④瞎子见钱眼睁开，跛子见钱跛得快。
⑤人叫不动，鬼叫飞跑
⑥跛子穿大衣——闷倒拐
⑦刷子掉了毛——板眼多
⑧红薯装进麻袋里——装苕
⑨阎王爷吃饭——鬼做

此外还有"闹醒黄""打梭子""射垛子""吃鸡下巴"等惯用语和俗语。这些表达辛辣讽刺，甚至有点俗，但是不得不承认这些语言形式背后所表达的意义有精辟独到之处。

2. 江湖豪气重

虽然武汉话给人的感觉有些凶狠，但这并不能说明武汉人民是蛮横不讲理的，相反，武汉俗语中有很多对于晚辈后生以及世人的劝诫，或是谦虚为人，或是崇尚知识，或是对于乡土的眷恋之情，或是感叹世道艰辛、生活不易。

①三代不读书，一屋大肥猪。
②一升米养恩人，一斗米养仇人。
③享福一灯盏，受罪一箩筐。
④站的菩萨站一生，坐的菩萨坐一生。
⑤朋友不怕多，仇人怕一个。
⑥石头磨得两头低，走遍天下无人欺；石头磨得两头翘，走遍天下无人要。
⑦有钱的诊好，无钱的等好。
⑧学好千日不足，学坏一时有余。

⑨天晴防天涩(大雨),天涩防冇得。

3. 世事洞明人情练达

①宁可死做官的老子,不可死讨饭的娘。

②金角落,银角落,不抵家里铜角落。

③不做异乡人,不知故土亲。

④他乡不是落脚地,急水不是养鱼池。

⑤千里路上见老乡,赛过在家见亲娘。

类似的俗语还有很多,里面包含着武汉人平凡生活里的喜怒哀乐,不论天气好坏、命运好歹,乐观勤劳的武汉人都用自己的智慧甚至泼辣和不屈不挠的精神顽强地生活着,这些都在俗语中被有滋有味地记录了下来。

五、结　语

本文浅析了武汉俗语中谚语、歇后语和惯用语的结构类型、语义特征、语法功能等方面,并且大致探究了俗语的三个来源:地域交流与码头文化、武汉地方宗教影响和本地人民的口头创作,进而通过俗语分析武汉的物质和精神文化。研究武汉方言的著作并不多,俗语更少,本文的创新点在于将搜集到的武汉俗语进行归纳整理并从语法角度进行分析和探究,但是仍有不足,如语料并不充足,分析可能有遗漏或偏颇,等等。方言是文化重要的载体和组成部分,其重要性不言而喻,希望今后有更多的专家学者进行方言俗语方面的研究,加大方言保护力度。笔者也会继续努力学习,将研究向纵深方向推进。

参考文献

[1] 朱建颂,刘兴策.武汉方言词汇(一)[J].方言,1981(1):73-80.

[2] 朱建颂.武汉方言研究[M].武汉:武汉出版社,1992.

[3] 朱建颂.武汉方言词典[M].南京:江苏教育出版社,1995.

[4] 李雪玲.镇雄方言俗语研究[D].昆明:云南师范大学,2013.

[5] 辛菊,关磊.山西方言谚语的修辞特点[J].晋中学院学报,2009(2):15-21.

[6] 沙振坤.洋洋大观　海内长联——孙髯《大观楼长联》修辞艺术赏析

[J].德宏师范高等专科学校学报,2012(2):69-71.

[7]胡俊修."东方芝加哥":背后的庸常——民国中后期(1927—1949)武汉下层民众日常生活研究[D].武汉:华中师范大学,2007.

[8]侯巧红.关于日本对非物质文化遗产界定与保护方法的思考[J].广东技术师范学院学报(社会科学版),2012(3):64-66.

[9]盛丽春,韩梅.东北方言与地域文化的关系[J].长春师范学院学报(人文社会科学版),2006(6):74-77.

[10]崔文玲.内蒙古赤峰地区俗语研究[D].呼和浩特:内蒙古师范大学,2015.

襄阳地名解析

陈晴羽

指导教师：郭家翔

一、引　言

地名是社会历史的见证，是历史的延续和传承，也是文化的表达和汇集。地名是文化的镜像和载体。通过对某地区地名的分析，我们可以了解该地的地域特征以及相关的地域文化和历史文化。

地名不仅是一个地方的地理名称，而且是一个地方历史文化的沿革和传承。因此，研究地名文化是研究当地历史文化的途径之一。

地名属于专有名词，是社会活动中不可缺少的专名。现有的地名通常由专名和通名组成。专名表示的是地理区域的专有名称；通名表示的是地理实体的类型，如乡、镇、街道等。本篇文章将对襄阳地名进行研究并着重分析其文化内涵。

二、地名的语言学研究

襄阳地理位置得天独厚，是历代兵家必争之地，而且物产丰饶、人才济济，是一座历史文化古城。襄阳市地处鄂西北，汉江水穿城而过。襄阳市现辖襄城、樊城和襄州3个市辖区，南漳、谷城和保康3个县，以及枣阳、宜城和老河口3个县级市，此外襄阳市还有很多历史名胜古迹。（见表1）

表1 襄阳主要地名汇总

襄阳	街道	乡镇	名胜古迹地名
襄城区	古城街道、真武山街道、庞公街道、檀溪街道、隆中街道、余家湖街道	尹集乡、欧庙镇、卧龙镇	古隆中、夫人城、习家池、庞公祠、岘山、万山、真武山、昭明台、仲宣楼
樊城区	汉江街道、王寨街道、中原街道、定中门街道、清河口街道、屏襄门街道、米公街道、柿铺街道、紫贞街道、七里河街道、东风街道	牛首镇、太平店镇、团山镇、米庄镇	米公祠、诸葛亮广场
襄州区	张湾街道、刘集街道、肖湾街道、六两河街道	龙王镇、石桥镇、伙牌镇、黄集镇、古驿镇、朱集镇、程河镇、双沟镇、张家集镇、黄龙镇、峪山镇、东津镇	鹿门山、鹿门寺
南漳县	清河管理区	城关镇、武安镇、九集镇、李庙镇、长坪镇、薛坪镇、板桥镇、巡检镇、东巩镇、肖堰镇	水镜庄
谷城县	薤山林场	城关镇、石花镇、盛康镇、庙滩镇、五山镇、茨河镇、南河镇、紫金镇、冷集镇、赵湾乡	
保康县		城关镇、黄堡镇、后坪镇、龙坪镇、店垭镇、马良镇、歇马镇、马桥镇、寺坪镇、过渡湾镇、两峪乡	
枣阳市	北城街道、南城街道、环城街道、随阳农场、车河农场	琚湾镇、七方镇、杨垱镇、太平镇、新市镇、鹿头镇、刘升镇、兴隆镇、王城镇、吴店镇、熊集镇、平林镇	白水寺

续表

襄阳	街道	乡镇	名胜古迹地名
宜城市	鄢城街道、南营街道、龙头街道	郑集镇、小河镇、刘猴镇、孔湾镇、流水镇、板桥店镇、王集镇、雷河镇	
老河口市	光化街道、酂阳街道	孟楼镇、竹林桥镇、薛集镇、张集镇、仙人渡镇、洪山嘴镇、李楼镇、袁冲乡	

（一）襄阳地名的语言学特征

1．音节构成

襄阳地名的名称大都不长，在统计的主要地名中①，专名是五个音节的只有一条街道和一个景区，即清河管理区和诸葛亮广场；专名是四个音节的也只有三条街道，即薤山林场、随阳农场、车河农场；有 27 个地名的专名是三音节的，如鱼梁洲、清河口、屏襄门等；数量最多的是双音节专名的地名，如樊城、襄城、谷城、南漳、保康、王寨、庞公、张湾、东津、牛首、伙牌、欧庙等，共有 105 个。从以上统计数据来看，襄阳地名专名以双音节为主，因两字修饰语结构简单，表现力强，读着顺口，便于记忆。

2．语法特征

地名中的专名部分的主要构词方式可以分为以下四大类。

（1）联合式的结构专名，有昭明、石桥、石花、盛康、马桥、兴隆。

（2）偏正式的结构专名，有王府、庞公、檀溪、隆中、余家湖、王寨、中原、定中门、清河口、屏襄门、米公、柿铺、紫贞、七里河、张湾、刘集、肖湾、六两河、清河管理区、薤山林场、北城、南城、环城、随阳农场、车河农场、鄢城、南营、酂阳、尹集、欧庙、牛首、太平店、团山、米庄、龙王、伙牌、黄集、古驿、朱集、程河、双沟、张家集、黄龙、峪山、城关、武安、九集、李庙、长坪、薛坪、板桥、东巩、肖堰、庙滩、五山、茨河、南河、紫金、冷集、赵湾、黄堡、后坪、龙坪、店垭、马良、寺坪、过渡湾、两峪、琚湾、七方、杨垱、太平、新市、鹿头、刘升、王城、吴店、熊集、平林、郑集、小河、刘猴、孔湾、板桥店、王集、雷河、孟楼、竹林桥、薛集、张集、仙人渡、洪山嘴、李楼、袁冲、鱼梁洲、高新、东津、古隆中、夫人城、习家池、庞

---

① 地名中有几个地名专名出现重复现象。

公祠、岘山、万山、真武山、昭明台、仲宣楼、米公祠、诸葛亮广场、鹿门山、鹿门寺、水镜庄、白水寺。

(3) 动宾式的结构专名,有保康、卧龙、巡检、歇马、流水。

(4) 补充式的结构专名,有襄阳、襄城、樊城、襄州、南漳、谷城、枣阳、宜城。①

(5) 主谓式的结构专名,有光化。

由以上分类总结可以得出:专名主要以偏正式的构词方式为主,其中街道地名中的专名绝大多数都是偏正式的结构;主谓式的结构专名最少,其次是动宾式、补充式和联合式。

3. 语义特征

(1) 姓氏专名,有王府、余家湖、王寨、张湾、刘集、肖湾、尹集、欧庙、米庄、龙王、黄集、朱集、张家集、黄龙、李庙、薛坪、冷集、赵湾、杨垱、刘升、王城、吴店、熊集、郑集、刘猴、王集、雷河、孟楼、薛集、张集、李楼、袁冲、程河、肖堰、龙坪。

(2) 方位专名,有南漳、北城、南城、环城、南营、东津、南河。

(3) 动物专名,有卧龙、牛首、马良、歇马、马桥、鹿头、鱼梁洲。

(4) 数字专名,有七里河、六两河、双沟、九集、五山、七方、两峪、万山。

(5) 地理专名,有襄阳、襄城、襄州、谷城、汉江、中原、定中门、清河口、屏襄门、鄂城、邓阳、团山、石桥、古驿、峪山、城关、长坪、板桥、东巩、庙滩、茨河、黄堡、后坪、店垭、寺坪、过渡湾、琚湾、平林、小河、孔湾、流水、板桥店、竹林桥、仙人渡、洪山嘴、岘山、真武山。

(6) 心理专名,有保康、枣阳、昭明、隆中、檀溪、光化、太平店、伙牌、武安、巡检、盛康、太平、新市、兴隆、高新。

(7) 其他专名,有柿铺、紫贞、清河管理区、薤山林场、随阳农场、车河农场、石花、紫金、庞公、米公、古隆中、夫人城、习家池、庞公祠、昭明台、仲宣楼、米公祠、诸葛亮广场、鹿门寺、水镜庄、白水寺。

由以上分类总结可以得出:襄阳地名中最多的是地理专名,其次是姓氏专名,接着是反映心理类的专名,而动物专名、方位专名以及数字专名等只占小部分。

---

① 古代地名只有专名而没有通名,襄城、樊城、襄州等地名就是在古代通行的单音节地名后面加上一个通名,而现代又在此基础上加上了市、区、县等通名。因此,本文将之视为补充式的结构专名。

(二) 襄阳地名的文化特征

地名不仅伴随着人类社会发展,而且记录了当地的历史,研究地名与文化的关系对了解和发展当地的文化有着极其重要的作用。地名是文化的镜像和载体,它对于人们理解文化现象和文化特征,体会文化活动及文化内涵具有积极的引导作用。

襄阳是一座历史悠久、文化灿烂、文物古迹丰富、山川河流壮丽的文明古城,并因其坚固的城墙、高深的城池而易守难攻,素有"铁打的襄阳"之称。因此,襄阳的地名有其独特的文化特征。

1. 多三国地名

与三国历史有关系的地名专名有襄阳、昭明、庞公、檀溪、隆中、卧龙、中原、城关、武安、鱼梁洲、水镜庄等。

2. 多唐诗地名

在孟浩然诗歌里提及的地名专名有襄阳、樊城、汉江、习家池、岘山、万山、鹿门山、鹿门寺等。

3. 多历史文化名人地名

历史文化底蕴丰富的城市当然少不了与历史文化名人有关的地名,如古隆中、夫人城、习家池、庞公祠、昭明台、仲宣楼、米公祠、诸葛亮广场、水镜庄等。[①]

三、地名的社会文化学研究

地名名称,尤其是专名,除了用来区分各个地理区域以外,往往还蕴涵着丰富的信息。襄阳是一座千年的历史文化名城。可以说,襄阳成就了众多的历代文化名人,同时,他们也成就了今天的襄阳。

因此,探究襄阳的历史文化名人及其相关的地名文化,不仅是对地域文化价值的探寻,而且是与历代风流人物进行的心灵感应。通过这种方式可以传承襄阳悠久的历史文化,发掘襄阳丰厚的文化宝藏,从而推动襄阳的文化建设。下面具体从襄阳地名的社会文化学角度,来研究和归纳襄阳地名中的

---

① 以上三种分类中,存在地名重复交叉现象,这与地名丰富且复杂的文化内涵有关。

社会文化内涵。

（一）反映丰富灿烂的历史文化

1. 反映三国文化

襄阳被称作"中国三国文化之乡"，其三国历史文化遗存十分丰富。其中，《三国志》八十六卷中有十八卷提到襄阳，《三国演义》一百二十回中有三十二回故事发生在襄阳。襄阳作为一座历史文化古城，现存五十余处三国历史文化遗址遗迹，其中与三国时期有关的襄阳地名主要有隆中、檀溪、鱼梁洲等，下面来详细介绍。

（1）隆中位于襄阳市襄城区城西十余公里处。这里是三国时期诸葛亮隐居的地方。诸葛亮从十七岁到二十七岁，在隆中隐居长达十年之久，时人称卧龙先生。在襄阳襄城区南有卧龙山，西南有伏龙山，它们皆因诸葛亮而得名。东汉末年，刘备三顾茅庐，诸葛亮为其全面分析了三分天下的局势，提出了一统天下的谋略，这就是著名的"隆中对"。

（2）檀溪位于襄阳市襄城区西处。檀溪原本是汉江的一条支流，河流数丈，水流湍急。东汉末年，刘表部将蒯越、蔡瑁借宴请为由，诱杀刘备。刘备骑的卢马逃至檀溪，为追兵所逼，只得纵马渡溪，这就是"刘备马跃檀溪"的历史故事。虽然如今的檀溪已经干涸，但是在溪边真武山北麓青石岩壁上，有一形如马蹄痕的洞窝，相传就是当年刘备马跃檀溪留下的遗迹。现石崖上仍刻有"马跃檀溪遗址"，可供后人凭吊。

（3）鱼梁洲位于襄阳市襄城区与樊城区的一座沙洲上。据《襄阳府志》记载："鱼梁①、亦槎头，在岘津上水落时洲人摄竹木为梁，以捕鱼"，故取鱼梁洲之名。东汉末年，襄阳名士庞德公等人曾在此隐居。《水经注·沔水》记载："沔水②中有渔梁洲，为庞德公所居。"庞德公有知人之明，谓司马徽为"水镜"，诸葛亮为"卧龙"，庞统为"凤雏"。荆州牧刘表多次邀请庞德公入仕，他一再拒绝。当年，鱼梁洲也是刘表游玩打猎的地方。

襄阳三国历史文化遗址的人文内涵十分丰富，每一处都有一个生动的历史故事。三国时期襄阳人才汇聚、文化繁盛，留下了许多宝贵的精神财富，对后世影响深远。对襄阳而言，三国时期的精神文化，既是襄阳人民的骄傲，又是需要后辈们去传承的精神财富。

---

① 拦截水流以捕鱼的设施，用木桩、柴枝或编网等制成篱笆或栅栏，置于河流或出海口处。
② 沔水即汉水。

2. 反映唐诗风采

孟浩然作为一位土生土长的襄阳人，写起家乡的山水景物毫不吝啬笔墨，其二百六十多首诗歌中，几乎有一半涉及襄阳，其中包括襄阳古城、习家池、岘山、万山以及鹿门山等，还有樊城、鹿门寺等。因此，孟浩然不仅是襄阳的"代言人"，更是襄阳人的骄傲，故有"孟襄阳"之称。下面详细介绍孟浩然山水诗词中所涉及的万山、岘山以及鹿门山。

（1）万山位于襄阳市襄城区西北十里处，汉水南岸，又名汉皋山。据《列仙传》[①]记载，江妃二神女尝出游江汉之滨，逢郑交甫，交甫见而悦之，因请其配饰，二女遂手解佩与之，交甫受而怀之，去数十步，佩与儿女俱不见。神女解佩的传说使得万山更添一分神秘的色彩。此外，孟浩然在描绘万山的诗歌《万山潭作》里写道："垂钓坐磐石，水清心亦闲。鱼行潭树下，猿挂岛藤间。游女昔解佩，传闻于此山。求之不可得，沿月棹歌还。"

（2）岘山位于襄阳市襄城区南处，又名岘首山。西晋羊祜镇守襄阳时，常登此山，置酒吟咏。此外，孟浩然在描绘岘山的诗歌《与诸子登岘山》里写道："人事有代谢，往来成古今。江山留胜迹，我辈复登临。水落鱼梁浅，天寒梦泽深。羊公碑尚在，读罢泪沾襟。"这首诗也点明了羊公碑的所在地就是岘山。

（3）鹿门山位于襄阳市襄城区东南约十五公里处，是中国历史文化名山之一。因汉末名士庞德公及唐代著名诗人孟浩然、皮日休相继在此隐居而闻名，后人称之为"圣山"。此外，孟浩然在描绘鹿门山的诗歌《夜归鹿门山歌》里写道："山寺钟鸣昼已昏，渔梁渡头争渡喧。人随沙岸向江村，余亦乘舟归鹿门。鹿门月照开烟树，忽到庞公栖隐处。岩扉松径长寂寥，惟有幽人自来去。"这首诗也点明了名士庞德公曾经隐居的地方就是鹿门山。

3. 反映隐居文化

襄阳有两千多年的历史，经济与文化发达，文化气息浓厚，出现过一大批杰出的隐居诗人、文学家、政治家。俗话说"小隐隐于野，大隐隐于市"，襄阳兼具宜人风景和人文氛围，所以才会有如此多的文化名人选择在此地隐居。

（1）鹿门山是孟浩然、庞德公、皮日休等名人曾经隐居的地方，并且留下了"鹿门高士傲帝王"的美谈。

（2）水镜庄是"水镜先生"司马徽隐居的地方，并且留下了司马徽向刘备推荐"伏龙、凤雏，二人得一，可安天下"的故事。

---

① 《列仙传》是中国第一部系统叙述神仙的传记，具体成书时间与作者争议颇多，现多认为是西汉史学家刘向所著，主要记述了上古及三代、秦、汉之间的七十多位神仙的重要事迹及成仙过程。

(3)古隆中是诸葛亮隐居的地方,并且留下了"三顾茅庐""隆中对"等历史故事。

4. 反映其他襄阳历史文化名人

襄阳十大历史名人分别是春秋时期玉石鉴赏家卞和、战国时期辞赋家宋玉、东汉政治家刘秀、东汉文学家王粲、三国时期政治军事家诸葛亮、东晋史学家习凿齿、东晋佛学家释道安、南朝编纂家萧统、唐代诗人孟浩然、北宋书画家米芾。(见表2)

表2 襄阳十大历史文化名人

序号	人名	故居	有关地名
1	卞和	南漳	南漳县巡检镇
2	宋玉	宜城	宜城
3	刘秀	枣阳	枣阳白水寺
4	王粲	襄阳	仲宣楼
5	诸葛亮	襄阳	古隆中、诸葛亮广场
6	习凿齿	襄阳	习家池
7	释道安	迁居襄阳	真武山
8	萧统	生于襄阳	昭明台
9	孟浩然	襄阳	鹿门山
10	米芾	襄阳	米公祠

(1)卞和与南漳。据《韩非子》记载,卞和在荆山[①]得一璞玉。该璞玉的出处是南漳县巡检镇山区,这块玉就是历史中"完璧归赵"的和氏璧。

(2)宋玉与宜城。宜城是宋玉的故乡,宜城有民谣:"腊树园,城南角,古有宋玉墓和宅。宋玉本是楚大夫,《九辩》文章绝调歌,生养死葬在楚国。"

(3)刘秀与枣阳。枣阳是刘秀的故乡。传闻东汉开国皇帝刘秀的家乡有个寺庙,刘秀有一次率兵路过此地,进入寺院找水解渴。然而,手中的水又黑又浑,无法饮用。这时,寺中的和尚对他说:"只要心诚,黑水一定能变清。"听闻此话,刘秀恍然大悟,而且喝上了清凉的白水。当上皇帝后的刘秀,专程回到故乡重修庙宇,取名"白水寺"。"天子真龙飞白水"描述的就是刘秀的故里白水寺。

---

① 襄阳南漳县西部的一座山。

(4) 王粲与仲宣楼。襄阳的仲宣楼是"楚天四大名楼"之一,位于襄阳城东南角城墙之上。仲宣楼是为了纪念诗人王粲在襄阳作《登楼赋》而建,因为王粲字仲宣,所以命名为仲宣楼。

(5) 诸葛亮与古隆中。古隆中是诸葛亮青年时代躬耕隐居的地方。诸葛亮一生"鞠躬尽瘁,死而后已",在后世受到极大尊崇,成为忠臣楷模和智慧的化身。为纪念诸葛亮,襄阳市修建了诸葛亮文化广场,广场中间是一座高大的诸葛亮手持羽扇的铜像。耸立在广场的诸葛亮铜像右手执扇、气宇轩昂、目光炯炯。铜像底座上的题词碑文叙述了诸葛亮的一生。

(6) 习凿齿与习家池。习氏家族从长江上游迁至中下游,聚居在襄阳郡(今襄阳市)城南约五公里的凤凰山南麓,襄阳侯习郁始建习家池,习郁后裔习凿齿曾隐居于此,读史诵经,著有《汉晋春秋》和《襄阳耆旧记》等。前秦苻坚南下攻晋,占领襄阳,苻坚听闻习凿齿的才学与名望,将习凿齿请至长安,但不久习凿齿就因为脚疾又回到了襄阳。

(7) 释道安与真武山。高僧释道安在襄阳深居十五年之久,一心致力于宣扬佛教。真武山作为宗教活动的场所历史悠久,除了道教文化外,更是释道安创立中国佛教的基地。在真武山的山脚下,流淌着古檀溪水,释道安就在此修建了寺庙,使得襄阳一度成为全国佛教中心。

(8) 萧统与昭明台。萧统的父亲萧衍镇守襄阳时,萧统在襄阳出生。后来萧衍趁乱起兵夺位,建立梁朝,萧统被立为太子。萧统在政治上富有同情心,文学成就上主持编选了《昭明文选》等。襄阳古城的昭明台位于古城正中,就是为了纪念昭明太子萧统而修建。

(9) 孟浩然与鹿门山。白居易在《游襄阳怀孟浩然》中写道:"楚山碧岩岩,汉水碧汤汤。秀气结成象,孟氏之文章。今我讽遗文,思人至其乡。清风无人继,日暮空襄阳。南望鹿门山,蔼若有馀芳。旧隐不知处,云深树苍苍。"由此可知,孟浩然的故乡就在襄阳,而且曾经隐居在鹿门山。

(10) 米芾与米公祠。"芾为文奇险,不蹈袭前人轨辙。特妙于翰墨,沉着飞翥,得王献之笔意","画山水人物,自名一家,尤工临移,至乱真不可辨"。现如今,在襄阳的汉江河畔有一个米公祠,原名米家庵,即为纪念北宋书画家米芾而建。

5. 反映襄阳重要的军事地位

襄阳跨连荆豫,控扼南北,地势十分险要,自古以来为兵家必争之地。

从《三国演义》中可以发现,襄阳在三国时期就已经是一座很有名的城池,为兵家必争之地。这与襄阳得天独厚的地理位置有着密不可分的关系。

襄阳联通鄂北,南船北马的水陆交通十分便利,更是通往中原地区的重要通道。从军事战略角度来看,襄阳古城作为中华腹地的山水名城,的确是兵家必争之地。

（1）关羽水淹七军的故事发生在三国时期。关羽率兵攻取襄阳樊城,适逢天降大雨,汉江水涨,困住了庞德。关羽分析地形优势,乘大船趁势而下,水淹敌军,活捉了庞德。

（2）夫人城位于襄阳城西北角处。前秦苻坚攻打东晋要地襄阳,当襄阳被围攻时,韩夫人亲自登上城楼观察地形,并率领家婢和城中妇女增筑了一道内城。后来敌军发起进攻,很快突破外城,晋军坚守新筑的内城,才得以击退对方。后人为了纪念韩夫人筑城墙抗敌的智慧与勇气,便将此段城墙称作夫人城。

（3）宋元襄阳之战是南宋与蒙古之间一场决定生死存亡的重要战争。南宋降将刘整向忽必烈进献灭宋策略,提出"攻宋方略,宜先从事襄阳"的建议。忽必烈采纳后将灭宋战争的进攻重点改为襄阳,由此宋元战争进入一个新阶段,最终改宋为元。

（二）反映独具特色的地形地貌

襄阳市地处我国第二、三阶梯的过渡地带,地势自西北向东南倾斜。襄阳市全境可分为三大地形区:西部地区是山区;中部地区是平原地带;东部地区是低山丘陵。

地名中的通名可以清楚地反映该地独具特色的地形地貌特点,详见表3。

表3　部分地名通名①

通名	说文解字注	地形地貌	举例
集	群鸟在木上也。从隹,从木	人口较集中的低山丘陵地带	尹集、刘集、黄集、朱集、张家集、九集、冷集、熊集、郑集、王集、薛集、张集
门	闻。从二户。象形。凡门之属皆从门	有阻挡	定中门、屏襄门

---

① 统计的是表1中所统计地名的部分地名专名。

续表

通名	说文解字注	地形地貌	举例
山	宣也。宣气散，生万物，有石而高。象形。凡山之属皆从山	地势高低不平，有山的地方	团山、峪山、万山、岘山
店	屏也。从土占声	地势较为平坦	太平店、吴店、板桥店
湾	形声；从水弯声。水流弯曲的地方	有水	张湾、肖湾、赵湾、过渡湾、琚湾、孔湾
桥	水梁也。从木乔声	有水有桥梁	石桥、板桥、马桥、竹林桥
庙	尊先祖貌也。从广朝声	有寺庙	欧庙、李庙
河	水也。从水可声	有河流	七里河、六两河、程河、小河、雷河
楼	重屋也。从木娄声	楼房多	孟楼、李楼
渡	济也。从水度声	有水的渡口	仙人渡
坪	地平也。从土从平	地势平坦	长坪、薛坪、后坪、龙坪、寺坪
堡、垭、峪、堰、垱		地势不平	黄堡、店垭、两峪、肖堰、杨垱

由表3可知，地名通名可以反映出特定地区大致的地理风貌及其地区状况。

（三）反映特定的地域文化心理

地名和文化有着十分密切的关系，地名之中积淀了丰富的历史文化内涵，地名承载了文化，文化保护着地名。地名是一种文化现象，它真实地反映了该地区地理、历史、语言等方面的文化。因此，一个地区的地名能够直接、敏感地反映该地区的文化价值取向和文化心理方向。

1. 表现人们对安定祥和生活的渴望

这类地名有太平店、武安、保康、盛康、兴隆、仙人渡、枣阳等。

以樊城区的太平店镇为例，太平店原名"青泥湾"。元末，农民起义军领袖刘福通率兵经过这里时，但见沿途百姓慌恐四逃，民不聊生，唯此地戏台高搭，鼓锣喧天，市面繁荣，堪称太平，遂连叹太平之店也。此后，这里便改名为"太平店"，表现人们对安定祥和生活的渴望。

2. 表现人们对美好事物的追求

这类地名有牛首、卧龙、龙王、柿铺、刘猴、鹿头等。

以枣阳市的鹿头镇为例,据《枣阳县志》记载,鹿头镇本来有一对石鹿,其中有一只被人为损坏。因为古人都将鹿视为吉祥兽,所以人们又仿刻了一个鹿头重新安上,与另一只石鹿成双成对,寓意美好。后来,"鹿头"的地名便因此而传承下来。而且,鹿头镇经贸活跃、商家云集,素有"金鹿头"的美称。

3. 表现对英雄人物的尊崇和敬仰

这类地名有昭明台、米公祠、庞公祠、仲宣楼、习家池、诸葛亮广场、古隆中、夫人城等。

以夫人城为例,当襄阳城被围攻时,韩夫人亲率家婢和城中妇女筑城墙抗敌,守住城池。后人尊崇韩夫人英勇智慧、不畏强敌的胆识,便将此段城墙称作夫人城,保留至今。

由此可知,襄阳地名中有一部分是可以反映出该地区特殊地域文化心理的,这与襄阳特定的历史、文化、经济有着密不可分的关系。

四、襄阳特别地名的介绍

(一) 襄阳"最美地名"

据《襄阳晚报》报道,湖北省首届"最美地名"中,襄阳榜上有名。

(1) 最古老地名——襄阳。襄阳是国家历史文化名城,也是楚文化、汉文化、三国文化的主要发源地,已有两千多年的悠久历史,更是历代经济军事要地,素有"华夏第一城池""铁打的襄阳""兵家必争之地"之美称。

(2) 最人文地名——米公祠。米公祠位于襄阳市的汉江之畔,原名米家庵,是为纪念北宋书画家米芾而修建的。祠堂庭院清静、碑石林立、怪石嶙峋、银杏参天,给人以清静、幽深的感觉。

(3) 最传统地名——古隆中。据《舆地志》记载:"隆中者,空中也。行其上空空然有声。"这便是古隆中的名称由来。众所周知,刘备"三顾茅庐"的历史故事和兴汉蓝图的"隆中对"都发生在这里。

(4) 最形象地名——仙人渡。相传楚国名将伍子胥遭奸臣陷害,逃到江边巧遇仙翁搭救才得以脱险,仙人渡便因此而得名。它是谷城县汉江上的一个最重要也最具历史感的渡口。

"最美地名"的评选,有利于进一步加大地名文化遗产保护宣传力度,更好地传承和弘扬优秀地名文化。将襄阳最有特色、最有影响、最具代表性的历史文化集中展现,不仅可以加深襄阳人民对家乡历史文化的认知,而且可以增强大家对家乡文化的认同感、归属感和自豪感。

(二)襄阳"千年古县"[①]

襄阳在"千年古县"评选工作中入选了四个县(市),分别是宜城、谷城、南漳和枣阳。

1. "宋玉故里,楚都宜城"

宜城历史悠久。历史上的楚王城就位于宜城县城南处,春秋时期,王城一度是楚国的都城,又名鄢都。历史名人宋玉就是战国时期楚国鄢人,所以在宜城至今仍然保存着宋玉故宅和宋玉墓。

2. "人文山水秀,谷城生态游"

谷城境内有谷山,相传为神农氏尝百草和种植五谷的地方。谷城被生态学家誉为"绿色生态之乡,避暑度假天堂"。

3. "八百里金南漳"

南漳是和氏璧的故乡,这里曾经孕育出关于和氏璧的千秋史话。此外,南漳也是楚文化的发源地,是三国故事的源头。当年刘备心怀大志,求贤若渴,走访隐居在南漳水镜庄的司马徽,司马徽向他推荐了诸葛亮,由此出现之后的天下三分局面。

4. "刘秀故里,中国枣阳"

枣阳市是光武帝刘秀的故乡,素有"古帝乡"之称。枣阳本名"棘阳",后来一位县官觉得"棘"字不吉利,给人满地荆棘、杂草丛生、一片荒凉之感。为图吉祥繁盛,就把"棘"字更换为与之较为形似的"枣"字。

襄阳文化经过几千年的积累沉淀,形态多样、内涵丰富,总体上呈现开放性、包容性、多元性等鲜明特色,留下了包容大气、崇文重教、求贤若渴、忠贞爱国、执着追求等精神财富。这是建设"两个中心、四个襄阳",打造文化名城的血脉和根基,需要倍加珍视和珍爱,理性地传承与弘扬。

---

① "千年古县"是由联合国地名专家组和中华人民共和国民政部共同实施的"中国地名文化遗产保护工程"重点项目之一。

五、结　语

本文以襄阳特定地名为主要研究材料,简要介绍了襄阳地名的语言学特征和文化特征,整理归纳了襄阳特色地名的文化内涵,介绍了与地名有关的襄阳十大历史文化名人,并且对襄阳地名入选湖北省"最美地名"以及襄阳四大千年古县做了简要说明。

通过上文分析可知,襄阳的地名大多具有深厚的文化积淀。襄阳地名多是三国地名、唐诗地名,主要反映了三国文化和隐居文化等。

地名不仅仅是一个地方的地理名称,而且是一个地方历史文化的沿革和传承,对于研究当地的历史文化具有重要作用。地名对于理解文化现象与文化特征,体会文化活动与文化内涵具有积极的引导作用。

参考文献

[1] 陈锷.襄阳府志[M].武汉:湖北人民出版社,2009.

[2] 陈凌墨.湖北省"千年古县"初选敲定　襄阳4县市入围[N].楚天都市报,2016-12-13.

[3] 程元银.襄阳地名概说[N].襄阳晚报,2015-07-28.

[4] 董晓晓.中国地名的人文地理特征及其空间分布研究[D].太原:山西师范大学,2012.

[5] 郭锦桴.汉语地名与多彩文化[M].上海:上海辞书出版社,2004.

[6] 湖北省襄樊市地方志编纂委员会.襄樊市志[M].北京:中国城市出版社,1994.

[7] 华林甫.中国地名史话[M].济南:齐鲁书社,2006.

[8] 刘国传.孟浩然传[M].武汉:湖北科学技术出版社,2013.

[9] 李力.地名文化现象透析[J].长春大学学报,2003(1):81-83.

[10] 雷礼锡,李会君.襄阳意境:山水之间的城市精神[M].武汉:湖北人民出版社,2015.

[11] 李如龙.地名的词语特征[M].北京:高等教育出版社,1986.

[12] 李兴会.湖北省100个"最美地名"揭晓襄阳上榜11个[N].襄阳晚报,2017-06-19.

[13] 毛运海.释道安与襄阳[N].襄阳日报,2014-02-19.

[14] 牛汝辰.中国地名文化[M].北京:中国华侨出版社,1993.

[15] 叶植,靳进.独特的三国历史难忘的襄阳故事——关于襄阳三国历史文化问题的研究[J].襄阳职业技术学院学报,2011(3):4-13.

[16] 周佳泉.地名的文化感悟作用[J].中国地名,1999(3):38-39.

英山方言婚嫁丧葬民俗词语研究

张 卓

指导教师：郭家翔

一、绪　　论

英山县位于湖北省东北部，地处大别山主峰天堂寨南麓，东与岳西县、太湖县交界；南与蕲春县、浠水县接壤；西与罗田县相邻，北与金寨县、霍山县毗连。它的版图形状像一个斗柄朝南、斗勺朝东的北斗七星。英山全境位于大别山腹地，以中低山为主，素有"八山一水一分田"之说。在这种环境下，村落依山傍水，人们聚族而居，少有独门独户，村上村下遥相呼应。一家有事，女眷劳力全部出动。长期的生产生活实践造就了英山人民吃苦耐劳、坚韧不拔的性格，同时使英山人们形成了互帮互助的家族情怀。闭塞的地理环境使得英山一直处于封闭保守状态，较少受外来语言文化等影响，由此形成了英山独具特色的民俗文化。

民俗词语即负载民俗事象的词语。它承载着风俗文化，保留着方言的文化气息，蕴含着民族地域独特的风土人情、物质生活、宗教信仰、民族心理和精神世界等。方言中的民俗词语不仅承载着丰富的内涵意义，而且具有极强的地域标志性。民俗词语不仅包括词和短语，而且包括警句、歇后语、成语、谚语等。

对民俗词语进行研究不仅能发现方言词语的内涵意义和语言的历时发展变化，而且能窥得该地域的生活风貌、风俗习惯和人们背后的文化心理。通过对英山方言中婚嫁丧葬民俗词语进行探究，我们可以清楚地把握英山婚嫁丧葬民俗活动的原貌，总结民俗词语的特色，揭示其中所蕴含的文化底蕴；还可以进一步加深当地人民对英山方言的理解，引起他们对于民俗活动的重视，增强民族文化自豪感。

二、英山方言中婚嫁丧葬民俗词语

中国婚嫁丧葬文化源远流长,婚嫁丧葬是人在出生之后重要的两个节点,古今中外都极为重视。婚嫁丧葬仪式繁复,伴随着婚嫁丧葬礼俗的传承和发展,出现了丰富多彩、极具地方特色的方言词语。这些方言词语反映了当地老百姓对生活的理解。虽然不同地区、不同民族的婚嫁丧葬礼俗在内容和形式上有所不同,但都折射出中国传统文化特色。

(一)英山方言中婚嫁民俗词语

婚礼是人生中的一件大事,意味着青年男女组建新的家庭,开始新的生活,承担社会和家庭所赋予的各项责任。婚嫁风俗讲究名正言顺、有礼有节。英山婚嫁风俗相当复杂,形成了极具地方特色的方言语汇。

1. 说婆里/说人家/说媳妇/做媒

"说婆里""说人家"一般指媒婆给女方介绍对象。"说媳妇"指媒婆给男方介绍对象。"做媒/说媒"等同于"说亲",既可指将男方介绍给女方,又可指将女方介绍给男方。英山人非常注重媒妁之言,男女之间的婚姻很多是通过媒婆来牵线搭桥,即由媒婆帮助物色人家,一般媒婆会综合考虑各方面的因素,如双方的品行、有无知识等。一桩好的婚事要讲求门当户对,"笆门对笆门,板门对板门,瓦屋对四檐青"。如果双方认为可进一步沟通和了解,媒婆和男女双方家长会约定时间"看人家"。做媒婆在英山是一个成人之美的好差事,会受到邻里乡亲的祝福。

2. 看人家

"看人家"即女方在父母的陪同下到男方家做客,"看人家"的目的有三个。一看男方的能力和长相。二看家庭的经济条件。20世纪六七十年代流行"三转一响","三转一响"又称四大件,"三转"为手表、自行车、缝纫机,"一响"为收音机。"三转一响"是那个时代英山人所能拥有的最大财富,男方家里有"三转一响"就代表其家里有一定的经济条件,家中底子不错。同时这也是大部分女性择偶的重要标准之一。三看与邻里关系。"和人"和"搁人"(即能团结别人,有一副热心肠)是检验品行的重要标准。

3. 请试

"请试"即请求试探,指男方结婚前向女方父母征求意见。俗话说"女子大于天,男子如缕烟",男方要努力表现自己,拿出自己的诚意来向女方表达爱意。"请试"往往需要为女子买鞋,为女方家里一人买一卷布,同时还需接待对方的女客以获得婶婶、姨娘、舅娘的支持。

4. 上门

男方向女方家里提亲。

5. 起媒

代表女方家长满意,基本上敲定了两人约定的婚姻关系。女方开出婚单,用红纸列出女方的主要亲戚名单,意思是在定亲时需要请这些人到场。

6. 过路

"过路"即"常来常往"之意,代表男方向女方正式提亲。女方邀请婚单中的主要亲戚到男方家做客。男方需要请亲房①做陪客。亲房来时要带上果盒②招呼女方亲戚。吃过中饭③,旧时女方所有亲戚在男方歇息一晚,到第二天吃过早饭回家,代表女方对男方十分满意。至此,订婚仪式基本上完成。

7. 摆茶

订婚宴之后,摆上茶水、瓜子,女方亲戚上座,与男方家人拉家常。

8. 打俸/打发

订婚宴之后客人离开之前,男方要给到来的女方新客红包,同时给新上门的小孩红包。订婚宴来的所有亲戚不必送礼。女方亲戚须带上果盒。

9. 喝喜酒

"喝喜酒"即娶媳妇。

10. 应节礼

订婚之后,每年男方必须要送足三个大节的节礼,叫"应节礼"。中秋节拎肉去女方家看望,为女方家人买衣服;端午节送蒲扇;年关要为女方亲人买新衣、烟酒,发红包。礼节持续到结婚后一年。现在也有此礼,端午节不再送蒲扇,更多的是送礼钱或者拎肉看望。

11. 开八字/合庚帖/看日子

准备结婚前,娘家将女孩的生辰八字写在红纸上,由媒婆传给男方,俗称"开八字"。合庚帖即男女双方互换八字帖。男方根据女方的生辰八字推算出婚期时间,旧称"合八字"。一般要求没有那么严格,只需"合四字"。根据

---

① 血统较近的同宗族成员。
② 装瓜子、果仁的器具。
③ 午饭。

两人的生辰八字选出良辰日日,即为"看日子"。

12. 送日子

男方在孩子到了适婚年龄时,主动联系女方,委婉地提出"要人"的要求。如果女方家长答应了,那么就可以用红纸写上选好的良辰吉日,套上红封套连同彩礼及女方所需衣物等一并送到男方家,这叫"送日子"。

13. 婚书

指旧时男女双方家长为子女婚姻签订的文书,男方备具聘礼,在"送日子"那天写成婚书交给女方。

14. 开脸

结婚那一天为新媳妇绞去脸上绒毛。

15. 面花

新娘出嫁那天,可以遮盖面目的头饰。一般有三层:一层遮到眼睛,一层遮到鼻子,一层遮到下巴。旧时新娘与新郎结婚之前并未见面,只在入洞房时才看清楚彼此的长相。

16. 到人家去/到婆家去

即女子出嫁。旧时新娘晚上出嫁,出嫁前设香案,拜别父母时跪在升子①上大哭,先哭父母,后哭祖父母、外祖父母、伯伯、叔叔、姑姑、哥嫂、姐姐、弟妹。女眷陪哭,进行安慰,表达难舍难分之情。现在当地已不流行大声哭嫁。

17. 哭嫁

婚期将近,女方开始哭嫁,表达对亲人的不舍之情。哭嫁有哭嫁词,其内容为女哭娘、娘哭女、哭祖宗之德、哭爹娘之恩、哭姐妹之谊、哭兄嫂之贤、哭故土之情等。父母会叮嘱女儿"女儿经②,仔细听,早早起,出闺门,烧茶汤,敬双亲,勤梳洗,爱干净,出嫁后,公姑敬,丈夫穷,莫生瞋"。

18. 辞娘担

结婚那天早上,男方去抬嫁妆时需要把准备的礼物给女方。即用扁担挑左右两个篮子,篮子底部用糍粑覆盖,上面放油面、烟、酒、肉等物品。

19. 抬嫁妆

婆家派兄弟、堂兄弟等亲人起早过来抬嫁妆,这时女方亲眷趁机出难题考验、捉弄男方亲戚。

---

① 量米的器具。
② 向彩源:《鄂西民族地区的一次近代文明冲击——"七女高"时期屯堡社区经济、文化考察》,《湖北民族学院学报(哲学社会科学版)》,2001年第3期。

20. 迎亲

新婚前往女方家迎娶新娘的仪式。新郎于女方家门外等候,迎亲队伍开路引导前进,放鞭炮,仪队吹拉弹唱,敲锣打鼓,吹喇叭。接着新娘上花轿,媒婆上小轿。

21. 压轿

花轿来时,由兄弟或者父亲"压轿",兄弟将跪在升子上的新娘背起来,跨过门槛,放在筛子上,再背到轿子里。期间新娘脚不能沾地,或者换上新布鞋,意为不带走娘家的"一土一物"。

22. 抢上风

英山旧时在结婚路上有"抢上风"的婚俗。如果有同一天结婚的新娘,花轿在路上相遇,双方亲属都不会让路,以得到更好的喜气和好运,这叫"抢上风"。后来大家渐渐都谦让,移轿田中。得田代表得有田地,家中发财,不愁吃喝。得地寓意家中大冰光。①

23. 拜堂/请求

到达新郎家,由新郎将新娘抱至家中大堂屋中行成亲之礼。请求即拜天地时男方对女方说的爱慕之辞。

24. 打蜡/牵娘

"打蜡"即照看洞房内的红蜡烛,使之不熄灭。"牵娘"即搀扶新娘之人,一般由有福有禄的妇人充当。拜堂礼毕,由两位未出阁的大姑娘各秉红烛为前导,牵娘牵着新娘向洞房走去。

25. 入洞房

到了洞房,一对新人,男左女右,并肩坐在床边,等待喝圆房酒和交杯酒。这桌酒席有四个要求:新人未到,不能先开席;除新郎外全是女性;其中一道菜必定是鸡,供来宾"抢鸡胯儿";酒中泡有红枣、桂圆,寓意早生贵子。

26. 闹洞房/四言八句/三天无大小

按照"三天无大小"的风俗,不论长幼尊卑,都可以闹洞房。除玩笑清唱外,以"撒帐"为重点,福禄双全的妇人面对着床,中隔方桌,用手抓起桌上准备好的茶叶米或冻米、花生、瓜子、枣子,说一句"四言八句",向床上撒一撮儿。"四言八句"最初是即兴创作,内容一定要成双数,吉利应景,幽默诙谐,逗人欢笑,如"走进洞房,来看新娘,嘉宾满座,喜气洋洋,红罗帐内,一对鸳

---

① 什么都没有

鸯,郎才女貌,细诉衷肠,蓝田种玉,不再久荒,珠联璧合,地久天长,早生贵子,兰桂腾芳"。这几样东西轮番地撒,直至深夜,兴尽而散。

27. 回门

结婚三天之后新人需要回新娘娘家。小夫妻要备有厚礼,娘家会盛情接待,这时女方家里需要接堂贱客①来家里吃一顿饭。

28. 开亲

男方和女方两家结为亲家。

29. 新大姐儿

即为新媳妇、新娘。

30. 寒门媳妇

大致相当于童养媳。因女方家中贫困,无力养活女儿,便将女儿自小送给家中亲戚做媳妇,结婚时不用陪嫁。

31. 下堂

即改嫁。

32. 填房

嫁给丧妻的男人。

33. 脱离②

即离婚。

34. 讨亲

指男子丧妻后又娶亲。

35. 笆门对笆门/板门对板门/瓦屋对四檐青

即门当户对的意思。笆门即篱笆做成的门。板门是用木板做成的实心的门。瓦屋即墙面用黄泥土,屋顶用青瓦做成的房子。四檐青就是瓦屋。

36. 女子大于天,男子如缕烟

这是男子追求女子过程中会用到的俗语。

(二) 英山方言中丧葬民俗词语

丧葬礼俗中的方言俗语受到当地人文地理环境的影响和制约,具有浓厚的乡土气息和独特的表达形式,是对当地地域文化的反映。下面分生前预设之仪、临终初丧之仪、入殓成服之仪和出殡安葬之仪四方面来介绍英山方言

---

① 血统较近的同宗族中各个家庭中的媳妇。
② 陈淑梅:《湖北英山方言志》,华中师范大学出版社,1989年,第163页。

中丧葬民俗词语。

1. 生前预设之仪

1）印寿钱

老人落气时的往生钱。用模具印在黄纸之上，模具的图案上印有咒语经像，焚烧之祭奠孤魂者。

2）料/买料/打料/寿材

即为棺材。在英山，棺材是一个不吉利的词语，所以称棺材为"料"或者"材、寿材"。棺材做好后，不能说"抬"到堂前。"料"放在凳子上叫"架马"。人们会早早地积下足够的钱准备买料。"买料"或者"打料"是一件大喜事。

3）寿衣

老人死后所穿的衣服鞋帽。

4）办路票

在老人临终时道士在黄纸上填写老人生卒时辰，在老人床前宣读后与香纸一起焚烧，谓之通行证。

2. 临终初丧之仪

1）不在了/走了

去世。

2）在跟头/送终

指老人临终时儿孙们守在跟前，远方近亲需赶回来见老人最后一面，为其送行。"养生者不足以当大事，惟送死可以当大事"《孟子·离娄下》，这是行孝的一个表现。

3）烧路票/烧寿钱

备好专用的铁锅，架上两根竹竿，当老人落气时宣读路票，在铁锅中焚烧寿钱。

4）请道士

停棺期间（一至三天），要请道士念经超度，击鼓奏乐，唱读荐亡书，随后宣读祭文，做痛念，看坟山，看日子，选择吉日下葬。

5）做道场

请和尚或道士念经超度亡灵。

6）报信/把信/带信

死者去世，家中后人通过放鞭炮示意周围邻居叫"报信"或者"把信"。委托他人告知远方亲人去世消息即为"带信"。

3. 入殓成服之仪

1) 三腰五领①

死人穿的衣服。人断气后,即为"亡人",要赶在尸体冷却之前,请有福有禄的人为亡人穿寿衣、寿鞋、寿袜,戴上寿帽。寿衣的件数有讲究,为单数,一律是上衣穿五件,裤子穿三条。更衣毕,摊尸于门板之上,停于中堂,全家守候,待近亲瞻睹遗容后入殓。

2) 进材

即入殓。入殓时,死者不能接触地面,否则为大凶。英山广传一句俗语:"进棺落地,三年大不利。"棺材前拴白布搭灵堂,棺材底下铺上石灰,脚下要放上一块土砖,有脚踏实地之意。亡人除脸上之外身体四周要放足石灰。

3) 戴孝

死者死后,孝子穿戴孝衣孝帽,称为"戴孝"。旧时腰上要捆上用稻草做的带子,现在一般是一只袖子带上黑袖笼,胸前佩戴白花。

4) 灵堂/供灵/守灵

"灵堂"是祭奠死者的场所。灵堂位于正堂屋里,棺材置于堂屋中板凳之上,棺材头朝门口,依靠棺头放置小桌,桌上搭白布,中间放灵牌,桌上摆碗筷,内插香烛,名为"供灵"。儿孙守夜照看,香火不断。夜里,儿孙挨棺而睡,名曰"守灵"。

5) 答祭/竹子礼/三牲礼/送三牲

"答祭"即亲友闻讯,携带竹子礼、三牲、香纸爆竹等贡品前去吊唁,孝子下跪行礼。前去吊唁者需要上香三柱,磕头行三拜。亲近人行哭丧礼,孝子陪哭。谓之"答祭"。"竹子礼"指前来吊唁的人送来的毛毯、被面、床单等物品,收到之后挂于壁间竹篙之上。"三牲"即鸡、鱼、肉三样物品,"三牲礼"是最为贵重的礼。鸡和鱼必须是一整只,不可剖开,鸡毛不可全部拔光,头上和脚上须各留一撮毛。

6) 下礼

按辈分行礼,前来吊唁者若辈分大于孝子辈分,孝子双膝下礼跪地,吊唁者双膝跪地回礼。吊唁者辈分小于孝子,孝子单膝下礼跪地,吊唁者双膝跪地回礼。礼毕,吊唁者搀扶孝子起身并做劝慰。

---

① 陈淑梅:《英山方言志》,华中师范大学出版社,1989年,第163页。

7）哭丧①

盖棺后，哭丧者立于棺材前，哭声与道士的诵经敲锣打鼓声相呼应。道士高唱，哭者低泣；道士停唱，哭者放声。死夫哭妇，哭儿女。死妇哭儿女，哭兄弟姐妹。

8）暖井圆子

用米粉做成的扁平的圆子。将面、肉等放在一起煮熟，出殡的那天早上由专人挑着送到村中各家各户。据说吃了暖井圆子，可保佑平安。

4. 出殡安葬之仪

1）上山

即出殡。这与英山的地理环境有很大的关系，英山四周低山丘陵环绕，埋葬的地方就在自家的山上，所以将出殡叫作上山。

2）做痛念

宣读悼念词，叙述死者生平要事，表达对死者的悼念。

3）迎棺

按照确定的时间将棺材移到门外的场地准备上山，迎棺时与死者有属相犯冲的人须回避。

4）抬龙杠

抬棺出屋称"出殡"，"龙杠"即粗圆、长大之实心木杠，和"龙绳"皆为抬棺之用具。抬主杠的叫"抬龙杠"。

5）压丧/祭龙杠

棺材起身时，孝子须坐在棺材上，叫"压丧"，并让人向棺材上摔碎一只酒壶，即"祭龙杠"，以求上山顺利。无子须立子。

6）路祭

在出殡的路上，前有一人撒买路钱，棺材随后。一人拿着长竹篙在前面开路，竹篙上绑上鞭炮。出殡时辰到，鞭炮响，棺材起。

7）下葬

埋葬死者。

8）烧灵

烧灵时有纸扎的纸屋，男性用纸车、纸马，女性用纸轿，有纸扎的金银山、钱笼、钱包袱等，为死者和死者带给已故亲友所用。这一仪式由道士举行，一

---

① 朱芸：《湖北建始方言词汇研究》，华中师范大学博士学位论文，2015年。

般在傍晚择地进行焚烧。

9) 送亮/送灯

"送亮"是在初葬当日晚,孝子要带上香纸、炮子、香烛到坟上去"送亮",连送三日。此后,每逢中秋、月半、春节都有给亡人"送亮"的习俗。民间认为死者为新鬼,人生地不熟,要送烟火或蜡烛给他照明。又有"团团圆圆过三十夜"的说法。

10) 拦坟/应七

葬后第三天为"拦坟"之日,亲属为死者修整坟墓,并祭奠叩拜。从死者去世之日算,每七天为一个"应七",英山民俗中以做"头七""三七""五七"为多,民谚中有"五七三十五,儿孙来救苦"之说。

11) 百家米

家中主要劳动力去世,妇女担心家中孩子养不活,会带着孩子到村中各户讨一碗米,一共需要一百家,即为百家米。孩子腰上须捆稻草绳,以祈求儿孙衣食无忧。然后把用百家米做成的粑粑拿到村中与各户分享。

12) 火焰低

在英山,有一种说法,人死之前,会有许多预兆。或是群狗狂吠,家里狗流眼泪,或是在僻静之处听到有人的哼哼声,或是听到乌鸦叫,有俗语说"乌鸦叫,要死人",甚至有人看到快死的人的魂到处走。但并不是所有人都能看(听)到,能看(听)到这些的人被认为是"火焰低"。

13) 叫黑

即为叫魂。死者死后,附近的人晚上都不会轻易出门,因为死者的灵魂还在游荡,人的魂魄容易被死者带走。英山的老人认为,无缘无故生病的小孩就是因为魂丢了,往往会在晚上通过烧瓦子钱[①]或顺着孩子白天走过的路沿路撒米叫魂。

14) 吊颈/上吊

即为上吊寻死。

15) 寻短见

即寻死。

16) 喝药

指服毒。

---

① 香纸。

17）火材

指小孩死用的棺材。

18）进棺落地,三年大不利

死人入棺时,身上的任何一处都不能接触地面,否则为大凶。"三"为虚数,表多年都会给家中带来噩运。

19）五七三十五,儿孙来救苦

英山人认为人死后灵魂会在阴间受苦,所以老人死后第五个七天家人会前去祭拜,帮助死者减轻痛苦。

三、英山方言中婚嫁丧葬民俗词语的构成特点

本文收集的英山婚嫁丧葬民俗词语中谓词性词语占据了绝大多数,现将上述方言词语分为词和短语两大类进行分析。

(一) 词

词的结构根据语素的多少可分为单纯词(一个语素构成)和合成词(两个或两个以上语素构成)。合成词又可以分为复合式合成词和附加式合成词,其中复合式合成词最为复杂,包括主谓结构、动宾结构、联合结构、偏正结构。纵观上文所收录的方言词语,可分为以下几种。

1. 动宾结构

大部分方言词汇都是动宾结构,如:

做媒　说媒　上门　起媒　过路　摆茶　打俸　开脸　迎亲　压轿
拜堂　撒帐　牵床　打蜡　回门　开亲　下堂　填房　买料　打料
送终　报信　把信　带信　进材　戴孝　供灵　守灵　答祭　下礼
哭丧　哭嫁　讨亲　烧灵　上山　压丧　下葬　送亮　送灯　拦坟
叫黑　吊颈　喝药

2. 偏正结构

有一部分词汇为偏正结构,如:

婚书　面花　哭嫁　寿材　火材

3. 联合结构

也有联合结构的词汇,如:

请试　脱离

(二)短语

1. 动宾短语

说婆里　喝喜酒　开八字　合庚帖　送日子　看日子　抬嫁妆　抢上风
辞娘担　说人家　看人家　在跟头　穿寿衣　搭灵堂　送三牲　做道场
做痛念　抬龙杠　请道士　说媳妇　寻短见　印寿钱　办路票　烧路票

2. 偏正短语

应节礼　新大姐儿　寒门媳妇　竹子礼　三牲礼　暖井圆子　百家米
瓦子钱　往生钱

3. 主谓短语

火焰低

4. 联合短语

三腰五领　四言八句

由上述分析可知,在英山婚嫁丧葬方言词中,动宾结构的词汇占有绝对优势,数量明显多于偏正结构、联合结构的词汇,这一特点也同样体现在短语中,所收录的短语几乎都是动宾结构。可见,动宾结构是英山婚嫁丧葬方言词的主要构词形式。

在音节方面,所列举的单音节词极少,只有一个"料",双音节词占优势。在短语中以三音节为主,少数为四音节。

在语法层面存在着动词虚化和词的兼类现象。动词虚化现象如"把信"中的"把"即为"报"的意思,而在普通话中大多数情况变成一个介词。"在跟头"中的"在"为动词,表示"存在"的意思,而在普通话中"在"属于兼类词,兼属动词和副词。词的兼类现象如"叫黑""戴孝""送亮"这几个词都是形容词兼属名词。在此处,"黑"不是表示"黑色的",而是表示"黑夜";"孝"不是表示形容词"孝顺",而是表示名词"孝衣孝服";"亮"不表示形容词"明亮",而是表示名词"亮光"。

四、民俗词语的意义分析

(一)民俗词语的意义特点

民俗词语反映民俗文化,民俗文化总是伴随着一系列的文化活动。人们构造描述风俗文化的语言往往会结合具体而实在的现象或礼仪行为,这就形成了民俗词语的具象性①,并由此产生民俗词语在表述时的形象生动的特点。

1. 具象性

具象性是指用直观、形象的方式来反映客观事物,用意象组合的方法使语言表述富于图像化,用联想、比附的方法来论述抽象的概念道理。它能够化抽象为具体,帮助人们深入浅出地理解事物的意义和内涵。一方面,英山方言民俗词语的具象性体现在词语所表达的意义往往和当前的环境、习俗、动作行为、事物特征有着密切的联系。在英山方言中"出殡"为"上山",中国古代劳动人民一直信奉"入土为安"的思想,土葬是中国从古代传承下来的下葬形式。并且"上山"一词和英山独特的山区地理环境有密切的联系。老人死后一般埋葬在自家的后山上,由村中劳力共同出力抬上山埋葬,这一词与民俗文化和环境联系紧密。英山方言中"送亮"或者"送灯"中"亮"即"光亮",与事物特征联系密切。另一方面,英言方言民俗词语构成成分的意义经常是具体的动作或具体的事物,常出现的动作词如送、说、开、请、祭、上、辞、下、压、哭、迎、报、抬、烧、过、打、做、看等,都具体可感,民俗词语的意义一般也是字面意义的组合,如抬龙杠、报信、压轿、请道士、吊颈、喝药、送灯、进棺等。

2. 形象生动性

在具象性的基础上,很多民俗词语显示出形象生动的特点。"三转一响"这一词和20世纪七八十年代的社会生产力相关,买得起当下最流行最时兴的物件即为家庭富裕。"悼亡"在英山表示为"痛念",即沉痛的思念,追忆死者的过去,用个人心情来表示"悼亡"这一概念生动而形象。"寻短见"中的"短见"表示"见识短浅""想不开"等,相对于"寻死"表现力更强,还有"送亮""下礼""烧灵",等等。值得注意的是,民俗词语中的形象色彩往往借助借代的方式,选取具体的、富有特色的行为动作来表示整体性意义并获得形象色彩,这有别于普通话词语中更多地运用比喻方式产生形象色彩的情形。

(二)民俗词语中的意义类聚②

英山婚嫁丧葬民俗词语中,存在着大量的同义词语、单义词语、系列词语。正是因为这些词语意义类聚的存在,使得民俗词语之间存在着系统性和

---

① 杨振兰:《民俗词语探析》,《民俗研究》,2004年第3期。
② 杨振兰:《民俗词语探析》,《民俗研究》,2004年第3期。

条理性，它们并非杂乱无章的词语堆积。

1. 同义词数量多

在笔者搜集的词语中，同义词所占比例是相当高的，还有一部分属于异名同物词。而且有的同义词组的成员数量很多，如说亲有做媒、说婆里、说人家、说媳妇等说法，棺材有料、火材等说法，告知消息有报信、把信、带信等说法。之所以如此，有以下几个方面的原因。其一，不同的地域有不同的说法，相同或相近的民俗现象在不同的地区有不同的名称。如英山红山镇等地称死者穿的衣服为寿衣，另有一部分称寿衣为三腰五领。在英山大部分地区没有将棺材进行细分，统称为料或者寿材，而一小部分地区将夭折小孩所用的棺材称为火材。其二，相同的民俗现象有不同的命名角度。如在跟头、送终，再如寿钱也称瓦子钱、香纸、往生钱。其三，古称、今称并用。如送亮和送灯，吊颈和上吊都有古称、今称之别。

2. 单义词数量多

英山婚嫁丧葬民俗词语中，多义词所占比重非常少。如人家既指男性对象，又指家庭条件；不在了既指去世，又有不存在之意。从整体上看，民俗词语具有意义单一的特点，这符合民俗词语具象性的特点，也符合随俗造词的特点。但是民俗词语单一的意义中蕴含着极为丰富的内涵，意义包容度很高，无论是民俗事件词还是民俗事物词都是如此。如上山一词，包含祭龙杠、祭路、压葬等一系列活动；回门不仅指新人新婚三天后回女方家中，而且包含备礼、请客等一系列的活动。许多民俗词语记录的是一种生活场景。

3. 系列化词语数量多

系列化词语即以某一词素为基础构造一批词语。一种民俗往往体现了某种主题意义，围绕着这一主题进行一系列的仪式或活动，反映在民俗词语中则是含有相同语素的系列词语大量产生。如在"人家"的基础上造出说人家、看人家、到人家去、走人家等一系列词语。过去英山人民的封建迷信思想深重，遇大事必占卜算卦，择选良辰吉日，由此形成了一系列的词语，如算日子、看日子、送日子。在丧葬习俗中，以"丧"作为基础词素构造的词语也有很多，如初丧、报丧、压丧、哭丧等。再如遇丧事向家人传递消息的过程中以"信"为基础而形成的一系列词语，如报信、把信、带信、传信等。而寿钱、瓦子钱、香纸、往生钱都是在亡人用的"钱"的基础上形成的系列化词语。

五、英山婚嫁丧葬民俗词语的文化内涵

（一）趋利避害思想

民俗词语鲜明地体现着中国传统风俗习惯中避凶求吉、委婉含蓄的心理意识。在丧葬习俗中，老人为自己提前预备后事，准备棺材。打出来的棺材我们不能说棺材，而一定要说寿材或者料。否则，那就是对别人的诅咒，希望对方早点离世，对方听到会破口大骂的。人死忌说死，要代之以老了、去世了、不在了或走了。将棺材放置在中堂不能说抬棺材而要说驾马。入殓过程中死者即棺材的任何地方都不能接触地，否则"棺材落地，三年大不利"。死人的衣服为寿衣……这些都体现出人们浓厚的趋利避害的思想意识。同时在嫁娶过程中的民俗词语也鲜明地体现出英山人民追求吉利、含蓄而委婉的内心情感。结婚是人生中的重大喜事，在这一过程中很多词语都会与"喜"这一语素进行搭配，如喜宴、喜酒、喜糖、喜烟等，或者与"红"这样传统的具有平安红火象征意义的语素联系起来，如红烛、红绳、红纸、红灯笼等，又或者与"新"这一代表新气象新开始的新的希望语素相关联，以此来表达人们对美好生活的祝福、期待和向往，如新房、新娘、新大姐儿、新人等。

需要注意的是，很多民俗词语与实物、行为与美好祝愿之间的象征关系是通过谐音建立起来的，如死人入殓要说进材，材谐音财。

（二）过去的封建迷信思想

古代社会生产力和科技水平低下，民众对自身和社会环境的认识有限。他们对自然界中一些突发的、不可把握、无法抗拒的现象难以解释，便产生了对自然力的崇拜和迷信，认为万事万物都有鬼神的存在。古人认为，人死之后灵魂不灭，鬼神存在于我们的生活当中，且力量强大，对鬼神持"敬而远之"的态度，但同时又希望能得到鬼神的庇护，所以在礼俗上都表现出敬鬼神、惧鬼的思想意识。这些思想在英山婚嫁丧葬民俗用语中得到了鲜明的体现。例如：小孩无缘无故地生病，家中的老人往往通过撒米"叫黑"烧纸钱的方式来治病；英山人认为晚上孤魂野鬼会出来放风，"火焰低"的人能看到鬼魂；家中劳动力离世，妇女会带着孩子身系草腰带，讨"百家米"做粑粑来保佑子孙衣食无忧；村中村民死后，家中长辈不允许小孩晚上出门，因为认为鬼会"勾魂";出殡之前早上吃"暖井圆子"来祈求平安;好事坏事必占卦,请大师"看风水"或"合八字"推算良辰吉日等。现在的人们思想中封建色彩已减弱。

(三)宗法情感

1. 重集体意识

英山人依山而居,村上村下遥相呼应,一家有事,全村出动。这种村落集体意识生动而鲜明地体现在婚嫁丧葬民俗中,并且从具有民俗事象特征的词语中也可窥得一二。如嫁娶中女儿出嫁,有哭嫁词。不仅仅是哭父母之恩、哭姊妹之谊,而且有哭兄嫂之贤、故土之情等内容,可见亲情不仅存在于一家当中,而且存在于家族村落当中。新娘出嫁,父母在其临行之前叮嘱"敬双亲""要孝顺""邻居人,不可轻"等都体现出要女儿与家庭邻里和谐相处的思想。在"看人家"时除了看家庭条件,还要看是否"搁人""和人"。"过路"即为亲戚间不可生疏,要常来常往。在丧葬习俗用语中同样体现出彼此依靠、互相帮助的集体意识。人离世后,所有近亲必须前来"做痛念",带礼物进行帮助,会"送三牲",送"竹子礼",要"哭丧",家中亲人须"下礼"进行"答祭"。英山婚嫁丧葬民俗词语当中体现出彼此珍重、彼此慰藉的浓厚的集体情感。

2. 重家族情感

婚嫁丧葬是人生中的两件大事。婚姻代表新家庭的组建,意味着家中开枝散叶,而死代表生命的终结。在嫁娶过程中,要"哭嫁"感恩父母,孝敬公婆,三朝回门,要送"辞娘担"。丧葬礼俗烦琐,包括生前预设之仪、临终初丧之仪、入殓成服之仪和出殡安葬之仪四个部分。每个部分都十分讲究。要"请道士""做痛念",家人为其"守灵""戴孝""哭丧",过程中间香火不断,出殡时亲人"压丧",表示不舍。下葬后逢七前去"送亮"祭奠,在旧时还需要守孝三年。这些民俗都鲜明地体现出英山人对家族情感的重视。

(四)英山婚嫁丧葬保存古词语、古礼丰富

英山四面环山,位置闭塞,交通不便,人们接受教育的程度相对整体不高,较少受外来文化和现代城镇化建设的影响,所以保存的古词语、古礼十分丰富。像说亲、看人家、请试、起媒、过路、摆茶、压轿等依然比较完整地保留在婚嫁礼俗的过程中。新娘跪在升子上哭嫁,过筛子,脚不能沾地,到婆家去需换新鞋等古礼依然存留。请道士、做道场、做痛念、戴孝、搭孝堂、供灵、守灵、下礼、哭丧、辞灵、吃暖井圆子、压丧、拦坟等依旧出现在丧葬仪式过程中。在古词语方面,上吊寻死在英山方言中称为"吊颈","悼念"说为"痛念",用词

十分古朴。随着现代化进程的加快以及普通话的推广,很多独特的婚嫁丧葬民俗词语渐渐地消失了,但是从诸多英山方言民俗古词语中仍可找到一些婚嫁丧葬礼仪过场的记忆。

六、总　　结

英山婚嫁丧葬民俗词语,如实地反映了当地人民礼俗活动过程,展现了当地绚烂多彩的民俗文化,是一笔宝贵的文化遗产,具有很高的研究价值。本文结合英山方言民俗文化的实际内容,选取社会民俗中的婚嫁和丧葬两类民俗,分析了英山婚嫁丧葬民俗词语的构成特点,指出部分民俗词语在构成、语义、词性上的特点,最后揭示出民俗词语所反映的大众文化。

民俗是体现民情、透视社会、反映时代的标尺,也是体现社会变迁和历史轨迹的标尺。方言词语则是民俗的重要表现形式,也是一个地区民俗文化的载体。很多岁时方言民俗已经消失在历史的长河中,搜集民俗词语、记录各地风俗,对于弘扬传统文化具有十分重要的意义。希望本文能引起英山民众的重视,各地发挥特色优势,充分地利用独特的民俗风情,使之不在现代化进程中逐渐消亡。

参考文献

[1] 蔡展平.中国故事集成湖北卷·英山县故事分册(上)[M].黄冈:英山县文化馆,1989.

[2] 英山县志编纂委员会.英山县志[M].北京:中华书局,1998.

[3] 丁爱侠.连云港婚嫁丧葬礼俗中的方言俗语[J].现代语文(语言研究),2013(1):44-46.

[4] 马文忠.大同民俗与谐音[J].语文研究,1993(2):41-45.

[5] 王燕.邱县方言民俗词语研究[D].济南:山东师范大学,2011.

[6] 邓章应.《跻春台》婚嫁丧葬类方言词汇散记[J].成都大学学报(社会科学版),2004(2):65-67.

[7] 邓章应.《跻春台》婚嫁丧葬类方言词语续考[J].西华大学学报(哲学社会科学版),2005(3):28-32.

[8] 申士垚,傅美琳.中国风俗大辞典[M].北京:中国和平出版社,1991.

[9] 向彩源.鄂西民族地区的一次近代文明冲击——"七女高"时期屯堡社区经济、文化考察[J].湖北民族学院学报(哲学社会科学版),2001(3):50-54.

[10] 朱芸.湖北建始方言词汇研究[D].武汉:华中师范大学,2015.

[11] 李娟.婚嫁丧葬文化词语研究[D].南昌:江西师范大学,2008.

[12] 杨振兰.民俗词语探析[J].民俗研究,2004(3):133-139.

[13] 陈淑梅.湖北英山方言志[M].武汉:华中师范大学出版社,1989.

[14] 胡裕树.现代汉语[M].上海:上海教育出版社,1995.

[15] 钟韵.先秦丧礼词汇名源及其文化阐释[J].民俗典籍文字研究,2015(2):235-244,265.

[16] 项菊.从一些民俗词语看鄂东丧葬习俗[J].湖北社会科学,2009(9):196-198.

[17] 黄伯荣,廖旭东.现代汉语(增订五版)[M].北京:高等教育出版社,2011.

[18] 黄涛.谐音象征与吉祥民俗[J].河北大学学报(哲学社会科学版),2006(2):14-19.

[19] 韩春.彭泽方言民俗词研究[D].南昌:南昌大学,2007.

[20] 戴昭铭.中国东北的婚丧习俗和民俗词语[J].汉语学习,1996(6):38-42.

荆门方言否定范畴考察

高 娟

荆门地处于湖北省中部地区,北接襄阳,西靠宜昌,东临孝感,南与荆州、潜江、天门接壤,与湖北大部分地区一并归于北方方言区中的西南官话区。从方言地理位置来看,似乎囿于客观条件而归于大流之中,实则并非如此。前人有论述过荆楚方言、荆沙方言中否定词及否定式的一些问题,但仔细推敲可以发现荆门方言中的否定词及否定式还是极具自身特色的。

一、荆门方言的否定词

本文所论述荆门方言指荆门市区及其周边,不包括行政上隶属荆门管辖范围的钟祥和京山地区。荆门方言常用的否定词主要有三个:"不""没""没得"。

(一)"不"

"不"是否定副词,与普通话中"不"的用法一样,一般用在谓词或谓词短语前表达主观否定,如:

①太晚哒,我不去哒。
②他做事蛮不过细(细心),你去看哈。

例①是否定副词"不"用在动词"去"前,表示对动作、行为的否定;例②是否定副词"不"用在形容词"过细"前,表示对性状的否定。两个都是主观意愿的否定表达,即主观否定。也有用在谓词性词语前表达对客观事实或现象的否定,如:

③穿那么少,不得病才怪。
④总那么搞,不吃亏我郎搞哒。

例③④中的"不"分别用在动词"得病""吃亏"前,表达说话人对客观事实的否定,一般是非自主动词即不受说话人控制的行为动作。从整个句式来看,"不"与其后的"才怪""郎搞哒"构成双重否定,表达说话人对"得病""吃亏"这些客观事实的肯定。

还有一种情况是,"不"是表示祈使否定的否定副词,相当于普通话中的"莫",因此将它单列一项,但是书写形式与上文的"不"相同,合称为否定副词"不"。"不"在荆门方言中可以表达"禁止、劝阻"的意义,如:

⑤不走哒,就在我屋里吃饭。
⑥不瞎跑撒,小心车!

(二)"没"

"没"是否定副词,在形式和意义上与普通话一致,一般用在谓词或谓词性结构前表示动作或状态已经发生,如:

⑦饭都没吃就走哒。
⑧他买的西瓜还没熟。

例⑦中的"没"用在动词"吃"前,表示对"吃饭"这一客观动作行为的否定;例⑧中的"没"用在形容词"熟"前,表示对"成熟"这一客观性质状态的否定。二者都属于客观否定。

(三)"没得"

"没得"是否定动词,在形式上与普通话不一致,一般用在名词或名词性短语前表示不具有某样事物,如:

⑨屋里没得米哒。
⑩我也没得钱。

例⑨⑩中的"没得"分别用在名词"米""钱"前,表示对"米""钱"等事物的否定,属于存在否定。还可以用在形容词前,如:

⑪这伢子不懂事,没得滴嘎大小。

综上所述,与普通话相比,荆门方言否定词的词形与意义分配可归纳表1。

表1 荆门方言否定词的词形与意义分配

存在否定	普通否定		情态否定
没得	未然否定	已然否定	不
	不	没	

二、荆门方言否定句式

荆门方言否定句式可以分为含否定词的语义否定句式和不含否定词的

语用否定句式,本文主要探讨内含否定词的否定句式。

(一) 含"没"的否定式

(1) "没+V"或"没+V+宾语"。如:

①他没来。

②我没吃饭就走哒。

③他屋里没来人,就他一个人。

例①"没+V"式是荆门方言中最常见的否定句式,"没"后常接一般动作性动词。例②③在荆门方言中可以换成"NP+都+没+V"式,如:

②′我饭都没吃就走哒。/饭我都没吃就走哒。

③′他屋里人都没来,就他一个人。

"没+V+宾语"与"NP+都+没+V"虽然在语义表达上基本一致,但是语用意义上还是略有差别。"没+V+宾语"表示对事实的陈述,不包含说话者的主观情感在内,如例②③中的"没吃饭""没来人"仅是对事实的陈述。"NP+都+没+V"除了事实的陈述外,还暗含说话者的主观情感,如例②′中"饭都没吃""饭我都没吃"暗含说话者由于时间的紧迫性而"来不及吃饭"的主观意愿;例③′中的"他屋里人都没来"暗含说话者对"他屋里人"的抱怨,显示出"他一个人孤单"的主观意愿。

(2) "没+V+补语"。如:

④我还没穿好。

⑤伢子还没吃饱。

⑥书没找到。

"没+V+补语"在荆门方言中的用法与普通话一致,普通话中的"没"可以换成"没有",但荆门方言中,一般不用"没有"这个否定词,这是值得注意的地方。

(3) "没"可以用在复句中。如:

⑦只晓得看电视,没说管哈伢子。

⑧只晓得扫地,没说把桌子抹哈。

"没"在复句中的使用格式较为固定,通常用在"只晓得……没说……"中,意为"只知道这样做,不知道那样做"。复句中"没"仍然用作动词,但与前面的否定副词"没"意义略有差别。否定副词"没"用在例①~⑥中均表示对动作行为的否定,但例⑦⑧中的"没"看似是对其后"说"的否定,但其实这种否定已经不是单纯的语义否定,否定意义已经虚化了,表达的是说话人对听话人没"管哈伢子""把桌子抹哈"这些事情的抱怨。

(二) 含"没得"的否定式

(1) "没得＋N(＋V)"。如：

①没得菜(吃)。

②没得麻将(打)。

这一否定句式在荆门方言中后可接动词也可不接动词,不接动词"没得＋N"构成的是动宾结构,表达一般的否定;后接动词"没得＋N＋V"构成的是连谓结构,前一个"没得"是否定动词,与后一个动词构成连谓结构,"没得"的宾语在意念上是第二个动词的受事,如"菜""麻将"分别是"吃""打"的受事。"没得＋N(＋V)"在荆门方言中也可以用"N＋都＋没得(＋V 滴)",如上面的例子可以改为：

①′菜都没得(吃滴)。

②′麻将都没得(打滴)。

"没得＋N(＋V)"与"N＋都＋没得(＋V 滴)"虽然表达同样的语义,但是在语用上还是有所差别。"没得＋N(＋V)"是对事实的陈述,即"没得菜""没得麻将"不含主观情感;"N＋都＋没得(＋V 滴)"除了对事实的陈述外,更多的是对"没得菜""没得麻将"这些事实的抱怨,体现了说话者的主观情感。"N＋都＋没得(＋V 滴)"这一句式如果加上动词,那么它仍然是一个连谓句式,否定动词"没得"与动词构成连谓句式,而且动词后一定要加语气词,起完句的作用。

荆门方言中还有一类"没得＋N＋得"的句式,如：

③没得脸得,又是哭又是笑。

④还想借钱,没得门得！

这类"没得＋N＋得"与上文不同,不是对名词的直接否定,而是句式整体表义,与普通话中的"没脸儿""没门儿"的意思一样,在此不再详述。

(2) "没得＋形容词短语＋得"。如：

⑤他这个人没得滴嘎深浅得。

⑥小伢不懂事,没得个大小得。

这种"没得＋形容词短语＋得"的否定句式在荆门方言中的使用较为固定,常用的就是以上两例。格式也较为特殊。首先,通常情况下"没得"后的形容词短语是表正反意义的两个形容词构成的并列短语,单个形容词不能用在这个否定句式中。其次,"没得"后、形容词短语前可以加表示程度的词语

(如"滴嘎")或量词(如"个")用来修饰或限制其后的形容词短语。

(3)"没得"构成的反复问句。在荆门方言中最常见的表达反复问句的句式一般有两种:"有+N(+V)+没得"和"有+没得+N(+V)"。如:

⑦妈,有饭(吃)没得?
⑧屋里还有钱(用)没得?
⑦′妈,有没得饭(吃)?
⑧′屋里还有没得钱(用)?

"有+N(+V)+没得"和"有+没得+N(+V)"否定式既可以加动词也可以不加动词:"有+N+没得"和"有+没得+N"句式是动宾式反复问句,"有+N+V+没得"和"有+没得+N+V"句式是连谓式反复问句。"有+N(+V)+没得"和"有+没得+N(+V)"两个格式表达的否定式意思完全一样,只是"没得"的位置不一样。这两个问句都可以用"有"或"没有"作为回答。

"有+N+没得"和"有+没得+N"中的名词还可以用形容词短语进行替换,如:

⑨他学习有我行没得?
⑩他饭量有我大没得?
⑨′他学习有没得我行?
⑩′他饭量有没得我大?

从形式上看,"有+N+没得""有+没得+N"和"有+形容词短语+没得""有+没得+形容词短语"基本一致,仅仅是将名词替换成形容词短语,但实质上两个句式的意义完全不一样:"有+N+没得""有+没得+N"是对名词有无的询问,而"有+形容词短语+没得""有+没得+形容词短语"是比较句。

(三) 含"不"的否定式

(1)"不+V(+语气词)"。荆门方言中最常见的"不"字式否定,上文谈否定词"不"时已经做过详细论述。当主语为第二人称时,"不+V(+语气词)"句式中的"不"相当于普通话中的"别";当主语为其他人称时,"不+V(+语气词)"句式中的"不"相当于普通话中的"不"。

(2)"V+不+V(+宾语)"。如:

①你吃不吃(苹果)?
②他来不来(考试)?
③你打不打(麻将)?

"V＋不＋V(＋宾语)"是荆门方言中最常见的反复问句格式,"V＋不＋V"后可以接宾语也可以不接宾语,可以加语气词也可以不加语气词,与普通话保持一致。"V＋不＋V"中的动词可以换成形容词,如:

④他人好不好?

⑤他高不高?

换成形容词后不能接宾语。以上"V＋不＋V"或"A＋不＋A"(A 表示形容词)的句式中的动词或形容词通常是单音节,如果是双音节则呈现出不同的形式。

(3)"A＋不＋AB(＋宾语)"。如:

⑥你还认不认得我?

⑦你回不回来?

⑧我漂不漂亮?

例⑥⑦是双音节动词,动词后可以接宾语。例⑧是双音节形容词,形容词后不能接宾语。单音节与双音节词语构成的反复问句形式不一样,但与普通话基本没有差别。

(4)"V＋不＋V 得(＋补语)(＋语气词)"。如:

⑨这饭吃不吃得饱?

⑩这么多书装不装得下?

⑪衣裳你洗不洗得干净啊?

"V＋不＋V＋得(＋补语)(＋语气词)"在荆门方言中较为常见,"V＋不＋V＋得了""V＋得＋A＋不＋A"等变式①在荆门方言中也有,在此不再论述。

(5)"能愿动词＋不＋能愿动词＋V(＋语气词)"。如:

⑫你说他得不得搞?

⑬你妈准不准你去撒?

⑭他们屋里兴不兴搞这?

这类否定式在荆门方言中较为特殊,能愿动词的肯定形式和否定形式并列构成反复问题的格式,用在动词前作句子的状语,对动作发生的可能性进行提问。答语可以是能愿动词的肯定形式,也可以是能愿动词的否定形式。

---

① 萧红、杨欣烨:《湖北荆沙方言中的否定词与反复问句》,《长江学术》,2014 年第 2 期.

（6）含"不"的特殊否定句式。如：
⑮紧不回来，你不把饭他吃！
⑯老在外头玩，你不把钱他用。
⑰他紧讲一个不走。
⑱说哒半天哒，还一个说！

有学者将例⑮⑯归纳为"不把＋N＋他/你＋V"，将例⑰⑱归纳为"一个＋(不)＋V"，这种特殊的否定句式在荆门方言中也有。"不把＋N＋他/你＋V"否定式中的"不"是否定副词，用在动词"把"前作句子的状语，与其后的成分构成连谓结构。"不把＋N＋他/你＋V"是否定祈使句，其中的"不"相当于普通话中的"别"，"把"相当于普通话中的"给"。"一个＋(不)＋V"否定式中的"一个"在这个句式中不是数量短语，其功能相当于普通话中的频率副词；"不"为否定副词，用在动词前作状语；"一个＋(不)＋V"意为"一直不V"。

参考文献

[1] 萧红,杨欣烨.湖北荆沙方言中的否定词与反复问句[J].长江学术,2014(2):124-128.

[2] 芜崧.荆楚方言语法研究[M].武汉:武汉大学出版社,2014.

[3] 盛银花.湖北安陆方言的否定词和否定式[J].方言,2007(2):131-136.

[4] 赵和平.荆门方言的"没得"[J].荆楚学刊,1999(1):34-38.

[5] 朱德熙.汉语方言里的两种反复问句[J].中国语文,1985(1):10.

鄂州方言研究综述

童 琴

鄂州市位于湖北省东部,长江中游南岸,东与黄石市接壤,南临大冶市,西与武汉市毗连,北与黄冈市隔江相望。鄂州市现辖鄂城、梁子湖、华容三个县级行政区和国家级葛店经济技术开发区、省级临空经济区两个功能区。至2021年,全市总面积1596平方公里,全市常住总人口107.94万,是鄂东城市群的组成部分,也是湖北省第一批改革开放试验区之一。独特的地理位置决定了鄂州方言在全国方言中具有独特的价值,全国汉语方言学会会长熊正辉先生在万幼斌的《鄂州方言志》序中曾经指出,湖北有三种汉语方言:西南官话、江淮官话、赣语。鄂州的地理位置正处于这三种方言的交汇处。这种地区的方言往往有其特殊的价值,值得调查。汉语方言研究发展到今天,我们很需要一些深入的比较详细的调查报告,特别是像鄂州这类方言交汇处的方言。

根据历史文献记载,鄂州历史文化悠久,建制复杂,唐尧时为"樊国",夏时为"鄂都",殷商为"鄂国",西周时为楚国的别都,称为"鄂邑",两汉时属于荆州江夏郡。三国时期,孙权在此建都称帝,取名为"武昌"。晋代鄂州有时为郡治,有时为州府,南北朝以后被降为县治,明清两朝称为"武昌县"。民国二年(1913),改"武昌县"为"寿昌县",次年改称"鄂城县",1952年,改县为市。随着鄂州历史的不断变迁、地名的不断更易、人口的迁徙变动,鄂州方言经历了长时间语言交际的碰撞和融合,逐渐形成今天这种语言现状和历史格局,同时蕴涵着深厚的文化底蕴。

近70年来,许多学者对鄂州方言进行过研究,本文主要介绍湖北鄂州方言的研究现状和研究成果,进而分析已有研究的不足,希望为今后鄂州方言研究指明方向,并提供一定的参考。

一、鄂州方言归属及分区研究

1948年出版的《湖北方言调查报告》中,赵元任等人对湖北省方言进行了大规模的调查,其中也调查了以段家店为代表的鄂城话,并把鄂城方言划入楚语区。该报告对于鄂州方言的描写与划分具有开创性的意义,但是内容过于笼统。

20世纪50年代末,在湖北省教育厅的组织下,一批语言学家对湖北方言进行了第二次调查,1960年整理成《湖北方言概况》,油印内部发行,虽然对方言区的代表点做了较细致的描写,但是此书未公开发行,鄂州方言归属的认定也就无法得知。

1987年的《中国语言地图集》把鄂州方言划归江淮官话黄孝片,这一划分使人们对鄂州方言有了相对清晰的认识。1986—1987年,湖北省地方志编纂委员会对湖北省方言进行了定点调查,于1994年整理出版《湖北省志·方言》,将鄂州方言与黄梅、营山、蕲春、武穴、罗田、浠水、黄石、麻城、黄冈、新洲、红安、黄陂、大悟、孝感、应山、安陆、云梦、应城、竹溪和竹山这20个点一起归入第二区,和《中国语言地图集》的方言归属大致相当。

根据李荣先生官话方言的分区以及汉语方言分区的建议,万幼斌先生(2000)在《鄂州方言志》中将鄂州方言分为两大片:"其东部、西部和西北部属江淮官话区,它包括杨叶、花湖、沙窝、燕矶、新庙、石山、西山、凤凰、古楼、樊口、临江、杜山、蒲团、长港、庙岭、大湾、泥矶、胡林、段店、华容、葛店等21个乡镇、管理区及办事处。这一区域最突出的特点是古代入声字仍读入声。其东南和西南部地区属赣语区,它包括汀祖、泽林、碧石、东沟、沼山、太和、公友、涂家垴、梁子等9个乡镇。这一区域最明显的特点是中古浊音不论平仄声都念送气清音(个别地方例外)。此外,鄂州还有两个类似方言岛的地方,一个是鄂城钢铁厂,一个是程潮铁矿。这两个地方因组建时从武钢调入大批武汉籍和操武汉方言的其他省地籍职工,使其语言交际偏重于"汉腔"(即属于西南官话的武汉方言)。"实质来看,万先生将鄂州方言归为江淮官话、赣语和西南官话三大片。《鄂州市志》(2000)在第二十九篇中有一个章节专门谈到了方言,包括鄂州方言中江淮官话和赣语区的划分以及作为江淮官话代表的鄂州话的声韵调系统和作为赣语代表的太和话的声母系统,书中对于鄂州方言的介绍,基本采用的是万幼斌先生的研究成果,并未在其基础上进一步完善。

周文(2004)在《鄂州方言本字考略》一文中指出,鄂州方言属于西南官话区,是武汉方言下面的一个次方言。他对鄂州方言的归属问题提出了自己的看法。

熊梅(2005)在《太和话的语音系统和方言归属研究》中描写了太和话的音韵系统,对鄂州方言的归属提出了自己的看法:"太和话古全浊塞音、塞擦音清化，基本上都与同部位的送气清音合并。这一语音特点，与客赣方言一致……太和话应归入赣语。"并且认为明清时期江西籍移民迁入鄂东南，其方言与当地古老方言相融合形成了有特色的赣语，这与万幼斌的观点不谋而合。

吴冰洁（2008）在《鄂州话音韵特点及其与武汉话比较研究》中，以鄂州市鄂城区为调查点，对鄂州话音韵进行了描写，并将其与武汉话比较，认为声调异同是鄂州话（鄂城话）归入江淮官话、武汉话划归西南官话的根本原因。

谈微姣（2008）在《鄂州方言语音研究》中提出："鄂州方言可划分为三大片。其中东部、西部属江淮官话区，它包括杨叶、花湖、沙窝、燕矶、新庙、石山、西山、凤凰、古楼、樊口、临江、杜山、蒲团、长港、泥矶、胡林等16个乡镇、管理区及办事处。这一区域最突出的特点是古代入声仍读入声；其西北部比邻武汉，属西南官话区，它包括庙岭、大湾、段店、华容、葛店等5个乡镇以及鄂城钢铁厂和程潮铁矿两个方言岛，这一区域最突出的特点是古代入声归读阳平；其东南和西南部地区属赣语区，它包括汀祖、泽林、碧石、东沟、沼山、太和、公有、涂家堖（也叫涂镇）、梁子等9个乡镇，这一区域最明显的特点是中古浊音不论平仄声都念送气清音（个别的地方例外）。"这与万先生将鄂州方言归为江淮官话、赣语、西南官话三大片差不多，但是在具体的方言点归属上稍微有所区别，万幼斌先生将庙岭、大湾、段店、华容、葛店这5个乡镇归入江淮官话区，谈微姣则认为这5个乡镇属于西南官话区。但是在论文中所记音主要是鄂州市城区话，对于庙岭、大湾、段店、华容、葛店这5个乡镇并未真正展开方言调查。

二、鄂州方言语音研究

最早对鄂州方言语音进行调查研究的是赵元任、丁声树等人，他们于1936—1940年对湖北方言进行比较广泛的调查，基本勾画了20世纪三四十年代湖北方言的基本面貌，提供了调查研究湖北方言的重要参考资料。当时对鄂城进行语音调查的是吴宗济先生，他选的点是鄂城段家店。之后成书的《湖北方言调查报告》第一次对鄂州市语音系统声韵调进行了全面的描写，归纳鄂州方言声母19个、韵母42个、声调6个，将鄂州方言与中古音进行比较，并将鄂州方言划入楚语区。这项工作具有开创性的意义，但是发音人选取的是武昌中学的两名高中生，作者补充说明，这次调查为在短期间找到最多数地方的代表人，大半是从武昌初中高中的学生当中找来的发音人。他们离开家乡的日子各人不同,保持家乡语的程度也不一样。如果选择未受过其他方言影响的老年人作为发音人,从整体上更能代表当地的实际语音情况。

1987年的《中国语言地图集》依据入声是否分阴阳、古仄声全浊声母字今读塞音、塞擦音时是否送气及"书虚""篆倦"两类字是否同音这三个标准,将江淮官话分成洪巢、泰如、黄孝三片。黄孝片"书虚""篆倦"两对字同音,声调是阴平、阳平、上声、阴去、阳去、入声6个,入声不分阴阳,一律读长调,把鄂州方言划归江淮官话黄孝片,这一划分展示了鄂州方言内部的复杂性。

1994年,湖北省地方志编纂委员会整理出版《湖北省志·方言》,将鄂州话归入第二区,分区罗列了湖北地区的声韵调,其中鄂州声母19个、韵母42个、声调6个。基本与《湖北方言调查报告》相当,此书将鄂州与湖北地区其他74个点形成很好的对照,对于共时描写分析有很大的帮助。不足之处是未对这里的方言点做出具体的说明。

雷俊平(1996)《鄂州(城区)方音与普通话语音对析》对鄂州城区的语音进行全面调查,从声、韵、调三个方面与普通话进行比较,分析异同,并研究出鄂城方音同普通话的对应规律,为鄂州方言区的人们学习普通话提供了很好的借鉴。

张伟然(1999)《楚语的演替和湖北历史时期的方言区域》提出江汉平原中部以东的楚语区的方言先后受到官话来自上游、下游两个方向的强烈侵蚀,"前者后来形成江淮官话黄孝片,后者形成西南官话武天片,而在其南部古老的方言特征得以保留,加上明清时期又受到赣语移民的影响,从而形成赣语的大通片"。

万幼斌(2000)《鄂州方言志》第一章将鄂州方言中江淮官话和赣语区进行划分,并对属于江淮官话区的鄂州市城区话和属于赣语区的太和话的声韵调进行了对比,而且简单地描述了江淮官话区和赣语区的内部差别。同时描写了鄂州话的声韵调系统,归纳鄂州话声母19个、韵母37个、声调6个,并列出了关于鄂州话的声韵调配合表和同音字表,同时将鄂州方言分别与中古音、北京话的声韵调进行了比较。这个研究应该是自1948年来描写鄂州话最全面和细致的研究,具有宝贵的资料价值。但是它对江淮官话区和赣语区内部差别描写过于粗略,而且对于研究中所提到方言岛鄂城钢铁厂和程潮铁矿区的方言未做调查和描写。

《鄂州市志》(2000)在第二十九篇中有一个章节专门谈到了方言,它主要采用的是万幼斌的观点。

郝红艳(2003)在《江淮官话入声韵的现状》中通过对江淮官话区的59个

方言点的入声调和入声韵的古今演变进行考察,其中包括对鄂城(即鄂州市城区)的入声状况的归纳,指出鄂城的入声韵从《广韵》中的9个摄,发展为现在的17个韵。这也为鄂州方言研究提供了一定的参考价值。

汪化云(2004)的《鄂东方言研究》虽然研究对象主要是黄冈市所辖诸县市区的方言,但在涉及古入声字在各县市方言中的归类时,保留入声调类的鄂州话也被纳入其研究的范围,他对包括鄂州话在内的这些入声字古今演变做了描写、比较和分析。

熊梅(2005)对梁子区的太和话进行了调查描写,归纳太和话声母19个、韵母45个、声调6个,归纳了太和话的声韵调系统,并将太和话与中古音进行比较,分析方言的古今演变,重点对太和话中独特语音现象:古全浊塞音、塞擦音清化,少数仄声字读作不送气轻音进行了探讨,并且确认太和话归入赣语区。她的研究印证了万幼斌的方言归属,为鄂州方言的研究添砖加瓦,不足之处在于仅调查了太和的语音,对于语音流变、词汇、语法等未做系统调查。

吴冰洁(2008)《鄂州话音韵特点及其与武汉话比较研究》以鄂州市鄂城区为调查点,描写了鄂州方言音系的声韵调系统和同音字表,归纳鄂城话声母19个、韵母40个、声调7个,将鄂州话与中古音、武汉话进行了比较,展示了鄂州话与武汉话之间的异同,为我们研究汉语方言的演变提供了一定的参考。但是她将轻声算作一个声调是一个败笔,轻声是一种特殊的语音流变,在一定条件下读得又短又轻的调子,任一种声调在一定条件下都有可能失去原来的声调,变读为轻声,所以轻声不能算作一种声调。

谈微姣(2008)《鄂州方言语音研究》通过调查鄂州市鄂城话,描写了鄂州方言音系的声韵调系统,归纳鄂城话声母19个、韵母37个、声调6个,并在调查的基础上列出了关于鄂城方言的声韵调配合表,同时将鄂州方言分别与中古音、普通话的声韵调进行了比较。这为我们提供了很好的参考,但是有些字音的归并有待商榷,对于入声调感受不深刻,所以作者认为"鄂州话与以汉口话为代表的西南官话有极高的通话度,远远大于与江淮官话的通话度",这可能与作者调查对象所处位置有一定的关系。万幼斌曾经指出鄂州还有两个类似方言岛的地方,一个是鄂城钢铁厂,一个是程潮铁矿。这两个地方因组建时从武钢调入大批武汉籍和操武汉方言的其他省地籍职工,使其语言交际偏重于"汉腔",如果调查对象是鄂城钢铁厂,那有可能方言会发生一定的接触、有所变化。

邱磊(2010)《鄂东北江淮官话研究》主要调查了应山、黄州、罗田、武穴四个代表点,在第三章鄂东北江淮官话精知庄章声母演变一节中将中古知庄章组字的今读情况分为六种类型,其中第五类即,知庄章均以开合口为区别条件,开口均为 ts-,不同的是,黄陂此三组的合口为 tʂ-,而黄冈、鄂城为 tɕ-(颚化)。其中涉及鄂城话的知庄章声母演变,其他鄂州方言的相关研究则不多。

三、鄂州方言词汇研究

最早对鄂州方言词汇进行相对大范围调查的当属湖北省和黄冈地区公安战线的同志,他们 1980 年开始调查搜集,于 1989 年出版了《鄂东方言词汇》,该书广泛搜集了鄂州(鄂城)、麻城、新洲、红安、黄冈、浠水、罗田、英山、蕲春、广济、黄梅等地的方言词语,涵盖各部门各行业的术语,主要分方言词语、歇后语、谚语三个板块,按照笔画顺序逐一记录描写,为我们研究 20 世纪 80 年代鄂州方言词汇提供了宝贵的资料。其不足之处在于,限于当时的条件和专业水平,未能记录下语音资料,只见其词,不辨其音。

万幼斌先生(1987)《鄂州方言词语举例》列举的鄂州新庙 154 个方言词语也见于鄂州方言以外的通俗白话小说,对词语做了解释,并列出方言口语例子和通俗白话小说中的例子。这在方言词汇材料的搜集上是一个很大的贡献。1990—2000 年,万幼斌先生陆续发表了《鄂州方言的儿化》《鄂州方言析异》等文章。之后他于 2000 年出版了《鄂州方言志》一书,该书第一次从语音、词汇、语法等方面对鄂州方言做了全方位的描写和分析,对鄂州方言的研究具有非常重要的价值。

《湖北省志·方言》(1994)语汇章节采用方言说法与普通话称谓对照的形式,列举了鄂州方言中的 148 组语词,与湖北其他 74 个方言点形成很好的对比,为我们研究湖北方言语汇比较提供了便利。

柳翠(2010)《鄂州方言典型语汇表达浅析》搜集整理了鄂州方言典型的程度副词"乜"和"几"、形容词"呀咦哟"、后缀"子"以及五个典型的短语,并尝试分析其文化内涵。不足之处在于并未说明语料来源于哪一个方言点,而且典型语汇不够丰富。

刘文攀(2014)《湖北鄂州市区方言词汇调查》主要针对鄂州城区的鄂钢话进行了搜集整理,列举了鄂州方言中的特色词和词组,参照普通话对鄂州方言词汇的构形特点做了简要的分析,虽然内容比较浅显,但是为研究鄂钢话提供了一定的参考。

童琴(2017)《从地方志看鄂州岁时民俗方言词语变化》一文按照传统节

日顺序分类整理了鄂州旧志和新志中岁时民俗词语,历时描写鄂州岁时民俗词语的古今变化,从政治、文化等方面分析了变化原因,这为我们研究鄂州方言的历时演变提供了一定的视角。

四、鄂州方言语法研究

《湖北省志·方言》语法章节共列了30个语法例句,对照普通话列举了湖北省75个点的相应说法称谓,方便后人查阅比较。

王晓薇(2009)《鄂城方言中的 V/A 个死》以湖北鄂州城区方言为调查点,对鄂城话表示程度的"V/A 个死"从语义涵盖、句法分布、句法功能、句法特点等方面进行了分析。

李艳(2015)《湖北省鄂州市碧石渡镇人称代词研究概述》以鄂州碧石渡镇李境村为主要调查研究对象,从类型、用法、复数词尾、领属格等方面研究了碧石渡镇的人称代词,并且初步分析石渡镇与泽林、黄石、大冶相邻,周边方言可能对李境村的方言产生一定的影响。

谈微姣(2017)《鄂州方言里程度语义的表达形式考查》以鄂州城区方言为调查点,通过实地调查与研究,总结了鄂州方言里表示程度加深(或较少)语义的三种表达形式,即添加词缀、词语重叠以及特有副词"蛮""乜""几"等,并分别列举加以说明,归纳鄂州方言的语法特点。2018年发表的《鄂州方言的代词》同样选取鄂州城区方言代词语法研究作为切入点,与普通话进行比较,归纳了鄂州方言代词的语法功能和语法特征。这些研究都为鄂州方言语法研究提供了材料和参考借鉴。

五、其他方面的研究

2004—2005年,周文《鄂州方言本字考略》《鄂州方言脚步动词辑考》对鄂州方言一些本字进行了考证,并对出现的俗字构形规律做了初步的探讨。童琴(2007)《〈说文解字〉和鄂州方言本字考》也对鄂州方言一些本字进行了考证。这些都是从方言本字溯源的角度对鄂州方言进行研究,为我们提供了参考借鉴。

张靖鸣先生从2009年开始关注梁子湖的民歌和民谣当中的方言现象,和其他学者一起撰写了一系列论文,如《梁子湖花灯调民歌衬词初探》《梁子湖东南岸民歌方言初探》《梁子湖民歌地望与方言探析》等,分析得出梁子湖东南岸民歌赣方言特点比较显著,同时对古代民歌和现代民歌方言进行比较,这对于梁子区的方言研究有一定的贡献,使我们对梁子湖民歌方言的古越语和赣方言有了一定的了解。

六、结　语

　　前贤时彦对鄂州方言做了比较详尽的描写,为我们的方言研究提供了宝贵的资料。无论是语音、词汇还是语法方面的描写,都呈现了当前鄂州方言研究的现状,为今后对这一地区的语言史研究提供了宝贵的材料并奠定了坚实的基础。通过对70年来鄂州方言研究的回顾和总结,我们看到已有研究的特点:语音研究多而词汇语法研究相对较少,静态描写多而动态分析相对较少,共时描写多而历时比较分析相对较少,单点研究多而成片研究相对较少。关于鄂州方言研究还有很多不足,值得我们继续深入开展研究。

　　第一,从地理分布上看,鄂州方言研究范围不平衡。单点研究存在地域上的不平衡,鄂城区相对比较充分,华容区、梁子湖区的研究较为薄弱,对于庙岭、大湾、段店、华容、葛店这5个乡镇的方言归属存在争议,它们是江淮官话还是西南官话还值得探讨。

　　第二,从研究的内容和角度来看,全面系统的研究还不充分,研究的角度还可延伸。单点研究比较单一,多是针对某一(语音、词汇、语法)方面开展专项研究,全面系统记录单点语音、词汇、语法面貌的较少,成片全面系统调查更加薄弱。而且,目前研究主要从语音、词汇、语法等语言学的角度来解析鄂州方言,对于鄂州方言的历时演变、演变机制研究还不够,对鄂州历史的方言文献关注也不够,同时一些特殊的语言现象值得探究。

　　第三,从研究的方法来看,以往研究鄂州方言主要采用田野调查法,方言调查和分析软件配合使用较少,研究方法相对单一。随着时代的发展,为了让语言描写更加准确科学,我们应该加强使用现代计算机技术对鄂州方言进行语音存档,采用相关语音分析软件对鄂州不同片区的方言进行分析,进一步清晰描写鄂州方言。此外,我们还应尝试用不同的学科知识(社会学、民俗学、历史学等)以及不同的现代语言学理论(方言地理学、语言接触、实验语音学等)来解释方言所体现的特殊的语言现象。

参考文献

[1] 万幼斌.鄂州方言志[M].成都:天地出版社,2000.

[2] 鄂州市地方志编纂委员会.鄂州市志[M].北京:中华书局,2000.

[3] 赵元任,丁声树,杨时逢,等.湖北方言调查报告[M].北京:商务印书馆,1948.

[4] 中国社会科学院、澳大利亚人文科学院.中国语言地图集[M].香港:香港朗文出版(远东)有限公司,1987.

[5] 湖北省地方志编纂委员会.湖北省志[M].武汉:湖北人民出版社,1994.

[6] 李荣.官话方言的分区[J].方言,1985(1):2-5.

[7] 李荣.汉语方言分区的几个问题[J].方言,1985(2):81-88.

[8] 李荣.关于汉语方言分区的几点意见(二)[J].方言,1985(3):161-162.

[9] 周文.鄂州方言本字考略[J].鄂州大学学报,2004(3):51-54.

[10] 熊梅.太和话的语音系统和方言归属研究[D].武汉:华中科技大学,2005.

[11] 吴冰洁.鄂州话音韵特点及其与武汉话比较研究[D].南宁:广西大学,2008.

[12] 谈微姣.鄂州方言语音研究[D].武汉:华中师范大学,2008.

[13] 雷俊平.鄂州(城区)方音与普通话语音对析[J].鄂州大学学报,1996(2):11-15.

[14] 张伟然.楚语的演替和湖北历史时期的方言区域[J].复旦学报(社会科学版),1999(2):109-115.

[15] 郝红艳.江淮官话入声韵的现状[J].殷都学刊,2003(1):104-106.

[16] 汪化云.鄂东方言研究[M].成都:巴蜀书社,2004.

[17] 邱磊.鄂东北江淮官话研究[D].天津:南开大学,2010.

[18] 鄂东方言词汇编写组.鄂东方言词汇[M].湖北省蕲春县印刷厂,1989.

[19] 万幼斌.鄂州方言析异[J].鄂州大学学报,1996(2):8-10.

[20] 万幼斌.鄂州方言的儿化[J].方言,1990(2):25-30.

[21] 万幼斌.鄂州方言词语举例[J].方言,1987(2):148-157.

[22] 柳翠.鄂州方言典型语汇表达浅析[J].大众文艺,2010(18):110-111.

[23] 刘文攀.湖北鄂州市区方言词汇调查[J].文学教育(中),2014(3):61-62.

[24] 童琴.从地方志看鄂州岁时民俗方言词变化[J].湖北第二师范学院学报,2017(11):13-18.

[25] 王晓薇.鄂城方言中的V/A个死[J].现代语文,2009(2):88-89.

[26] 李艳.湖北省鄂州市碧石渡镇人称代词研究概述[J].学园,2015(17):35-36.

[27] 谈微姣.鄂州方言的代词[J].科教文汇(下旬刊),2018(1):158-159.

[28] 谈微姣.鄂州方言里程度语义的表达形式考查[J].湖北科技学院学报,2017(3):52-56.

[29] 周文.鄂州方言脚部动词辑考[J].鄂州大学学报,2005(5):69-71.

[30] 童琴.《说文解字》和鄂州方言本字考[J].现代语文,2007(2):115-116.

[31] 张靖鸣.梁子湖花灯调民歌衬词初探[J].鄂州大学学报,2009(4):38.

[32] 张靖鸣.鄂州原生态民歌特征略论[J].大舞台,2011(2):137-139.

[33] 张靖鸣.梁子湖东南岸民歌方言初探[J].大众文艺:科学教育研究,2011(22):192.

[34] 张靖鸣,赵杰.梁子湖民歌地望与方言探析[J].武汉职业技术学院学报,2012(1):13-15.

湖北方言文化与湖北文艺传承创新研究

楚风汉韵

当代的汉味小说、神农架序列小说是湖北小说的亮丽风景。湖北方言融入各种文类中,反映了丰富的湖北语言文化风貌,体现了湖北方言文化和地域特征。这一部分对湖北民俗文化、湖北文艺等方面进行探讨,从方言的角度审视珍贵的文化遗产,求索湖北精神的深层底蕴,归纳湖北文学的风采与气韵,旨在彰显湖北文化的地域特色。

黄陂特色方言词语及其民俗文化研究

肖美洁

指导教师：高娟

一、引　　言

（一）黄陂及黄陂方言与文化概述

黄陂方言是黄陂地区人们使用的语言，从整体上看属楚语系，大体与武汉话相同。黄陂话属北方方言的西南官话和江淮官话交界处，兼有两个官话区的特点。

黄陂民俗文化是依附黄陂人民的生活、习惯、情感与信仰而产生的文化。黄陂民俗涉及的内容很多，包含以下几个部分：①生产劳动民俗，如立春这一天要祭祀农神、林神；②日常生活民俗，如过年过节要吃黄陂"三鲜"；③社会组织民俗，如每一个族式都有自己的族谱；④岁时节日民俗，如元宵舞狮子、除夕前夜喝鸡汤。此外还有民间观念、民间文学、宗教及巫术、婚丧嫁娶，等等。这些传统习俗形成了黄陂文化中独具特色的标志，对黄陂人民的生活产生了重大的影响，起着维系黄陂人民团结的重要作用。本文所研究的黄陂民俗文化是指岁时节日民俗文化以及婚丧嫁娶民俗文化。

（二）前人研究成果综述

对黄陂语言及文化的研究，整体来说比较少，出现得也比较晚，而且主要集中在旅游文化和宗教文化的研究方面，在方言及民俗文化方面的研究则相当少。

在旅游文化方面，有很多学者都对黄陂的旅游文化进行了深入的分析、探讨。如李莉的《黄陂旅游资源整合研究》(《特区经济》，2012年第12期)、梅莉的《黄陂木兰山考论》(《湖北大学学报（哲学社会科学版）》，2002年第6

期)、裴高才和朱芬的《大余湾:明代村落文化奇观》(《世纪行》,2013年第3期)、马丽的《武汉市木兰山风景区罗汉街旅游规划的特色形象塑造探索》(《长江大学学报(自然科学版)》,2013年第31期)、黄伊的《木兰山在木兰文化发展中的作用与地位——兼谈武汉木兰文化生态旅游区的木兰文化建设》(《江汉大学学报(社会科学版)》,2014年第2期),等等。

在宗教文化方面,主要是围绕木兰文化和道教文化这两个方面进行的研究。如张静的《道教与黄陂木兰传说》(《文化遗产》,2014年第5期)、中共武汉市黄陂区委宣传部课题组《武汉黄陂的三大传统文化资源》(《学习与实践》,2005年第9期)、裴高才和朱芬的《杜牧畅游木兰故里》(《武汉文博》,2013年第1期)、张静的《回归民间:黄陂木兰传说的保护路径——以民俗学为视角的研究反思》(《华中学术》,2013年第1期)。

(三) 存在的问题

目前对于方言及民俗文化的研究非常少,只有裴高才的《四海为家"黄陂佬"——"无陂不成镇"文化现象源流考》(《世纪行》,2009年第2期)、皮明庥的《究心乡邦人文,解读"黄陂现象"》等零星几篇。总的来说,对黄陂文化的研究比较零散、缺乏系统性,深度和广度都亟待扩展,因此,笔者认为黄陂民俗文化的研究还是有很大发展空间的,至于黄陂方言这一方面的系统研究,迄今为止还未出现。

二、娶亲活动俗语"上门宴"的分析

(一)"上门宴"的背景介绍

黄陂人爱热闹,特别是在农村地区保留着许多传统的习俗,注重仪式感。作为人生重要事情之一的娶亲,黄陂人有着自己独特、传统的仪式。在娶亲活动中有着许多的讲究,比如:新郎在结婚当天要穿红色的袜子;新郎接到新娘子后要一直抱到自己的家中,不能让新娘子脚挨到地;新郎家中要张贴含有新郎、新娘名字的对联;新郎、新娘拜完天地要吃下由儿女双全的婶婶煮的红枣和黄陂特色"三鲜";等等。在所有的讲究中,有一个非常重要,那就是上门宴。

上门宴主要是针对新郎这一方的讲究。在新郎迎娶新娘的前一天,新郎的亲朋好友会陆续来到新郎的家里,这时新郎家会派出家族中做事比较热心和细心的人,去村子里每家每户喊两个主要的人过来吃饭(一般是男主人,如果两家关系不错,女主人和孩子也会去)。当所有人都到了以后,新郎家里准备吃饭,先是摆出预先安排好的桌子,还须找一个管事的人来负责安排每个人的座位,这个时候一般是非常热闹的,小孩子到处跑,大人开始聊天,等所有人准备就绪后,开始上菜吃饭,新郎会一桌一桌地跟大家打招呼、敬酒。宴席过后,大家一般会逗留片刻,家中有事或者普通关系的就会离开,新郎的亲朋好友、长辈们会聚集在一起,商量第二天的行程安排,弟弟妹妹负责布置新房,等一切都搞完了,新郎就会和自己的好朋友一起打牌聊天,一直到12点钟,以此来向自己的单身生活告别。这就是上门宴,黄陂娶亲活动中非常重要的一个民俗。

(二)"宴"字语义、语法与语用分析

1. "上门宴"语义分析

在黄陂方言中一般把"上门宴"用作一个整体,"上门"一般表示新娘子要来了,"上门宴"即迎娶新娘子前一天的宴席。可以理解成"新娘上门前男方的家宴"。

①他们家今天晚上有上门宴,几热闹哦!

②我们都要去吃上门宴,你去不?

2. "上门宴"语法分析

"上门宴"在黄陂话中一般搭配在一起,当作一个名词来使用。"宴"是名词,用"上门"来修饰这个名词,属于偏正结构中的定中短语,经常跟动词搭配。

(1)"吃+上门宴"表示参加宴席。

①晚上去我家吃上门宴,莫煮饭了啊!

②在哪里吃上门宴撒?

③A:你今天晚上吃的什么,这么饱?

 B:张爹爹屋里的上门宴,几多菜嘞!

④后天晚上去李大哥家吃上门宴。

⑤连着吃几天上门宴,肚子都吃大了。

(2)"办+上门宴"。

在黄陂方言中,经常用"办"来搭配"上门宴",其中有以下两层含义。

a.表示举办"上门宴",这里主要是指在男方家举办酒宴、款待宾客。

①我家明天晚上办上门宴,你们都过来喝酒啊!
②他家在办上门宴,亲戚都过来了。
③在酒店办上门宴还是头一次呢!
④他们家的上门宴办得几热闹嘞!
b.表示厨师或者主人做饭,准备宴席需要的菜品。
①他们家的上门宴办得好,味道非常好!
②请的大厨办上门宴,难怪这好吃!
③这么多人,这上门宴蛮难办啊!
④有人帮忙办上门宴,她要轻松多了。
⑤他一个人,办了这么多上门宴,还真是辛苦他了。

3."上门宴"语用分析

"上门宴"这一词语可以使用的语言环境比较广泛,主要有以下几类。
(1) 表示祝贺。
①他明天要结婚了,今天屋里在办上门宴。
②A:那里怎么那么热闹?是有什么喜事吗?
　B:是啊,明天要接媳妇,在办上门宴。
③今天上门宴的酒让我喝够了,明天尽全力帮你接新娘子。
④这上门宴办得好啊,明天这新娘子估计好接。
⑤爹爹,明年就到你屋里办上门宴了吧?
⑥女朋友都带回来了,么时候办上门宴啊?
⑦他屋里办上门宴,亲戚哈来了(亲戚全来了),几热闹哦!
(2) 表示高兴。
①晚上都来我家吃上门宴,酒都准备好了。
②我们家的上门宴请酒店的大厨办的,味道不错吧!
③A:你什么时候办上门宴啊?
　B:下个月十六,到时候一定来参加啊!
④今天上门宴多吃点,明天帮忙接亲可得多出点力。
(3) 表示批评。
①一大把年纪了,还穿得像要参加上门宴一样,不害臊!
②他这每天在外面玩,不回家,怕是要再办一次上门宴咯!
③吃了别个的上门宴,做起事来却想尽办法推脱,真是不讲意思!
④你以为是去参加上门宴,喝这么多酒,像什么样子!

(三)"上门宴"体现的黄陂民俗文化

1. 与人为善

黄陂人民十分热情好客,不论事情大小,只要家中有客人,就会尽自己的全力款待客人,这一点表现在上门宴上尤其明显。如果家里有娶亲这样的喜事,主人很早就会把上门宴的日子定好,通知每一位亲朋好友和邻里乡亲,早早地预定好厨师,准备好办上门宴需要的一切东西。客人则会在吃上门宴这一天推掉其他的事情,因为客人明白主人这种向大家传递自己快乐的心情。大家一直遵守着这种约定俗成的习惯,人与人之间的关系更加融洽、和谐。

2. 民风淳朴

黄陂的上门宴和许多地方讲究攀比、豪华的宴席不同,它一般是在男方家里举办,场地比较小,请的厨师一般都是当地普通的厨师,不用讲究大排场。临吃饭了,男方家里会让一个人专门负责请客人,其实就是去每一家喊一句"嘿,开饭了啊,快去吃",不用过多的仪式和程序,客人心领神会,不一会儿忙完了手头上的事情,自然会去赴宴。主人不用担心客人太多招待不周,因为大家都像是在自己家里一样,要做什么就去,不用请示主人。此外,在客人太多的时候,客人还会自觉地帮助主人。上门宴一般安排在晚上,因为大家白天都要工作,主人不想为此耽误大家的时间,安排在晚上的话,工作、吃饭两不误,岂不美哉!

正如《桃花源记》中所描述的"黄发垂髫,并怡然自乐",黄陂也有着淳朴的民风,上门宴作为当地所有人都十分重视的传统,在发展过程中也慢慢融入了黄陂人民这种朴实的民风。办上门宴不是为了攀比或者炫耀,而是为了分享自家的喜悦。

3. 热爱生活

在民俗学研究中,"宴"字五行属土,象征着吉祥美好。"宴"是一个上下结构的字,上面是一个宝盖头,寓意着家;中间是一个"日",象征着每天的生活,过日子;最下面是一个"女"字,表示有女子相伴。有家有伴一起过日子,这大概是所有人向往的幸福生活该有的样子吧!黄陂人民将这种美好的愿望与婚事活动结合起来,并通过吃宴席这种简单的方式表达出来。所以,每当有娶亲喜事的时候,总会听到人们这样的对话——"今天晚上到我大伯家吃上门宴啊!""好好好,恭喜恭喜啊!"双方都是无比开心,新郎家希望通过上门宴庆祝自己家的喜事,同时也包含着主人家对未来夫妻生活和谐美满的期待,而客人带着满满的祝福来参加上门宴,希望自己也可以沾沾喜气,生活顺利。

经过黄陂人民数千年来的传承与创新,上门宴已经成为黄陂文化中非常重要的一部分,它展示着从古至今人们对美好婚姻生活的追求,同时融入了黄陂人身上具有的积极、乐观、向上的文化精神,体现出黄陂文化中重视家族文化的特点。

三、丧事活动中俗语"盘女婿"的分析

(一)"盘女婿"的背景介绍

在黄陂的民俗文化中,还有一项黄陂人很重视的活动——丧事。出于对逝者的尊重,黄陂人在举行丧事活动时有许多的讲究和规矩,有头七、停尸、报丧、招魂、送魂、做七、吊唁仪式等。在众多的丧事活动中,一个有代表性且独具特色的活动就是盘女婿。当年龄超过60岁的老人驾鹤西去后,他的子孙会给其举行隆重的葬礼。葬礼进行到第二天,一般老人已经入土为安了,这时候人们心情相对放松,因为最重要的环节已经完成了,大家终于可以从繁忙的事务中抽身,特别是在老人家里帮忙做饭或是招待客人、打下手的中年妇女们,可以跟大伙一起说笑了(这里说说笑,并不意味着黄陂人对逝者的不尊重,而是在黄陂人的观念中,人能活过60岁就是一件值得高兴的事情,就算死去了,也没有什么遗憾了,这跟从前人们的寿命普遍偏短有关,所以人们认为能活到60岁就应该满足)。人们说笑的方式比较独特,一般是在酒席过后,四个中年妇女组成一团,找到逝者的女婿,然后分别抬起他的手和脚,做旋转运动,一般女婿刚开始不会有什么反应,可是没过多久便会开始求饶。等到把大伙都逗笑了,大妈们便停止对他的捉弄。这便是盘女婿,它是超越了一般传统的信仰活动,人们用这种方式表明:生活将继续,逝者安息,生者努力。

(二)"盘女婿"的语义、语法和语用分析

1."盘女婿"的语义分析

"盘"有多种含义,可以用作动词,表示以水平圆环形式运动,如"将军欲以巧伏人,盘马弯弓惜不发"(韩愈《雉带箭》);也可以用作名词,表示平底宽口形状的物体,如"万人凿盘石,无由达江浒"(李白《丁督护歌》);还可以用作副词,表示全面地、毫无保留地,如"且请先生和儿子出来相见,盘他一盘"(冯

梦龙《醒世恒言》）。在"盘女婿"中，"盘"用作动词，表示以水平圆环形式运动。"盘女婿"可理解为捉弄女婿，施事者一般是年纪较大的中年妇女，受事者则为逝者的女婿。

①昨天是哪几位嫂子盘女婿的啊，太狠了呐！
②你们等会盘女婿悠着点啊，刘爹爹的女婿病了，身体不舒服呢！

2. "盘女婿"语法分析

"盘女婿"一词中"盘"是动词，"女婿"是名词，二者构成动宾结构的短语。

1）"副词＋盘女婿"

"不/莫＋盘女婿"，表示否定，不希望发生盘女婿这一行为，通常是受事者或者受事家属有这种想法。

①大姐，莫盘我的女婿哈！
②嫂子哦，我的女婿胆子小，你们等哈不要盘他咯。
③张大妈叫我们不要盘她的女婿，女婿是外地人，还不熟悉这个传统。

2）"动词＋盘女婿"

（1）"要＋盘女婿"。
①听说黄陂的传统是老人西去了要盘女婿撒？
②他屋里那多女婿，要好好盘哈子。

（2）"喜欢＋盘女婿"。
①黄陂人喜欢盘女婿。
②这几位嫂子是很喜欢盘女婿的，你要把她们哄好，不然有你好受的！
③明天要盘女婿吗？李爹爹以前还蛮爱热闹的，我们也热闹哈子吧！

3. "盘女婿"语用分析

"盘女婿"可以在多种语言环境中使用，大致归纳为以下几类。

（1）表示一种活动，一般是在年纪较大的长者驾鹤西去的丧礼过程中发生。

①他们家有老爹爹走了，估计晚上会盘女婿的。
②盘女婿不能随便就搞，要在老人入了土的晚上才能。

（2）表示一种祝愿。
①70多岁的老人走了，要好好地盘女婿。
②只有年纪较大的老人，我们才盘女婿，也希望老人走得安心。

（3）在平时生活中使用，表示关系好。
①他的女婿对他就像是亲儿子一样，这好的女婿，要盘到玩哈子。
②嫂子们咯，你们都是好人，莫盘女婿，女婿胆子小。

(三)"盘女婿"体现的黄陂民俗文化

1. 洒脱豁达

盘女婿体现了黄陂人民洒脱豁达的心态,具体体现在逝者家属的洒脱,体现在参加葬礼的人们的豁达。对于逝者家属来说,家里有人逝世是件令人伤心的事情,但是他们没有就此沉浸在悲伤和痛苦之中,而是从悲伤中走出来,认真地准备丧事。当遇到盘女婿这种事情的时候女婿没有生气,而是顺遂大家的心愿,积极配合行动,因为他们懂得生命已逝,应该好好珍惜当下的生活,懂得大家的此番举动并非恶意,并非不尊重死者,而是用这种方式向逝者告别,鼓励生者坚强。因为理解,所以洒脱。对参加丧礼的人来说,懂得主人家的这种心情,更明白生命流逝是自然规律,是无法避免的事实,所以希望用这种独特的方式鼓励他们继续生活。因为懂得,所以豁达。

2. 敬畏生命

盘女婿是有讲究的,并不是在任何丧事活动中都可以进行。首先,逝去的得是年龄超过60岁的男子,小于60岁是不能进行的,那是不尊重人的。黄陂人尊重生命,所以当生命逝去的时候,会举行隆重的仪式来祭奠逝去的生命,当有年龄较大的长者逝世的时候会用盘女婿这种独特的方式来悼念死者,表示对生命的尊重。其次就是逝者家里要有女婿,如果逝去的老人没有女婿,大家则不会提起这个活动,因为黄陂人讲究儿女双全、子孙满堂,没有女婿对于老人来说是遗憾的,大家为了避免提起这个遗憾,便会自动忽略,这同样是对生命的尊重,希望逝去的老人不要留有遗憾。

3. 热爱生活

在民俗学研究中,"盘"五行属水,是一种吉祥的象征,这似乎与一般的伦理道德习惯有所不同。中国自古以来就十分重视丧事,在葬礼中注重庄严肃穆,更有守孝三年的说法,甚至产生了招魂送魂仪式、哭丧仪式、下葬仪式等一系列专有仪式,可见葬礼在人们心中的神圣。但在黄陂的葬礼中,"盘女婿"却赋予了丧礼一种吉祥的寓意,这并非黄陂人民不重视葬礼,不尊重逝者,相反,正是人们因为对逝者有无限的爱,所以他们对逝者有亲近感,他们并没有认为老人的离去,就是永远离去了,而是相信老人的肉体虽然已经不在,但是他对后辈的关爱会永远伴随着子子孙孙,保佑后代幸福生活,所以盘女婿更像是一种心灵的交流。

盘女婿是黄陂民俗活动中特有的一种现象。人们继承了传统丧礼文化中的各种仪式,保留着我们传统文化中敬畏先祖的精神,同时,在此基础上又有所发展,人们在生活与生产实践中将这种对先祖的敬畏之情柔化了,使这种情感更人性化,更贴近生活。与一般的丧事活动中的过分拘谨不同,黄陂人民通过自己的智慧,创造出了盘女婿这样一种与众不同的民俗活动,使人们在丧事活动中放松自己的心态,积极乐观地面对未来的生活,因为他们知道生活永远不会停止前进的步伐,要学会跟悲伤和痛苦告别,继续新的生活,这才是对逝者最好的哀悼。黄陂人民就是以这种积极乐观的心态来面对生活中的大喜大悲,黄陂民俗文化中的这种对生命的热爱之情就是这样一代代在盘女婿活动中更好地彰显、传承下去。

四、传统节日"鬼节"中俗语"鬼下畈"的分析

(一)"鬼下畈"的背景介绍

黄陂位于武汉市的郊区,在靠近山区的地方有很多人保留着传统农耕生活方式,他们过着面朝黄土背朝天的生活,所以土地对他们尤其重要。他们依靠这片土地生活,土地是他们的生命,他们爱土地,也敬畏土地,所以便有了"七月半,鬼下畈"这样的俗语。人们认为在农历的七月十五这一天,埋葬在黄土之下的鬼魂可以从地下出来,在田地里活动,所以这一天的晌午人们不宜出门干农活。农历七月份是农事正忙的时节,但是不论多忙,在七月十五这一天,人们会在家里好好睡午觉,等到下午三四点钟才开始陆陆续续出门干活。中国人讲究入土为安,很多人认为土地是人们赖以生存的基础,也是安放灵魂的地方。

(二)"鬼下畈"的语义、语法和语用分析

1."鬼下畈"语义分析

"七月半,鬼下畈"意思就是在七月十五的这一天,"鬼"从地下出来,到畈上活动。

①"七月半,鬼下畈。"鬼要出来了,在家里不要出去。

②今天鬼要下畈,你中午不要去畈上了,下午再去给菜润水(浇水)!

2."鬼下畈"语法分析

"七月半,鬼下畈"中"鬼"是发出动作的主体,是句子的主语,"下畈"是它的一个动作,构成了一个主谓结构的短语。

(1)"七月半+鬼下畈"。

①又到了"七月半,鬼下畈"的时候。

②你不晓得"七月半,鬼下畈"吗?怎么还敢出去做事呢?

(2)"鬼下畈+了"。

①十二点多了,鬼都下畈了,我们还是不出去吧!

②这怕是鬼下畈了,怎么这么热,一点风都没有呢!

(3)"鬼+要+下畈"。

①今天是七月半,鬼要下畈,中午就不要出去干活了。

②在七月十五那一天千万不能出去哟,鬼要下畈滴,在屋里好好休息。

3. "鬼下畈"语用分析

"鬼下畈"这一词语相对来说使用范围较窄,主要有下面两种情况。

(1)强调禁忌。

①"七月半,鬼下畈",千万不能去畈上干活。

②隔壁的婆婆说,七月十五这一天,有鬼下畈,所有人都不要去畈上,会碰到鬼的。

(2)强调天气热。

①一点风都有得,还是鬼下畈了咯。

②鬼都下畈了,还是在屋里好好休息,热死个人了。

③今年怎么这么热,鬼都热得不敢下畈了。

(三)"七月半,鬼下畈"体现的黄陂民俗文化

1. 辛勤劳动

畈是一个形声。字从田,从反,反亦声。"畈"字的右边是一个"反"字,表示"镜像对称的事物或动作"。"田"与"反"放在一起表示"乡村主干道两旁有着同样大小的农田"。黄陂有着丰厚的农耕文化,田地与他们的生活息息相关——人们在田地里耕种,在田地里收获,依靠田地生存,死后也被埋葬在这一片田地里。在黄陂方言中,"畈"字在本义"成片的田"的基础上有所延伸,不仅指田地,而且包括菜园在内的一切可以从事农事活动的地方——可以是种水稻的农田,可以是种花生的地,甚至可以是家门前开荒出来种点萝卜、白菜的小片地方。对于从事农事活动的人来说,"畈"可能是除了家之外的任何地方,因为人们勤奋、爱劳动,可以在任何地方开始生产活动。"鬼下畈"的时候人民不去从事农事生产活动,在这天他们才有真正意义上的休息,但这种休息也是为了更好的劳动。

2. 顺应自然

黄陂地区依靠土地而生的人们，一年四季在土地上面劳作。与土地打交道让他们懂得了自然的许多规律，也知道顺应大自然的规律，才可以和自然和谐共处。"鬼下畈"的前一句是"七月半"，七月天气过于炎热，长时间的高强度劳作会使人疲惫，身体会难以承受，黄陂人提出要在七月十五日这一天在家休息。适时的休息有助于养精蓄锐，迎接后面更长时间的劳作，这正是黄陂人民在与自然的相处过程中，探索发现并顺应自然规律的表现。

3. 热爱生活

黄陂人民有着丰富的民俗文化，"七月半，鬼下畈"就是其中的一种。农事活动是繁忙而又辛苦的，需要很多的技巧和汗水，同时还有各种自然灾害的考验。种种压力并没有使黄陂人民陷入一种机械、麻木、绝望的生活状态，相反，人们一直积极地工作着。在炎热的时节，人们通过"七月半，鬼下畈"这个习俗遵循劳逸结合的规律，在天气最炎热的时候好好休息、养精蓄锐。这都是黄陂民俗文化传递出来的积极、乐观、向上的生活态度，以及对美好生活永不停止的追求。

五、结　　语

本文主要通过黄陂民俗活动的特色方言词语研究黄陂的传统民俗文化和风土人情，介绍了娶亲活动、丧事活动以及传统民俗节日活动这三种类型的民俗活动。娶亲活动介绍了上门宴这一传统习俗的含义，从语法、语义、语用三个层面对上门宴进行了分析，总结了上门宴的寓意及其体现出的与人为善、民风淳朴和热爱生活的精神面貌。丧事活动选取了"盘女婿"这一特色词，从语法、语义、语用三个方面对它进行了分析，体现出黄陂传统文化中对生命的敬畏和对生活的热爱。最后介绍了"鬼下畈"这一俗语，分析了"鬼下畈"的语法、语义和语用，体现出黄陂文化中对先祖、生命的敬仰，对传统文化的传承以及黄陂人民热爱生活的情感。通过对黄陂三个方面的民俗活动进行分析研究，我们可以感受到黄陂文化中的一个很明显的特征，那就是对生命、生活的热爱，以及积极乐观向上的精神品质。

武汉特色方言词语及其民俗文化研究

程梦艺

指导教师:盛银花

一、引　　言

武汉,因水丰、天热的特点,被称为"百湖之市"与"火炉"。一方水土养育一方人,这片水土造就了武汉人包容、热情、豪放、办事不拖拉的特点。而最能体现武汉人这些性格特点的便是武汉人每天挂在嘴边的武汉方言。武汉方言属于西南官话,是武天片中的武汉小片。其语音特点是平舌音翘舌音不分,一般只念平舌音;前鼻音后鼻音不分,一般只念前鼻音;鼻音边音不分,一般都念边音,并且鼻音发音困难;没有儿化音;声调与普通话声调不完全一致。然而这些语音特点并不能完全反映武汉的文化特点,因为人类社会最能直接、迅速、多角度反映世间百态和人情世故的,是语言里丰富多彩的词汇。①

关于武汉方言的研究多集中于武汉方言的语音、声调以及特殊语法形式,而武汉特色方言词语的专项著作较少。这也是其他方言研究中普遍存在的问题。因为方言词语的研究是较为困难的,其基本单位庞杂而系统性不强,内外关联多样,内有语音语法的关联,外有历史文化的制约。研究者也逐步注意到这一问题,丁声树先生在《关于进一步开展汉语方言调查研究的一些意见》中就提出了应增强汉语方言词汇方面的研究。② 在武汉方言词汇研究方面,朱建颂先生的《武汉方言词典》及《武汉方言概要》对方言词汇有较为详细的说明,除此之外,相关专著寥寥无几。分析武汉特色方言词语及其背后所蕴含的民俗文化现象的著作及文献更是寥寥无几,周然先生的《武汉话的尖板眼》结合武汉文化讲解特色武汉方言词语,但是并没有进行系统的说明,只是以话题形式展开。综合各类文献来看,按照方言词汇调查条目系

---

① 周然:《武汉话的尖板眼》,华中师范大学出版社,2012年,第23页。
② 肖鹏:《武汉方言特征词研究》,中南民族大学硕士学位论文,2014年。

地描写并分析武汉方言词语的文献极少。将最有特色的方言词语进行分析，并剖析其背后蕴含的民俗文化现象，是需要进一步研究的问题。

在此背景下，对于武汉特色方言词语进行研究并分析其所蕴含的民俗文化现象显得尤为重要，不仅能让我们重视方言、研究方言，而且对于繁荣发展地方文化有着不同寻常的意义。同时，还能让我们深入透彻地理解语言与文化的关系。

二、武汉特色方言词语

（一）与身体部位相关的特色方言词语

（1）与头颈相关的特色方言词语。

脑壳：脑袋、头。

梗脑壳：关系非常要好的朋友。

挖地脑壳：摆地摊。

苕头日脑：形容一个人很笨、犯傻、不灵光。

鳜鱼脑壳：比喻一个人的脑子不装事、不善于思考。

蓬头撒脑：形容不好好打扮、头发乱糟糟的样子。

饿头饿脑：说话很冲、粗野、不客气。

挖头：指头一直低着，不抬起来。

称头：形容人打扮得很整齐。

颈子/颈窟：脖子。

斜夹窝：腋窝、胳肢窝。

（2）与心相关的特色方言词语。

心窟眼：心，指人聪明、能干、有主意。

心头：指将人和事放在重要的位置，也指动物的心脏，如猪心头、牛心头等。

心花：指一个人的心乱了，难以专注于目前所做的事。

心野：指不专心，爱玩。

粑粑心:指难满足的欲求①。

(3) 与耳相关的特色方言词语。

顺风:耳朵。

耳:理睬。

耳朵尖:形容耳朵灵。

捡耳朵:指自己所说的事是从别人那里听来的。

(4) 与腿相关的特色方言词语。

胯子:腿。

盘胯子:罗圈腿。

筛(sái)胯子:抖腿。

涎:口水。

(5) 与手相关的特色方言词语。包含有"手"这个字的,具有武汉特色的方言词语也有很多。但这里的"手"并没有展现其实际的功能与意义,而是作为词缀,表达其虚的一面。

就手:顺便。

转手:常作"立即、很快"的意思,并没有经常用作普通话中"转交"或"转卖"的意思。

信手:随手、随便。

(6) 与脸相关的特色方言词语。

抹(mā)脸:发脾气,可以用"翻脸不认人"来解释。

一车面:一转身,形容没一会儿。

打了个照面:指露面,事先并没有约定好而是偶然地、短暂地碰了个面。

卖面子:让人照顾情面,出风头。

皮脸:指顽皮,厚着脸皮。

丧脸:指因为某事而脸色很难看,与"做脸色""板着脸"类似。

(7) 与嘴(zěi)相关的特色方言词语。嘴,在武汉方言里不仅有"能说会道"的意思(如"你真是能嘴"),有时也含有贬义色彩(如"你嘴个么斯?就是嘴劲,有得一点用")。

卖嘴:含有贬义,指耍贫嘴,卖弄才干和小聪明。

嘴劲:指只是嘴上说,但实际上并不作为。

---

① 朱建颂:《武汉方言概要》,华中师范大学出版社,2009年,第171页。

出豁嘴/出歪嘴：指出岔子、出意外。

犟嘴：指争吵、狡辩。

争嘴：指为某种道理而争论。

掬嘴：指嘴唇合拢翘起来的样子，即嘟嘴，一般是因为不高兴或撒娇。

讲口：指争辩、吵架。

口敞：指嘴不稳，口风不紧，喜欢随便说话。

其中与嘴说话相关的还有一个词是"嚼"或者"嚼蛆"，是指不停地说，有"啰嗦、唠叨"的意思，还有"嫌弃别人不好、指责他人"的意思。

（8）与脚相关的特色方言词语。

一脚路：这是运用脚的长度之短来表达路程近，这句话与"一步路"的意思相差不大，都是指不是很远的一段路程。

下脚：指可供立足的地方。

八字脚：除了指一种生理现象外，还比喻技术不精、手艺不行的人。

过脚：指人或事已无望①，人死称"过了脚"。

（9）与鼻相关的特色方言词语。

不要鼻子：指不要脸、不怕出丑②。

鼻子不是鼻子，脸不是脸的：指生气了、发脾气了。

（10）与喉相关的特色方言词语。

下喉：指将吃的东西咽了下去。

（11）与背相关的特色方言词语。

背闲：指看不见的、不引人注目的；回避。

背时：倒霉，武汉话中有戏谑的说法"背时（十）背出十一来了"。

（二）与饮食相关的特色方言词语

说到武汉地区的特色饮食，大家一般最先想到的就是热干面、周黑鸭、糊汤粉、豆皮、面窝、欢喜坨等。这些词语当然也是武汉特色方言词语中的一部分，除此之外，还有许多更加具体的与饮食相关的特色方言词语。

春卷：先摊出较薄的面皮，然后在面皮内包入肉末拌地菜的馅（也可用其他蔬菜如芹菜等，但武汉人多喜欢用地菜），包好后卷成适当大小的长柱形，最后放入油锅中炸成黄灿灿的颜色便可以食用。

---

① 《汉口指南·方言志要》条目："过脚——事已无望。"
② 朱建颂：《武汉方言概要》，华中师范大学出版社，2009年，第68页。

豆丝：是武汉市黄陂区较为著名的小吃之一，受到湖北各地人的喜爱。豆丝是以绿豆、大米等为原料，将米和绿豆浸泡后磨成浆，在锅里摊成薄片，切成条状。湖北人很爱吃豆丝，虽然烹饪做法类似，但湖北各地对豆丝的叫法却不一样，钟祥人称其为"绿豆皮子"，潜江人称其为"豆饼"。

海子：螃蟹。

苞谷：玉米。

汗菜：苋菜。

地菜：荠菜。武汉人对地菜可以说是再熟悉不过了，因为每到农历三月三，武汉人就要吃用地菜花煮的鸡蛋。相传古时候这里的人们因为生活艰辛并且吃不好而常头痛，神农为了帮百姓们解决这一难题，在农历三月初三，找来野鸡蛋和地菜给百姓们充饥，帮助他们缓解头痛。就这样，这一习俗一代代地流传下来，至今，"三月三，地菜花煮鸡蛋"的风俗习惯已经融入武汉人的生活中。很多人认为三月三吃了地菜煮的鸡蛋，就不会头疼、头晕了，甚至可以辟邪保平安。

竹叶菜：空心菜。

仆七：荸荠。

馓子（翻饺）：油炸的面食。用油水面搓条炸制而成。

胖（pāng）头鱼：鳙鱼。"胖"在武汉话里有"体积大、肥美"的意思。鳙鱼因为头大而肥就有了这个讨人喜欢的名字。"胖"还有"特别"和"（因没换水）腐坏"的意思。如，"这条鱼坏了，胖臭"；"那盆水好几天没换了，里面的东西都胖了"。

圆子：丸子。

鱼参：用剁碎的鱼肉做成，多为米白色，类似于鱼丸，多在吃火锅时吃。

干饭：煮好的白米饭。

臊子：指烧制好的加在面、饭上的肉末、肉丁、肉片或烩菜、打卤汁。

过早：吃早饭。

打糍粑：赤膊。武汉话中将"糍粑"的特点用得淋漓尽致，"打糍粑"运用打糍粑时的样子，表现了人上身什么都没有，不穿衣服的样子。而"糍粑屁股"则运用了糍粑很有黏性的特点，来形容办事没效率、一得空就坐着不动的很懒的人。如，"他这个人真是个糍粑屁股"。

撮虾子：指没有固定工作，四处打零工。

挫腐乳：在背后说别人的不好。

海碗：一大碗。与此相关的"海里海气"指举止、动作粗鲁、蛮干。

下筷子：指夹菜。

嗝①（嗝了食）：指吃了东西后不消化；还指东西放久了，口感不好，不脆了；也用于表现人际关系间的冷漠和淡泊。如，"我吃多了，好像有点嗝食了，好不舒服"；"这种东西放久了就不脆了，和放嗝了的饼干一样的"；"你看他对我们要理不理的嗝味，让人很心烦"。

皮：与"嗝"意思相近，指脆的食物因没有密封好而变软了。

亮：表达吃的东西给人太油腻的感觉。

酷：指把食物置于小火上边煮边吃；把冷了的熟食物放在火上热一热。

讲味：指人吃东西对味道的追求和讲究；也表现对穿的讲究，讲究派头；也可形容人包容、直爽和幽默。

赚头：猪舌头、牛舌头。

游：翻，一般只用于吃饭时将鱼翻一个面的情况。

喜头鱼：鲫鱼。

红蛋：小孩满月时送的鸡蛋，多染成红色。

欢喜坨：麻团。

黄金饼：南瓜饼。

不像粮食：不像样子。

吃酒：赴酒席。

歪餐：宵夜与零食。

元宝茶：春节间请客人喝的茶。

春酒：春节间请客的酒席。

（三）与天气相关的特色方言词语

天道（dao）：天气。

落雨：下雨。

落雪：下雪。

结凌：指地上结冰的天气。

麻锋细雨：小雨。

落黑雪：下非常大的雪，暴雪。

跑暴：突然而至的大暴雨来得急去得快。

---

① 周然：《武汉话的尖板眼》，华中师范大学出版社，2012年，第19页。

六月暴:指盛夏出现的大暴雨。
包三冻九:农历三月天气仍凉要多穿,九月可以稍微穿少点。

(四)与方位、位置相关的特色方言词语

高头:上,既有高义,也可作方位词。
东上(cháng):东边。
西上(cháng):西边。
上人:古时对僧侣和德智高深之人的尊称。现在是对父母和长辈的尊称。
下人:古时是对家中仆人的称呼。今与上人相对,指子女、晚辈。
下地①:停止,用于否定,如"不得下地";(承担)下来,如"拿得下地"。
高:与"低"相对;指各个角落;引申义为"一遍又一遍"。
阁落(guó lā)/阁落空:角落。
外:对家人、朋友表现得太客气或有些事不告诉他们时,对方会说"看外了"。
左了:偏颇、相反、差错。
左右:表示结论。
东挪西撮:形容到处想办法去凑齐(钱)。
高不成,低不就:做某件事情,处于中间状态,不上不下。
半中腰:中途,中间。

(五)与社会称谓相关的特色方言词语

男将:成年男性。
女将:成年女性。
拐子:对比自己大并且较熟悉的男性的尊称。
嫂子:对年龄稍大的女性的尊称。与普通话中"阿姨"的用法类似。可以作为亲属称谓,也可作为社会称谓。
伙计:旧时对店铺学徒的称呼,一般不用于其他人。现在,伙计有"朋友"的意思,用于打招呼或鼓动,也表示友好、亲近。

值得注意的是,"伙"②也常用于亲属称谓中,在一个家庭里,我们常会听到这样的说法:"爷伙的""娘伙的""兄弟伙的""姊妹伙的"。但这种说法是有

---

① 朱建颂:《武汉方言概要》,华中师范大学出版社,2009年,第59页。
② 周然:《武汉话的尖板眼》,华中师范大学出版社,2012年,第75页。

条件、有规矩的。"爷伙的"只能父亲对子女说;"娘伙的"只能母亲对子女说;"兄弟伙的"只能哥哥对弟弟说,其他类似词语用法也与此相同。

你家:尊称,相当于普通话中的"您",多用于称呼比自己年长或地位高的人。

老几:即指人(有贬义)。

外码:对外地人的称呼。

新姑娘:新娘。

眨巴子:眼睛时常不受控制眨动的人。

缺巴子:缺了牙齿的人,多指小孩。

矮矬子:很矮的人。

岔巴子:说话口无遮拦的人。

结巴子:说话结巴的人。

长子:长得很高的人。

撇撇:很瘦的人。

哉么子:不体面、不光彩或倒霉的人。

老耶皮①:武汉方言将六十岁以上的男子称为"老耶皮",带有贬义色彩。

糙子伢:十五六岁还没成熟的孩子。

胚子:指为人不友善、不地道、对他人十分刻薄、无理取闹的人。

麻胡子:大人用于恐吓小孩的语言,指坏人;也形容脸上很脏的小孩。

江西老表:江西人喜欢亲切地叫人老表,武汉人就称江西人为"江西老表"。

强徒:小偷、强盗。

(六) 与动作相关的特色方言词语

绾:旋转、打结。

勒:将衣袖、裤腿胡乱、快速地弄上去。

摁:即"塞"。

筑:捣,有"猛击"的意思;还指唱反调。

捞:掏、拿。

卡:掐、揪。

---

① 朱建颂:《武汉方言概要》,华中师范大学出版社,2009年,第97页。

挖(wǎ):用指甲抓人。
抠:比挖的程度轻,主要指挠痒。
搧(chǎn):扇耳光。
挖:主要指用手指关节处打人(如"挖灵阔")。
统:放。
摁:压。
苛:用手控制住。
糇:用手抓住较高的东西。
窟:蹲。
筛:抖腿。
阔:身体某一部位不小心撞到某处。
猫:窝着、躲着,缩成一团。
达倒:摔跤。

(七) 与性质状态相关的特色方言词语

刮气:形容穿戴整齐、容貌端正清爽的男女老少。
标志:容貌秀丽,多用于形容女人。
体面:俊俏、好看;也指光彩、面子、身份。
俏皮:打扮得很好看,赏心悦目。
黄皮寡瘦:面黄肌瘦。
傲:有能力、厉害。
健旺:身体健康、精力旺盛。
灵醒:长得好看,看着舒服。
精怪:聪明机灵。
贼:聪明、机灵。
不对光/不灵光:人不聪明。
喷:撒娇,因得意而扭捏作态。
哉相:不体面、不光彩或倒霉的样子。
结根:人倔强、固执、不听劝。

(八) 其他特色方言词语

板眼:本领;心思;名堂;原因;问题。
耍拉:迅速、干脆;为人豪爽、办事干脆利落;无负担、无拖累。

撩撇:简便、容易;轻易、随便;也可用来形容人的性格,作风干脆。

拉呱:不干净、很脏。

过细:小心。

招呼:照顾。

捞摸:有利可图,能获得相应利益。

赌咒:发誓。

作怪:故意做出让人摸不着头脑的举动。

打夹账:多报账落了银子,引申为隐瞒真实情况。

遣:带有驱逐义,近似"滚"。

阴:偷偷地;藏起来。

晓得:知道。

挨:磨蹭、耽误时间;死板,不灵活。

巧话:蹊跷、令人费解的话。

打梗:说话打结不流畅。

翻跷:行为不规范,欠挨打。

神[①]:气质;风采;样子;规范。

卖卖神:指眼珠滴溜转,妩媚、动人。

占魁头:捡便宜。

撮:本义是聚合、用手指取、一束。今表示寻找,带有贬义色彩。

圆泛:做人顾全大局,处处逢源。

放快:说话不经大脑思考。

霉:呆。

滴哆:唠叨,说起来没完没了,让人心烦。

甘贵:稀少而宝贵。

抹:取消、不要。

脱体:完全好了。

恶奢:卯起劲干一件事。

嘀嘎:点点,指程度少;小,或用以比喻小。

米米:指特别小或特别少。

一大哈:很多。

[①] 周然:《武汉话的尖板眼》,华中师范大学出版社,2012年,第101页。

少了宝：反诘,指很多、丰富得很。
一把连：总共、全部；一起。
二五点：不好的、坏的主意或办法。
三不知：偶尔、不定期。
打四向：辨别方向。
七月半：中元节。
八面风：比喻一个人行为或举止反常、无定规。

三、方言词语所反映的民俗文化内涵

语言与文化是紧密联系的,它们相辅相成、息息相关。语言是文化的重要载体,而语言也属于文化的一部分,文化对语言的传承与发展发挥着不可或缺的作用。美国语言学家萨丕尔说："语言的背后是有东西的,语言不能离开文化而存在。"[1]显而易见,方言与地方民俗文化也是紧密不可分割的,方言是各地文化风俗直接细致的记录,是地方文化的载体。

湖北不仅传承和发展了具有楚文化的传统民俗艺术及文化,而且创造出了更具现代特色、符合社会发展的湖北特色民俗文化,如花鼓戏、《编钟乐舞》、《九歌》等。而这些特色民俗文化无不蕴含于方言之中,湖北方言反映着湖北地区独特的文化特点,湖北民俗文化在特色方言的流传中得以继承与发展。

武汉有着悠久的历史,也有着许多散发无穷魅力的传统民俗文化。这些民俗文化散落于社会各个角落,人们耳濡目染,并受其熏陶。最能展现这些民俗文化的便是武汉特色方言词语,其背后蕴含着丰富的文化现象及内涵。武汉方言充分展现了武汉"敢为人先、追求卓越"的城市精神文化和"热情豪放""包容大度"的民众性格文化。换个角度来看,武汉特有的民俗文化也反作用于武汉方言,让它能经久不衰一代代地流传下来,并不断发展创新。

在这里我们可将民俗文化分为物质民俗文化、社会交往民俗文化、精神心理民俗文化等。下面我们从五个方面具体介绍武汉特色方言词语所反映的民俗文化现象。

---

[1] 杨义容：《从武汉方言中的饮食词汇看武汉文化》,《郑州航空工业管理学院学报(社会科学版)》,2008年第1期。

（一）方言词语所反映的汉剧文化

汉剧是武汉极具特色的物质民俗文化，在武汉乃至整个湖北地区影响力极大。其唱腔从吹腔到平板，并改制成二黄正调、反调，并出现各种版式。

汉剧《秋江河》中运用了许多武汉地区特色方言词汇，如"呼呼神""就地"等，使语言更加生动，形成了浓郁的汉味，风趣幽默；同时该剧运用了大量的武汉方言特色俗语，如"嘴上无毛，做事不牢""八九不离十""二四八月乱穿衣""划起来是二百五"，这些俗语俚言使汉剧变得更加有血有肉。汉剧《取帅印》中也运用了大量的方言词语，如"包你的圆""苕堂客""你家""靠一下"等，表现出浓厚的汉韵特点，并且体现出大众、通俗的特点。

在武汉方言中有一个词出现的频率非常高，那就是"板眼"。"板眼"表达的含义丰富，举例如下。

①你是么板眼，半天不说话？

②她蛮有板眼。

③你这是么尖板眼？

例①中的"板眼"是用于询问原因及表示不满，相当于"怎么回事"；例②中的"板眼"是"本领"的意思；例③中的"尖板眼"则是指从未见过的、让人觉得新奇有趣的新事物。

其实"板眼"这一词语来自戏曲，表示的是戏曲的演唱和乐器的配合。"古拍板无谱，唐明皇命黄番绰始造为之，牛僧孺目拍板为'乐句'，言以句乐也。盖凡曲，句有长短，字有多寡，调有紧慢，一视板为节制，故谓之'板''眼'。"[①]这样也就可以解释为什么我们时常赞赏戏曲演员很优秀会用"有板有眼"这一词。

由此可见，汉剧以大众化、风趣幽默、雅俗兼有的特点赢得了广大观众的喜爱，成为人们了解楚风汉韵以及武汉特色方言的窗口。同时，武汉特色方言词语使得汉剧更有生命力，通过方言词语展现出汉剧独特的魅力。

（二）方言词语所反映的节日习俗

除了我们前面提到的"三月三，地菜花煮鸡蛋"的风俗习惯，人们还将三月十八游洪山、吃甘蔗称为"甘蔗会"，将正月十六妇女出游称为"走百病"

---

① 王骥德：《王骥德曲律》，湖南人民出版社，1983年，第108-109页。

等①。武汉还有许多与节日习俗相关的特色方言词语,其中最重要的便是过年。

武汉人喜爱过节,对待节日也十分重视,不同的节日有不同的传统风俗。特别是春节,一直保持着传统的民俗文化习俗。不同于北方的腊月二十三,腊月二十四是武汉的"小年"。武汉人从这一天开始踏入"年间"。过年的准备工作是从做清洁与"打年货"开始的。打扫卫生时,若家里的孩子不听话,大人们常说"小心打扬尘""收你的浆"。这里的"打扬尘"是挨打的意思,"收浆"则是收拾、打的意思,强调"新账旧账一起算"。除此之外,每家每户还要腌腊鱼、腊肉,做藕夹、圆子、鱼参,贴对联,祭灶神,祭拜祖先。年三十的晚上,大家要守夜,也称为"守岁",一整晚都不能睡觉,有句俗语为"三十的火,十五的灯"。

年间,对于武汉人来说,还有一个十分重要的日子,便是大年初五,因民间传言这天是财神的诞辰,便有了"初五迎财神"的习俗。每年这个时候归元寺最为热闹。

武汉人还十分重视"过十五","十五"是武汉人对元宵节的习惯性称呼,多说"过十五"。这一天,人们除了吃汤圆外,还会去看花灯,多称为"玩灯"或"看灯"。

除了春节外,其他节日也有独特的民俗文化,如清明节会扫墓祭祖,在武汉方言里一般说"上坟"。

武汉人过的"七月半"就是普通话中的"中元节",武汉俗语有"七月半,鬼门开"。七月十五前后这段时间,人们都会以各种方式缅怀家中已故者,表达自己的思念之情。最常见的祭祀方式便是烧钱纸,武汉人一般不将烧给已故者的钱称为"冥币",而多称为"钱纸",在为已故亲人烧钱纸时嘴里要说让他们接钱。旧时,也将烧钱纸称为"烧包袱"②,即把钱纸或金银锭封在纸包里用火焚烧,所以也将七月半祭祖聚餐称为"吃包袱饭"。除此之外,旧时,在七月半还会有"放路灯"③超度亡灵祭祀先人的活动,即用纸制作莲花状的小灯,装上油和灯捻,点燃后,随着节奏的锣声,一盏又一盏地放在路边。而现在此活动已逐渐消失,"放路灯"一词已经引申为指放置东西无序的状况。如,"你把东西摆好,别东一个西一个,像放路灯的"。

---

① 朱建颂:《武汉方言概要》,华中师范大学出版社,2009年,第9页。
② 朱建颂:《武汉方言概要》,华中师范大学出版社,2009年,第172页。
③ 周然:《武汉话的尖板眼》,华中师范大学出版社,2012年,第113页。

旧时,将中秋节称为妇女节,有摸秋、送瓜等活动。"摸秋"的来源是,一个妇人盼得子,她的家人到别人的菜园去偷秋南瓜,置于妇人床下,因为是在中秋夜晚偷偷摸摸去做的,所以叫"摸秋"。现将"摸秋"引申为情况不明确而要去做某件事。而"送瓜"一词,则表达了人们送瓜祝生育的愿望。

(三)方言词语所反映的迷信文化

尽管楚文化中古老的习俗随着时间的推移消逝了很多,但是楚文化中的信神重巫的传统却仍旧保持着。人们对神怀有崇拜、敬畏之情,而对鬼则存有恐惧之情。这些情感在生活中体现出来,并融入我们的语言文字中,在武汉方言中更是体现得淋漓尽致。"神"和"鬼"作为字词在武汉方言中运用得十分丰富。

①他跑起来呼呼神。
②你神么事神?这样很危险不晓得吗?
③他做事总是神干武干的,一点都不过细。

例①中的"神"表达的是一种状态与样子;例②中的"神"指尝试很危险的动作;例③中的"神"则是指做事随意,很马虎。

在武汉方言中"××神"的格式使用得很多,如"闹得轰轰神""冷得缩缩神""眼睛翻翻神""晃晃神"等。

有关"鬼"的词语,最常见的用法便是"鬼打架",表示"瞎说"。除此之外,表示不同一般的表现、相貌、声响、动作,都可以冠以"鬼",含贬义色彩。

①这是个么鬼事,让人心烦。
②莫在那里鬼作。
③他鬼得很,你莫想瞒过他。
④鬼吔,我才没说谎。
⑤这是么鬼话!哪有这种道理!

例①②中的"鬼"表示不合乎实际或预期,让人不满意、心烦;例③中"鬼"则含有古灵精怪之意;例④中的"鬼"用于否定;例⑤中的"鬼"表示没有道理的话、不合实际的想法、不健康的认识。

以上例句仅是"神"与"鬼"在武汉方言中运用的一部分。通过以上方言词语,我们发现人们对于"神"与"鬼"的态度,可以用《论衡》中的一句话来概括——"凡天地之间,有鬼,非人死精神为之也,皆人思念存想之所致也"①。随着对自然界了解越来越深入,人们越来越相信科学,对"神"与"鬼"的迷信与恐惧已经没有旧时那么严重,多是对传统文化的继承。从一代又一代传承下来的方言词语来看,人类对"神""鬼"的认识还是较为理性的,体现了"言为心声"的特点。

(四)方言饮食词汇所反映的讲彩头文化心理

武汉特色方言词语中许多都体现了老百姓讲彩头的精神心理方面的民俗文化,而其中尤为突出的要数饮食词汇。麻团被称为"欢喜坨";鲫鱼被叫作"喜头鱼";小孩满月时吃的鸡蛋被叫作"红蛋";南瓜饼被称作"黄金饼";猪舌、牛舌等称为"赚头"。这都体现了人们讲彩头的文化心理。人们希望通过谐音,给平凡的事物添加喜庆、吉祥的色彩,从而获得心理上的满足。

除以上列举的这些外,最能体现这种民俗文化的要数"圆子"一词了。在说圆子之前我们需要提一提武汉的年饭,武汉的年饭饭桌上最不能少的就是一个大暖锅(武汉人对火锅的称呼)。暖锅里是莲藕排骨汤或者鸡汤,还有腊鸡块、鱼块、肉丸、鱼丸、木耳、黄花菜等,一家人围坐在一起,热热闹闹,图的也是一个幸福美满、和谐吉祥的好彩头。不止在年饭时少不了圆子,在其他各类宴请中都不会少了圆子。有时,武汉人甚至将请客吃饭直接称为"吃圆子",由此可见对于武汉人来说真是"无圆不成席"。

武汉人对圆子的钟爱,主要是图一个好彩头,即"圆圆满满""团团圆圆""团圆和谐"。在这里,圆子意味着"团圆""招财进宝""丰盛"。在武汉不仅圆子各式各样,如黄陂三鲜中的肉圆子、鱼圆子,还有藕圆子、豆腐圆子、萝卜圆子等,而且圆子的做法也是多种多样的,如糯米圆子。甚至可以按圆子的原料、烹饪方法以及时令,对圆子进行分类,可见武汉圆子种类之多、做法之多。

(五)方言词语所反映的禁忌民俗

禁忌民俗是人们在追求美好生活时,将不完善、不愿提及的那一面隐藏起来或者因避讳而换一种说法的民俗。不同地区的民众都会有一些禁忌,武汉人也不例外。前面我们提到的武汉特色方言词语"游",如"把鱼游过来",就是为了避讳"翻"字。因为武汉湖多船多,人们认为提及"翻"字不是很吉

---

① 周然:《武汉话的尖板眼》,华中师范大学出版社,2012年,第103页。

利,于是用"游"字代替。

虽然大家对生老病死这一自然规律都十分清楚,但是提及与"死"相关的话题时仍会有意识地避而不谈或用其他的词语来代替。在武汉方言中,人们用"走了""眼闭了""老了""过了""享福去了""过了脚"等来代替"死"。这些词都是只能用于人的,而对于动物或者牲畜,武汉人又有其他的说法,"挨的"可用来指死的动物,如"这鱼是活的还是挨的",这么称呼也是为了避免说出"死"字。

"酒"有时也会有不能直接提及的情况,这时就会用方言词语来替代,如"三酉""马尿"。

武汉人也十分讲面子,有时借钱也不会直接说"借",在借钱时会换个方式,说"挪点钱""匀点钱""佐点钱"等。

方言俗语体现着民俗文化,民俗文化也影响着方言俗语的形成与发展。武汉方言中的俗语也有很多体现出这种特点。

木兰山的菩萨——应远不应近。这句俗语反映的是木兰山声名远扬,朝山进香的人里武汉市区的多于当地的,外地的多于武汉市的,因此有"应远不应近"的说法。

占魁头或捡魁头,是"占便宜"的意思。古人出丧时,除了用一具纸扎大鬼叫方相的导于前外,还要用麦粉做成一些鬼头模样的东西,撒于道上,认为能辟邪。[①] 这就叫作"魁头"。

通过分析以上特色方言词语与民俗文化,我们不难发现,方言是语言的活化石,保存着丰富的民俗文化内容。与此同时,地方民俗文化也为方言的发展与传承做出了重要的贡献,二者是密不可分的。

四、结　　语

本文根据《汉语方言词汇调查表》中的方言调查条目,分别从与身体部位相关、与饮食相关、与天气相关、与方位和位置相关、与社会称谓相关、与动作相关、与性质状态相关以及其他共八个方面,对武汉特色方言词语进行了系统的介绍与分析,并重点分析了特色方言词语所蕴含的民俗文化现象,主要

[①] 周然:《武汉话的尖板眼》,华中师范大学出版社,2012年,第113页。

从方言词语所反映的汉剧文化、方言词语所反映的节日习俗、方言词语所反映的迷信文化、方言饮食词汇所反映的讲彩头文化心理、方言词语所反映的禁忌民俗五个方面入手展开分析。笔者认为,将武汉方言词语与民俗文化结合起来研究,不仅能提高人们对武汉方言及民俗文化的重视程度,而且能使人们深入地理解语言与文化相互依存、相互影响的关系,从而将语言与文化进行有机的结合,促进语言与文化的共同发展。

洪湖方言特色词语及其民俗文化研究

彭宛婷

指导教师:盛银花

一、引　言

　　洪湖市位于湖北省中南部。洪湖话分为新堤话、峰口话(西片乡镇)、螺山话(包括界牌话)、乌林话(包括老湾)、龙口话、燕窝话和新滩话。新堤话、峰口话、乌林话、新滩话属于北方方言西南官话。燕窝话、龙口话属于赣方言。螺山话属于湘方言。本次研究对象主要是隶属西南官话的洪湖方言。方言与民俗都是地域环境的产物,地方性是两者共有的特征。洪湖方言反映洪湖地域文化(主要是民俗文化),是洪湖地域文化的载体,也是洪湖地域文化沉淀与传承的重要形式。

　　方言民俗词语的研究代表作有《平遥方言民俗语汇》(候精一,1995)、《三峡峡口方言词汇与民俗》(王作新,2009)、《鹤峰方言词汇与民俗文化研究》(邢璇,2010)。目前,对洪湖方言特色词语与民俗文化进行专题研究的著作和论文还未出现,而有关洪湖方言的研究仅有几篇硕博士论文及期刊论文,并局限在语言学领域,如《洪湖方言形容词的程度表示法》(龙泉,2007)、《湖北省洪湖方言语音特点研究》、《湖北省洪湖方言音系》(张小艳,2011),以及《洪湖话的常用语气词》(廖侃,2014)。至于洪湖地方方言词语及其民俗文化的研究,却是一片空白。关于方言词语与民俗的研究,多偏重于民俗词的语义释读和文化内涵分析,以词汇、语法为立足点,运用语言学理论进行的研究屈指可数。

　　本文拟通过田野调查收集洪湖方言特色词语,分物质民俗中的方言特色词语、社会民俗中的方言特色词语、精神民俗中的方言特色词语、洪湖常用语中的方言特色词语这四项分别列举。及时收集、整理洪湖方言特色词语,一方面,可以帮助我们了解洪湖历史上某个时期的风俗景象、普通大众的日常生活,使我们对前人的生活有更感性的认识,也能成为我们了解洪湖地方和时代文化记忆的文本和窗口,还可以帮助我们认识民俗事象的历史和文化的传统、辨风正俗的重要史料;另一方面,有助于洪湖方言的保护与传承,提升地区凝聚力和归属感,在一定程度上帮助人们了解和认识洪湖民俗文化。

二、物质民俗中的方言特色词语

物质民俗文化是人民在创造和消费物质财富过程中不断重复的、带有模式性的活动,以及由这种活动所产生的带有类型性的产品形式。其涉及内容、范围非常广泛,主要包括物质生产和物质生活两个方面。它不是创造物质形态本身,而是在创造过程中所形成的一些区域或民族所需要共同遵守的生产特点和习俗惯制,它直接反映在人们生产、生活的方方面面。下面,我们将从衣、食、住、行四个方面选取洪湖地域特色方言词语,分析探讨洪湖地区的衣、食、住、行文化。

1. 衣物类

背褂子:背心类的衣物,穿在内衣与棉袄之间,也可单穿。

汗褂子:汗衫,一般是单件。洪湖人做农活经常大汗淋漓,汗湿衣褂,穿汗褂子方便一些。

小衣服:特指贴身穿的内衣。

半头裤子:短裤,内裤。特指贴身穿的内裤。

木屐子:木制雨鞋。鞋底木头,钉木齿或金属齿;以多层棉布钉固在木底上做鞋帮,后无鞋跟,并将鞋帮用桐油浸泡定型。穿时可连鞋一起套入。

套鞋(hái):胶鞋,塑料制的雨鞋。套鞋逐渐取代木屐子。

蒙(mēng)鞋(hái):棉鞋。泡沫底,布料通常为黑色的平纹布或灯芯绒,御寒保暖效果明显,主要在冬季使用。

2. 饮食类

袱子酒:醪糟,传统的米酒。

鸡蛋茶:不是典型的茶,特指红鸡蛋。一般由主人送给客人、邻居。它具有比较特殊的意义:一是诞生庆典中,成为孩子降生的报喜标志;二是举办婚礼的时候,意在分享喜悦。

鸡脑壳:也叫"疙瘩汤",面粉加水揉捏,搓小坨放入煮沸的水中。

麻页子、糖片子:芝麻、籼米、糖等一起熬制的片状糖块。是洪湖当地常见的农家食品。

籼米：炒米。黏米或糯米蒸熟以后阴干，之后在铁锅里沙炒所得。是洪湖当地常见的农家食品。

籼米粉子：黏米先在铁锅里用黄沙炒制，再磨成粉。是洪湖当地常见的农家食品。

糯米粉子：糯米先在铁锅里用黄沙炒制，再磨成粉。是洪湖当地常见的农家食品。

3. 住所类

堂屋：位于房子中间、开有大门的房间，一般用于会客、就餐。婚丧寿宴，皆在堂屋进行。类似中国古代的明堂，堂屋中有设神桌的传统，供奉神灵及先人灵位。

房屋：堂屋左右两侧的正房，用作卧室，一般是家长正房。

套房：位于房屋后面，有或无隔墙与房屋分离，一般用于家庭其他成员或客人居住。

火屋：厨房，寓意烧火做饭的屋子。每家每户会打好灶台，灶口左右任意一边的台面凹陷一二十厘米的空间，用来供奉灶王爷，逢年过节，也要烧香拜拜，祈求万事顺利。

茅司：厕所。一般农家用茅草搭建茅房。

4. 交通类

渡（dòu）船：摆渡载人过河的船。洪湖有水乡之称，河流湖泊众多，洪湖人多伴水而居，交通不便，渡船便成了人们出行的首要方式。

划子：小型的木船，主要靠划桨推动前行。是洪湖地区的主要交通工具。

板车：两轮的木板车，主要用于运送货物。是洪湖地区农业生产、货物运输的主要工具。

三、社会民俗中的方言特色词语

社会是人们在特定条件下结成的相应关系所营造的某种环境。一个人从降生开始，就要接触人生仪礼，从开始的诞生仪礼，到成人礼，再到成年后的婚姻仪礼，最后到离世的丧葬仪礼，生命过程的不同阶段有不同的人生礼仪。

1. 宗族组织中的洪湖方言特色词语

家庭、家族、宗族都是中国传统社会的基本社会单位，家庭或家族是以姻缘和血缘结成的社会组织团体,而宗族是同聚落居住的父系血亲按伦常建立的社会组织,宗族由家庭组成。在中国,以姻缘和血缘维系的家庭组织有着完备的称谓体系,亲属相互之间一般有严格而明确的称谓。而在洪湖地区的亲属称谓方面,有一种明显的以父系为中心的宗族观,由此导致对女性的不重视甚至轻视。洪湖方言词语称谓使用频率最高的便是"爷"了,论家中排行有"大爷""二爷""三爷"以及"幺爷"等,无论男女,这种称谓方法甚至体现在对父母的称呼中,他们称呼父母为"大爷"或"幺爷"。在亲属称谓方面,洪湖地区还普遍存在女性称谓缺失的现象,仅在男性称谓的基础上加大小,以示区别。

姥爹:父亲的爷爷。

小姥爹:父亲的奶奶。

佳姥爹:母亲的爷爷。

小佳姥爹:母亲的奶奶。

爹爹:爷爷。

喇嘛:奶奶。

佳(gā)爹:外公。

佳(gā)喇嘛:外婆。

姆妈:妈妈。这种称呼在20世纪七八十年代比较流行,如今很多人还在使用。

小伯:父亲哥哥的妻子。

老子:姑妈,父亲的姐妹。

2. 诞生仪礼中的洪湖方言特色词语

诞生仪礼是人一生的开端礼。自古以来,人类都非常重视子嗣。一个人出生,要为他举行诞生仪礼,以分享喜悦。这个诞生仪礼可以是之前的求子仪式、孕期习俗,也可以是庆贺生子。在洪湖,求子更多的是个人行为,是不为他人所知的隐晦之事。在庆贺生子部分,尤其重视婴儿满月之礼。

坐月母子:产妇在生产后的一个月内不能做事,不能出门。这期间婴儿须紧傍在母亲身边,不能被抱出户,不能受风吹。

送小足米:在婴儿出生这一天,外婆会送来早已备好的米、酒、红蛋、尿布、衣物等,以表达喜悦与关心。

送大足米:在婴儿满月的这一天,女方许多亲友带着米酒、鸡蛋前来看望新生儿,一起庆贺幼儿的新生。

3. 结婚仪礼中的洪湖方言特色词语

婚姻作为维系人类自身繁衍和社会延续的最基本的制度和活动,贯穿人类发展始终。中国古代重视传宗接代、子孙繁衍,有"合两姓之好"一说,即两个姓氏之间建立联系或社会关系。"男大当婚,女大当嫁。"洪湖的婚俗礼仪,总体上来说是沿袭先秦时代婚嫁中的纳采、问名、纳吉、纳征、请期、亲迎这六礼古习,并在此基础上不断丰富、发展,形成了自己鲜明的特色。洪湖婚嫁一般在"十冬腊正",这与地方农耕作息是息息相关的,此时已过农忙,人们有时间张罗婚事,并有婚事不过正月的说法。俗语也有言:"过了七月半,媒人两头转(窜)。"

管闲事:做媒,由一人充当媒人,联系有意结为亲家的男女双方。

起媒:一年的七月之前,男方去迎接媒人,求媒人找女方家说亲。

四色礼:两包烟,两斤肉,一瓶酒,一封茶。一般用于犒赏媒人,以及在男女双方定下亲事后,祝节之时男方见女方亲戚时送的见面礼。

认亲:七月过半,双方开始忙婚嫁之事。媒人两边说亲,男女双方定下亲事,并开始在双方亲戚之间走动。

祝节:男方提15瓶酒、15封茶去拜见女方的姑舅叔伯,以表敬意。一般是在中秋前后,所以有"八月中秋祝节"的说法。也有"端午祝节"一说,男方带100颗盐蛋、100个粽子会见女方亲友。

订婚:男女双方点头认可,选定婚期,敲定彩礼。

四铺四盖:四床垫絮四床被子,女方嫁妆之一。有钱人家也有"八铺八盖"的。

打家具:女方提前打好新家的所有家具。

杀喜猪:婚礼第一天,男方会选一头家养的活猪,一群人热热闹闹地洗猪、杀猪。农户并不富足,一年到头除了逢年过节,也就只有逢喜事才能有鱼、肉,这一天杀的喜猪,一半留在男方家,一半送到女方家,再邀亲朋好友开酒席。

吹期:杀喜猪的当天晚上,男方会专门邀请两位师傅吹奏唢呐,连续吹奏四天,图个喜庆热闹。

歇(xié)酒:婚礼的第二天,男方开席宴客,盛情款待。由于洪湖交通不便,远方亲朋好友受邀前来参加婚宴,路途辛苦,所以这一天宴请是为了安顿好客人。

正期:婚礼的第三天,是婚礼的重头戏,男方新郎前去女方家迎娶新娘,当天回来完成拜堂成亲仪式。

十兄弟:选男方亲朋好友中的未婚男子并加上新郎共十人,凑一桌状元席,意为大登科。

十姊妹:选女方亲朋好友中的未婚女子并加上新娘共十人,做一桌花桌圆,意为十全十美。

接婆婆:新娘被接到男方家中后,当天晚上派人去"接婆婆",婆媳第一次正式见面,双方贴心交谈。这是非常重要的,关乎婆媳日后相处好坏。

揪脑壳茶:婚礼完成的第二天,新人要向公公婆婆敬茶,寓意新人贤良孝顺。

4. 丧葬仪礼中的洪湖方言特色词语

丧葬是人生礼仪中的最后一件大事。在洪湖地区,老人离世后,由死者亲属卸掉一块门板置于两条长凳上,做一张灵床以安放遗体。

烧落(luó)气纸:逝者直系亲属置一瓦盆于灵床前,在盆中焚烧冥钞或纸钱,意为让亡魂"持币上路"。

净身:俗称"抹汗",打一盆清水,用一方白布帕给逝者擦净躯体,通常以"三袱子"为限,即抹拭时将布帕浸水拧干三次,称"三把"。一把抹头脸,二把抹胸腹,三把抹脚腿,然后给逝者换上新衣。

点灯:用碗盛上菜油,燃上灯草,置于灵床两侧。

哭丧:逝者的亲人陆陆续续来到灵堂,痛哭流涕,最多持续三天。

挂衣料:前来祭奠的亲友所送"祭仪"多为布料,须写好挽签悬挂于灵堂两侧。

面路:开吊期间,请和尚或道士念经做法以超度亡灵。

丧鼓:夜间聘请专门的民间艺人敲打圆鼓守夜,据说可以守护逝者魂魄。

起灵:吊期结束,便抬逝者上路,一般由八名精壮汉子抬灵床送往火葬,往往还须敲烟、破碗。

骨纸棒:由纸制作的骨棒子,由孝子或随行送葬的其他亲友持着,可以扔在送葬的路上,也可以插在坟茔周边。

送山:火葬结束后,把逝者送上山去安葬。洪湖地处江汉平原,并不是真正送其上山,其实就是让死者入土安葬。

圆坟:三日后亲人去坟前祭扫。

写包袱、烧包袱:是祭奠祖先的一种形式。每逢清明节、中元节、春节,逝者亲人都要写包袱、烧包袱。包袱,在这里指后人从阳世寄往阴间的邮包。在包袱背面压着折纸的地方写上"封",代表封口,人们认为这样能保证半路不被别的鬼魂"顺手牵羊"。

作五七：以逝者去世之日算起，亲人在每一个第七日"写包袱"烧给亡者，第一个七日，烧七个包袱，第二个七日烧十四个……到第五个七日，要烧三十五个包袱。

除灵：丧葬结束后，道士写灵挂于家属房屋上檐，一年期满，揭下烧掉。

吊清香：如果头年家里有过世的老人，亲友就在第二年的大年初一或初二前去吊唁，一般是作揖、放鞭炮、插香、烧纸钱。

四、精神民俗中的方言特色词语

精神民俗文化是民众自发产生的神灵崇拜观念、行为和相应的仪式制度。不同时期的精神信仰有所不同，它迎合人们的需要而产生，又随着历史的发展而变化。由于古时人们认知水平有限，从而对占卜、命神、鬼神、巫术等产生信仰或崇拜，这就是迷信。人们求吉避灾，企图通过迷信活动趋福避祸，从精神上得到安慰。洪湖地区就有"上锁"等信仰活动。

上锁：类似平安锁。如果小孩生病总不好，看医生也没有好转，每晚折腾整宿，家人往往会去请师父，师父请神看相，看是否有"关杀"，然后决定是否"上锁"。

关杀（煞）：泛指邪恶病魔，没有特定的说法。

师父：特指洪湖地区特殊的一类人，据说是有菩萨保佑的人。

置锁：师父通过作法，拿一可傍身放置的贴身之物，通常是项圈之类的（材质没有要求），供奉在菩萨面前，类似佛语中的"开光"。

赶合（huó）场：等到小孩12周岁时，就要取"锁"。师父提前准备好纸扎的"衣服""文""纸钱""黄表"，还有几张方桌，到时桌子叠架桌子，四周安置若干瓷碗，摆上阵，师父作法，小孩跟着师父，经过穿桌、穿阵、破碗，"锁"就可以取下了。

五、洪湖常用语中的方言特色词语

民间口头语言，其主要部分是民众集体传承的俗话、套话，内容与民众生活紧密相关，反映了民众的生活状况与价值观念，凝聚着民众的智慧与经验，同时记载和传承着大量的民俗文化。这类民间口头语言分为常用型和特用型,包括俗语、谚语、歇后语、流行语、行话、黑话、暗语、吉祥语、忌讳语、咒语以及绕口令。在此,笔者特选洪湖方言常用型谚语和特用型咒语(咒骂语)进行研究说明。

谚语由民众集体创造,是民众丰富智慧与普遍经验的规律性总结。谚语能生动、具体地反映当地民俗文化内容。洪湖地区也有不少民俗谚语。

老鼠嫁姑娘,灶王爷上天过年:相传腊月二十四这一天,灶王爷要去参加蟠桃会,故民间有送灶王爷上天的习俗。

娘亲有舅,爷亲有叔:爷娘两边都有亲戚,说明洪湖人对于亲属血缘的重视。

香音吃穷人:表示占便宜没好结果,与"天下没有免费的午餐"同义。

豆腐酒败家当:爱吃豆腐、爱喝酒是不好的习气。这句有讽劝和训诫的意味。

打破碗,十年转:在砸破碗之后解围,意为转好运。

咒语:僧、道、方士、巫师等所用法术口诀或套语,它是原始人对语言神秘力量的信仰的延伸和发展,有善意的祝辞和恶意的诅辞。由于现代科学技术的发展与原始信仰的淡化,咒语逐渐在人们生活中消失,日常生活中运用广泛的是祝福语和咒骂语。咒骂语发源于咒语,但已没有原始信仰的神秘色彩。洪湖方言中的特色咒骂语多属恶意诅咒,以期盼对方减寿或死亡来攻击他人,达到解恨宣泄的目的。

倒阳寿:诅咒某人的寿命结束。

抽筋死的:诅咒他人抽筋而死。

做洋火盒子的:诅咒他人减寿。洪湖地区人们认为,与死人打交道的工作会让人减寿。

托生的:投胎转世。佛教宣扬人有来生和轮回投胎。洪湖地区"托生的"一词是恶意诅咒他人立刻死去投胎。

六、结　语

方言与民俗文化是相辅相成、密不可分的。民俗文化是方言词语产生的基础,方言词语反映民俗文化。洪湖物质民俗中衣、食、住、行方面洪湖方言特色词语的阐述,让我们初步了解洪湖衣、食、住、行方面的民俗文化;社会民俗中洪湖方言特色词语反映了洪湖特色的亲属称谓以及诞生仪礼、结婚仪礼、丧葬仪礼等文化;精神民俗中的洪湖方言特色词语反映了洪湖地区人们的迷信思想;洪湖常用语中特有的谚语、咒骂语蕴含着独具特色的洪湖文化内涵。笔者通过对这四方面的洪湖方言特色词语进行收集、列举,考察其民俗内涵,分析了洪湖方言特色词语及其民俗文化。洪湖方言特色词语反映当时的文化状况和不同地域的民俗文化心理,更反映洪湖地区有着不同于其他地区的地理、历史、风俗习惯等,这些都影响着洪湖地区人们的生活,形成了独特的洪湖文化。

解读方言密码
——从婚丧嫁娶词看宜昌方言文化

程 莉

指导教师：盛银花

一、引　言

宜昌，古称夷陵，位于湖北省西南部，东临荆州市和荆门市，南抵湖南省石门县，西接恩施土家族苗族自治州，北靠神农架林区和襄阳市。宜昌不仅历史悠久，而且文化丰富，是巴楚文化发展的重要地带，宜昌的传统文化在楚文化中占有很重的分量。宜昌话属于西南官话方言区成渝鄂西南小片。方言作为汉语的地域变体，是一个地方政治、经济、文化信息的载体，是风俗习惯、群体性格和文化传承等地方文明的百科全书。具有浓厚地域色彩的民俗文化通过方言词语体现，如饮食、地名、服饰、称谓、婚丧嫁娶等都体现着每一个地方不同的民俗文化。有关宜昌方言的研究有许多，如，刘兴策(2010)研究了宜昌方言的语音系统、词汇系统、语法现象。王作新(2003)研究了宜昌方言语词的结构组合与语法特征，王作新(2002)研究了宜昌方言词及其文化意义，以及宜昌方言词汇地方色彩的简识(2013)，他同样对宜昌三峡峡口区的方言词汇和民俗做了探究(2006)；胡海(2002)对宜昌方言"X人"结构做了分析；胡海(1994)对宜昌方言中的儿化现象做了探索；曾立英(2002)对宜昌方言中的"子"尾做了研究；周卫华和杨锦如一起研究了宜昌方言中的体标记(2009)。这些基本上是针对方言与民俗、方言词汇与民俗进行的研究，它们从方言词汇解读人们的思想观念、社会心理、风俗习惯和思维方式，通过方言去发现民俗，通过民俗去研究方言的发展。

以上观点提出的方式大致相同，即观点与例子并举，但都沉迷于对方言词的解释与解读，而忽略自己观点的表达，文章研究下来，更像是方言的名词解释读本，而不是从方言中去解读它所蕴含的民俗文化，不去考究它的由来，也不探究方言词汇所蕴含的民俗对现代社会有何意义。同时，关于地方风俗中的宜昌方言文化也很少。针对这种现象，笔者选择从婚丧嫁娶词探究宜昌方言文化,从民俗礼节探索宜昌方言中所蕴含的独特的文化现象。

二、宜昌方言词汇举例释意及文化解读

各个地方的民俗总涉及方言词语,都是先有某种民俗活动,后有概括其活动现象的方言词语。民俗促进方言词汇的产生,方言又凝结和传承着民俗,记录着民俗(盛银花,2016)。宜昌婚丧嫁娶方言词是宜昌方言词的一部分,同时婚丧嫁娶词又是地方民俗的体现。所以,将宜昌婚丧嫁娶词汇作为解读宜昌民俗文化的突破口,并联系实际,发现宜昌婚丧嫁娶词汇的变化,以及宜昌民俗文化研究和方言文化研究的意义是可行的。

(一)宜昌丧葬方言所反映的民俗文化

在宜昌方言当中,红白喜事统称为"过事",我们先从葬礼的用语讲起。出生是一个人一生的起点,那么死亡就是一个人一生的终点。中国人对死看得特别重。传统的对死者的祭祀、帝王古代墓葬的礼治和规模,以及民间所言"死者为大"这句话所代表的含义,无不体现着中国人对故去之人的尊重。现如今我们一般把人的死亡称为去世,或者含蓄地说"走了",直接一点的会说死了。但是古代对于不同人的死亡的称呼并不同,在古代只有百姓的死才直接称为死,其他有身份的人都有特定的用词,并且在为死者举行葬礼期间的礼仪要求很严格,包括葬礼当中语言词汇的运用,都要符合死者的身份,以表达对死者的敬意。在古代,根据死者身份的不同,对于死的别称所用的词汇也不同。例如,在《礼记·曲礼》中,对不同身份的人的去世就有不同的称呼。

古代帝王去世:驾崩、大薨、山陵崩、大行、登遐、晏驾、千秋、百岁。

未成年而亡:夭逝、夭折、殇。

父母之死:见背、孤露、弃养等。

高龄而死:登仙、寿终正寝。

尼姑、道士、和尚之死:圆寂、坐化、示寂、示灭、登仙、羽化、涅槃。

其他在古籍中出现的死的别称还有:卒、殁、疾终、溘逝、仙逝、弃世、下世、厌世、作古、千古、长眠、安息、隐化、迁神、解驾、遁化、迁化、迁形、捐馆舍、就木、殒命等。

就以吊唁来说,难免提到"死"字,但"死"在这种特定场合是不能直接说

出来的,只能选取与"死"相近的同义词来代替,如去世、过世、逝世、仙逝、长眠、安息、千古、归天、亡、故、卒、殁、永别、永诀、离开人世、寿终正寝、与世长辞,等等。对死于意外事故,叫遇难、丧生;为人民事业而死,叫牺牲、捐躯、殉国、殉职。在宜昌地区,正常死亡的一般称为百年,非正常死亡的一般含蓄地表达为走了。除此之外,宜昌人在举办葬礼时的礼仪用语也具有其独特的地方。下面我们就列举一些主要的特色词汇。

(1)打家业:在举行葬礼的那天晚上,死者的女儿、侄子、侄女,以及娘家人,要请专门的送葬人员敲锣打鼓。所谓打家业,不仅是一项简单的丧礼活动,而且要向人们展示死者的家业。打家业办得隆重,说明死者的家族庞大,家业兴旺,是对死者另一角度的肯定。

(2)大佑室:这是在打家业的时候举行的一种更为隆重、复杂的仪式,需要花费较大的人力、财力。送葬人员以及亲人要围绕棺材正转三圈,反转三圈,既表达亲人对死者的留恋,又希望死去的家人保佑健在的亲人,同时祈求死去的亲人能够一路好走,登上西方极乐世界,在那边过得也好一些。

(3)棺罩、冥巾、记幛子:棺罩,是死者女儿买来搭在棺材上面的;冥巾是打家业的人买的;记幛子是亲人买的布,现在一般都用床单、被套代替。

这是一种传统,是物质不丰厚的年代流传下来的习俗,将这些东西送给死者的家属,用来表达两家之间的情分,表达一种慰问。

(4)孝子回礼:当客人去死者棺材前烧纸磕头、表示哀悼的时候,孝子要跪在旁边磕头回礼,以表示感谢客人对家属的祭奠。

这是在出灵之前死者家属在家里举办的祭奠活动,虽然和其他地区在形式上几乎没什么差别,但是在活动的称呼上,宜昌方言的词汇是很独特的,比如"打家业",在其他地区称为"守灵",虽然活动和代表的寓意是一样的,但是它有宜昌方言的独特特点,这也是宜昌方言文化的独特表现。

(5)出柩:在早上太阳还没出来的时候,送葬的队伍启程,把棺材从家里抬出去。

(6)提斗:在送死者上山的时候,要边走边丢冥币,放鞭炮,买通路上的牛鬼蛇神、孤魂野鬼,让大家行个方便,使死者一路顺畅。希望死者去了另一个世界一切安好。这一般都是由帮忙的人来做。

(7)烧引火:到了下葬的地方,在埋葬死者之前,要在事先挖好的坟洞里烧大火,希望烧去一切污秽,烧去霉运,烧去所有不好的东西。

(8)灵牌子:也就是灵位,由死者的儿子或女儿来拿,走在送葬队伍的最前面。

这里的词汇所代表的是埋葬死者之前的准备工作,"出柩"在其他地区一般称为"出灵"或"起灵","烧引火"是宜昌独有的,其他地区既没有这种活动,也没有这样的词汇。"灵牌子"是宜昌特殊的方言"子"后缀。与此相似的还有小伙子、哑巴子、新娘子、老头子、茶叶子,等等。

(9)打井下室:把坟墓挖得深深的,要宽、要深,阴宅也要和阳宅一样阔气、宽敞。

(10)踩梁:将棺材放进墓室后,女儿和儿子要去踩棺材,然后把冥巾放在上面,用火纸盖上。寓意将死者的房子盖得更坚固、牢实,让死者住得更好,表达亲人的祝福与期望。

(11)圆坟:也就是填土,把棺材埋好后,家人用衣服兜着五谷杂粮往坟上撒。表达家人对死者的祝福,希望死者在黄泉路上不会挨饿。同时放鞭炮,宣布埋葬结束,死者安息。

在其他地区,并不是每个环节有特定名称词汇,而在宜昌方言当中,事项的每一个环节都拥有一个特定的词汇。像"打井下室""踩梁"这两个词,虽然能从字面看出大概的意思,但是又不能完全将其和葬礼联系到一起,这体现了宜昌方言含蓄、委婉的特点。

(12)烧头七:死者去世七天后,家人去坟地烧纸钱、放鞭炮。

(13)烧五七:死者去世五个七天后,亲朋好友会再次聚在一起悼念死者。

(14)叫饭:死者去世后的前三年,逢年过节家人团聚的时候,吃饭前得先叫死去的人喝酒、吃饭,由家里辈分最高、年龄最大的人来叫,叫完之后酒会倒在地上,饭则由叫饭的年长者吃掉。

(15)送亮:大年三十和元宵节的傍晚,家人要拿着蜡烛、纸钱和鞭炮去坟前,点上蜡烛,为死者送去光亮,送去钱财。现在一般用灯笼代替蜡烛。

(16)插青:一般在清明节前就要完成,跟清明节的扫墓很像,但是祭祀品为手工扎成的灯笼样子的纸青。

这是葬礼结束后死者家属进行的一些祭祀活动,用来表达对亲人的思念和敬重。其中也表现出人们对神灵的敬畏,以及迷信的淳朴思想,即使对于去世的人,仍然怕他们吃不饱穿不暖。宜昌丧葬方言具有浓郁的地方特色,用词既直白易懂又不失礼节。在这些词汇中可以很明显地发现"子"后缀和宜昌方言独特的词句结构。

(二)宜昌嫁娶词汇反映的民俗文化

葬礼是每个人都要经历的,它很重要。婚礼并不是每个人都会经历,但是它依旧很重要。在中国人的传统观念中,成家立业、传宗接代是每个人都要承担的责任。这么重要的民俗活动在礼节上当然更加隆重。婚礼属于大喜事,因此在词汇使用方面更加注重文化性,从古至今皆是如此。

我国古代的婚姻礼俗是全国各地婚姻礼俗的骨架,各地虽各具特点,但和传统的婚姻礼俗在大框架上是相同的。在中国古代,人们把婚礼过程分为六个阶段,当时称为"六礼",即纳采、问名、纳吉、纳征、请期、亲迎。

纳采:男方家长请媒人到女方家提亲。若女方家长同意议婚,男方家会正式向女方家求婚,正式求婚时需要携带活雁作为礼物,使人纳其采择之意。《仪礼·士昏礼》中说:"昏礼。下达,纳采,用雁。"

问名:男方家托媒人询问女方的姓名和八字,以准备合婚。《仪礼·士昏礼》中记载:"宾执雁,请问名。"问名的文辞大多是:"某既受命,将加诸卜,敢请女为谁氏?"如果女方同意,就接受礼物。男方家通过占卜测定婚姻的吉凶。只有男女八字没有不合,比较相配,才会进行下一步。

纳吉:就是把占卜合婚的好消息告知女方,古代是用大雁作为礼物,后来逐渐以金银首饰等代替。相当于现在的订婚,俗称送定、过定、定聘。

纳征:男方家将聘礼送往女方家,又称纳币、大聘、过大礼等。古代纳征多以鸟类、兽类作为礼物,上古时聘礼必须用全鹿,后来逐渐简化为用鹿皮代替。崔骃的《婚礼文》中记载:"委禽奠雁,配以鹿皮。"《诗经·召南·野有死麕》中说:"野有死麕,白茅包之。有女怀春,吉士诱之。"描述的就是用野鹿向女孩子求婚的事。因为古代纳聘多以雁为礼,所以送聘礼又叫"委禽"。当然,古代纳征也并非全用鸟兽为礼,像《卫风·氓》中所说的"氓之蚩蚩,抱布贸丝。匪来贸丝,来即我谋",就是以布作为聘礼的例子。后来,纳征的礼仪变得越来越烦琐,成为六礼中礼仪极为烦琐的过程之一。

请期:男方家里选定结婚日期后,准备礼物去女方家里,请求同意结婚的日期。现在民间俗称提日子、送日头。

亲迎:迎娶新娘。其方式、礼节各地各不相同,但是一般是男子亲自前往女方家里迎亲。回到男家后,新郎、新娘共鼎而食,再将一瓠瓜剖为两半,夫妇二人各拿一半,斟酒而饮,谓之"合卺",这就是后来交杯酒的源起。这一过程是婚俗文化中极富民俗色彩的事项之一。

随着时代的发展、社会的进步,我国男女由原来的包办婚姻逐渐转向自由恋爱。而且在婚礼的礼仪方面,随着南北文化交流日益频繁,婚礼的礼俗也逐渐互相影响,宜昌地区也不例外。但是宜昌在其婚礼礼俗与特定的礼仪词汇上,更加具有它独立的体系、鲜明的特点,且在婚礼前期准备中,男方和女方有些礼仪是不一样的,但在婚礼当天,双方礼仪大致相同。

过门:男女确定关系以后,会选个良辰吉日,互请对方以及对方家人来自己家做客,一般就是家长的第一次见面。一是看看对方的品德样貌,二是看看对方的家境如何,两方的父母分别给自己的准女婿或准儿媳妇包红包。

作嫁妆:在女方出嫁之前,女方父母会为其准备好新被子,一般都是准备八份,装进皮箱里。

圆礼:结婚的前一天,男方要带着家里长辈以及伴郎,来女方家里送彩礼。除了礼金之外,还要拿一些礼品,原则也是"不离八",即带八样东西——鱼、肉、饼干、布、烟、酒等,每一样都是双数。回家的时候,男方要把鱼和肉带一份回家。这样做既是讨女方家里的欢心,同时也希望双方家庭在婚姻结成之后都过得圆满、富足、美好。

这是在婚礼之前要做的事情,表现了宜昌民俗中的讲礼节,以及对"八"谐音"发"的重视,所以样样"不离八"。

铺床:新娘子出嫁的前一天要在新娘子家婚床上铺新被褥,婚礼的当天要在男方家的婚床上铺上新被褥,同时在铺好被褥的床上撒上花生、瓜子、枣子、桂圆,以及鸡蛋,寓意早生贵子、白头偕老。而且铺床人的身份也有讲究,一般来说都是妇女,而且是上有父母、下有儿女、配偶健在的妇女。寓意新人接到好运,两个人会早生贵子、白头偕老、儿孙满堂。而且要在铺好的床上放上红包,图个吉利。

丢压箱钱:在女方出嫁时,家族的长辈以及姑舅亲要在准备好的皮箱里面丢钱,金额的多少自己定,一般都为整数,以此来显示对出嫁女儿的不舍,丢的多少可以显示新娘家的经济能力,同时也可以让男方觉得女方比较贵重,要好好对待。所以丢的钱数额越大越多越好。

撞门:结婚当天男方去接女方,其中必不可少的一个环节就是关门藏鞋子。女方亲戚、朋友或者伴娘,会把新娘的鞋子藏起来,目的有两个,一是要红包,二是告诉新郎要将新娘抱走,因为新娘从自己家到婆家的路程中脚是不能落地的。

回门:在结婚第二天,新郎要跟新娘一起回娘家,会带烟、酒、糖、茶等礼品,以感谢岳父岳母,同时拜会结识女方亲朋好友。

哭嫁:就是在新娘出嫁上婚车之前,新娘子要在房间哭泣,一是要表达舍不得自己的父母兄弟,二是嫌嫁妆太少,压箱钱不够,用哭嫁的方式让亲友给更多的压箱钱。

在宜昌所管辖范围内,少数民族聚居区众多。分布最广泛、人口数量最多的当属土家族。土家族的风俗文化和语言词汇具有其独特的代表性,是中国少数民族文化中不可或缺的一部分。哭嫁是宜昌地区少数民族特有的传统。

娶亲:新郎带着伴郎、兄弟姐妹、哥嫂去迎娶新娘。婚车的数量一般为八或者九,图个吉利,而且接到新娘后,返程不能走跟去时相同的路线,寓意不走回头路,要一条路走到底。

迎亲:娶亲的车队回到男方家里,男方父母、亲戚、朋友去迎接。新娘由男方妈妈牵着下车,"手一牵",就要给一千红包。然后新娘由新郎抱进新房。

闹亲:新娘进门的时候亲戚朋友拦在门口,给了红包就让进,图个热闹、吉利。

说四句子:这是宜昌嫁娶习俗中极具特色的习俗之一。在婚房里面,去要喜糖的人要向新娘、新郎说四句子,一般是四个押韵的祝福句子,就跟打油诗一样,如,"门前一棵槐,槐上挂金牌,养儿不读书,官从何处来";"一步跨进新郎房,红漆踏板象牙床,象牙床上鸳鸯枕,一对枕头绣鸳鸯";"一朵花儿红又红,两朵花儿大不同,三朵花儿三个亮,四朵花儿伴新郎。一朵花儿鲜又鲜,插在新郎帽子边,插在左边生贵子,插在右边生状元"。再如,"我兄长啊我兄长,何必忙来何必慌,一见连杯好嘘谎,自古君子坦荡荡,莫等别人瞎比方,五经四书从头讲,你讲孟子我讲天时,父母之心,人皆有之,我说的没得朋友好,各位贵宾莫见笑,婚姻喜事爱热闹,何必人儿生节高"。将所有美好的事物都拿出来说,饱含亲朋好友对新人的祝福,同时图个吉利,沾点喜气。这充分展现了宜昌人民的智慧和淳朴。

宜昌的婚俗步骤分为三个:婚礼前奏曲、婚礼进行时、婚礼结束后。在这三个大步骤当中又分为十二个小步骤,而且每个步骤都有它的特殊词汇。每个词汇都体现着对婚姻的希冀和美好祝福。尤其"哭嫁"和"说四句子"是具有鲜明的宜昌特色的。"哭嫁"是土家族婚俗中独具特色的礼仪习惯,没有"嫁而不哭的人家,也没有嫁而不哭的姑娘"。"哭"既是表达对亲人的不舍,又是女孩子含蓄表现羞涩出嫁的方式。而"说四句子"更加具有宜昌特色,也是宜昌方言中"子"后缀的一种体现。

三、宜昌方言词蕴含的民俗文化

宜昌方言民俗文化是中国文化的重要组成部分,方言是民俗的活化石。

宜昌方言词汇很特殊,它既与四川话和武汉话有很多相似之处,又有它独特的地方。从最早的少数民族,到鸦片战争时期来到宜昌的外国传教士,再到葛洲坝与三峡大坝建设时期的大量移民,这些人均受到宜昌方言的影响,同时他们也在改变着宜昌方言。宜昌方言也就逐渐形成了自己的特征。

(一)宜昌方言蕴含着宜昌人民作为南方人的含蓄、委婉

像丧葬仪式中的"打井下室""踩梁"这两个词,虽然能从字面看出大概的意思,但是又不能完全将其和葬礼联系到一起,这体现了宜昌方言含蓄、委婉的特点。

(二)宜昌方言蕴含着楚文化中的宗法制度

从"打家业""孝子回礼""灵牌子"等词中看出楚文化中的宗法制度。宗法制度最大的特点就是嫡长子继承制,根据血缘亲疏远近来行礼,且男尊女卑思想明显。在"打家业"这个风俗中,就是根据血缘关系亲疏远近来判断需不需要打家业。在"孝子回礼"和"端灵牌"中,有儿子的话一般不要女儿来做,有几个儿子的一般由最大的儿子来做,体现了嫡长子继承制以及男尊女卑的封建传统思想。同时人们也是出于对去世长辈亲人的尊敬、孝顺,为他们举行隆重的送别悼念仪式。

(三)宜昌方言蕴含着对神灵的敬畏以及迷信的淳朴思想

"叫饭""送亮"等词,都是祭拜死者的礼节,人们希望死者能够保佑在世的亲人平平安安,算迷信祈福的一种,可以折射出楚文化中对神灵的敬畏,对去世亲人的尊敬。

(四)宜昌方言蕴含着人民追求安定、美好生活的愿望

"圆礼""圆坟"等词中的"圆"都是圆满、完成的意思,不管是婚嫁喜事,还是丧葬白事,人们都希望可以圆圆满满地进行,这表达了宜昌人民希望生活安定、美好的愿望。

(五)宜昌方言蕴含着宜昌人民含蓄中的直白爽快

宜昌方言在词汇上有一个很明显的特点,即"子"词尾用得非常广泛。比如"灵牌子""四句子"中的"子"都是宜昌特殊的方言"子"后缀,多半都是在名词后面直接加上这个词缀,没有实意,加上这个词缀后词性不改变,词义也不

改变。加上"子",会使词语表意更丰富,时而表现出很亲切的意思,时而表现出很厌恶的意思,这个要根据说话人的语气来判断。与此相似的还有小伙子、哑巴子、新娘子、老头子、猫子、狗子,等等。形成这种语言现象的另外一个重要原因就是宜昌人说话干脆,语速较快,一句话结尾语调基本都是往下降的。宜昌方言的上声和普通话的上声差异较大,普通话的上声是降升调,先降后升,而宜昌方言只降不升;去声则完全相悖,普通话的去声是全降调,而宜昌方言的去声都是升调。用"子"就能很好地解决这个问题。在构词法上,根据收集的婚丧嫁娶方言词来看,基本都为动宾结构,结构简单,通俗易懂,方便理解。这也体现了宜昌人民的真诚淳朴、简单直白。

四、结　　语

　　本文的创新之处就是将宜昌婚丧嫁娶词汇作为解读宜昌民俗文化的突破口,对宜昌方言特殊用语进行解读,解析其中所蕴含的经济的、历史的、人文的、特殊区域的民俗文化。通过对宜昌婚丧嫁娶词汇释义的初步解读,与传统的婚丧礼俗相对比,具体举例,分析了宜昌方言中婚丧嫁娶词汇中所蕴含的文化。这些婚丧嫁娶方言词,或表达宜昌人民的含蓄、委婉,或表达宜昌人民对神灵的迷信膜拜,或折射出楚文化中的宗法制度,或表达宜昌人民对安定、美好生活的追求和向往,或表达出宜昌人民含蓄中的直白爽快。初步解读宜昌方言文化的特殊性,对解读宜昌方言文化和风俗文化具有一定的价值,对楚文化和少数民族文化研究也有一定的意义,同时丰富了中国民俗文化,为中国民俗文化增添风采,保护文化多样性。由于笔者所具备的水平和研究时间有限,方言词语收集、整理不够完整,而且很多特色习俗已经被现代文明同化,少了一些独特的韵味,本文在文化折射上,分析得不够全面,缺乏更深层次的考究。在日后的学习研究中,笔者将更加深入地探究这方面的内容,力求整理得更完整,研究得更透彻。

参考文献

　　[1]刘兴策.宜昌方言研究[M].武汉:华中师范大学出版社,1994.
　　[2]杨崇君.湖北宜昌方言语音特点探析[J].三峡论坛(三峡文学·理论版),2012(5):90-91.

[3] 王作新.三峡峡口区的方言语汇与民俗——构词理据的文化心理观照[J].三峡大学学报(人文社会科学版),2006(3):51-55.

[4] 王作新.三峡峡口区的方言语汇与民俗——节日用语与民俗文化[J].三峡文化研究,2006(1):235-246.

[5] 周卫华,杨锦如.宜昌方言中的体标记[J].三峡大学学报(人文社会科学版),2009(4):61-64.

[6] 王作新.宜昌方言词汇的地方色彩简识[J].三峡大学学报(人文社会科学版),2013(6):47-50.

[7] 胡海.宜昌方言儿化现象初探[J].华中师范大学学报(人文社会科学版),1994(4):108-114.

[8] 王作新.宜昌方言语词的结构组合与语法特征谭要[J].三峡大学学报(人文社会科学版),2003(3):18-23.

[9] 曾立英.说宜昌方言的"子"尾[J].三峡文化研究丛刊,2002:423-429.

[10] 盛银花.方言:民俗文化的传播与书写[J].新闻与写作,2016(11):94-96.

[11] 王作新.宜昌方言词及其文化意义[J].三峡大学学报(人文社会科学版),2002(2):41-45.

楚风汉韵

湖北方言文化资源与湖北文化传播发展研究

湖北方言文化资源与湖北文化传播发展研究这一部分主要关注方言电视节目、新媒体时代方言文化传播、农民工方言文化传播与认同等,成为语言文化与媒体传播相结合的有益探索,也是湖北地方文化建设研究的新的交叉点。

武汉方言词汇在报刊中的应用及对策分析
——以《武汉晚报》为例

吴程文

指导教师:高娟

一、绪　　论

(一) 相关研究综述

报刊是利用纸张传播文字资料的一种工具,起解释、宣传等作用。如今,新闻版面逐渐增多,新闻标题的功能日益强大,新闻标题学也应运而生了。我们不难看到,在竞争激烈的传媒市场,不少地方传媒为了提高市场竞争力、争取更多受众,而在标题中使用一些方言词汇。因此,研究分析方言词汇在新闻标题中的运用情况,并对此进行归纳总结,有重要的意义。

目前关于新闻语言中使用方言的研究有以下三种观点。

李元授、白丁的《新闻语言学》认为新闻标题应当用最准确的语言表达鲜明的语义。所以在面向全国的新闻报道中应当避免使用偏僻土俗的词语,但可以在一些地方性的报纸、电台中正确使用一些当地的方言土语,达到贴近受众实际生活的积极效果。

伍欣、邓渝的《报刊使用方言口语的规范化探讨》则认为,新闻语言应该力求规范。方言在新闻报道中出现虽然能够使新闻报道更加生动活泼,但是我国的新闻语言是以普通话为基础、以新闻报道的特殊要求形成的。

刘红麟的《浅析报纸中方言词大量使用的问题》从语言规范化的角度提出报纸中大量使用方言词汇存在的问题。作者认为报纸中方言新闻词汇使用的大多是作者随意选择的同音、谐音字,在报纸整体呈现的规范汉字系统中显得杂乱无章、难以理解。

(二) 研究思路和研究方法

1. 研究思路

本文以《武汉晚报》新闻标题中的方言为研究对象,结合语言学、新闻传播学、新闻语言学、新闻标题学等相关理论和方法考察报刊的语言现象。此过程中主要采用的是实录法,即对报纸 2016 年 1 月 1 日到 6 月 30 日的新闻标题进行详尽的记录,并借鉴《汉语方言大词典》《武汉方言词典》,以及有关的学术论文等描写和说明新闻标题中出现的方言词汇,从中深入分析标题中方言的使用现状、使用原因及其利弊,并总结报刊新闻标题中使用方言的规律。

2. 研究方法

本文采用描写和解释相结合的方法对出现在《武汉晚报》中的方言进行初步的描写和分析。具体来说主要的方法如下。

实录法:考察和记录《武汉晚报》新闻标题出现的词语,对其进行细致的整理,制成语料库,为撰写文章做准备。

文献考证法:借助相关的文献、资料对语料进行分析和描写。

二、武汉报刊标题中方言词汇的语法分类和典型结构

(一) 方言词汇的语法分类

1. 名词

名词是表示人或事物名称的词语。有时在地方性新闻报道中只有用特殊的方言名词才能够表达清楚一些特色事物。如:

①《"岔巴子"〈杠上开花〉那叫一个热闹》(2016 年 1 月 5 日第 22 版《全娱乐·文化》版块)

"岔巴子"一般指突然打断别人的谈话,并且说的和别人不是一个话题,这是武汉特色方言词汇。用在《全娱乐·文化》这个版块,能突出节目表演给人带来的欢乐。

②《医生取"小肚子"到臀部"填凼子"》(2016 年 1 月 18 日第 12 版《民生·健康》版块)。

"凼子"在武汉方言中有"陷阱、圈套、水坑、土坑"之意。标题用"填凼子"

组成一个短语,和"小肚子"相对,使得标题内容对仗工整,音节更加和谐。

③《小学生玩纸飞机玩出新板眼》(2016年3月10日第12版《民生》版块)。

"新板眼、尖板眼"等在武汉方言中代表"新奇的事物"。

2. 动词

动词是表示人或事物的动作、存在、变化。一个生动的动词可以起到画龙点睛的作用,不仅能够使标题更加形象,而且更容易为大众所接受。如:

①《老汉晨练顺走价值上十万健身器》(2016年1月7日第10版《事件·城事》版块)

"顺"表示不用费力地一伸手、顺便拿走。与"偷"相比,有一层"顺手牵羊"的意思,更加准确、生动。

②《居民"做旧"新违建阁楼蒙城管》(2016年1月15日第7版《事件·城事》版块)

"蒙"是蒙骗的意思,常指给人摆迷魂阵,使人神魂颠倒,忽忽悠悠地落入设好的圈套里。

③《"隔壁老严"10种方言咵家常》(2016年1月22日第16版《文体新闻》版块)

"咵"在武汉方言中常用于"咵天"。咵言在湖北方言中指言过其实、漫无边际地聊天,和"聊家常"比起来,"咵家常"更生动。

④《端午节前不少市民被粽子"撂倒"》(2016年6月10日第16版《文体新闻》版块)

"撂倒"的基本释义是摔倒、弄倒。在方言中指的是放倒,灌醉使起不来。

3. 形容词

形容词是表示人或事物的性质或状态的一类词,在新闻的地方性报道标题中使句子表意更加生动、准确。如:

①《阳光明媚 高速岔着跑,景区有点堵》(2016年2月5日第29版《新春宝典》版块)

"岔"是指不管不顾地做某事,《武汉晚报》中经常出现这一词,例如"'汉马'选手可'岔倒'呼吸》(2016年04月10日第3版《汉马快乐跑》版块)。

②《主张节俭的幺女儿竟被指"不孝"》(2016年4月28日第11版《事件·城事》版块)

"幺"在方言中表示排行最末的,如幺叔、幺妹、幺儿等。

4. 代词

代词是代替名词、动词、形容词、数量词的词,可以分为人称代词、指示代词、疑问代词三类。在搜集到的语料中,标题中运用疑问代词"啥""咋"所占的比重最大、词频最高。

《有啥说啥》(2016年3月2日第21版《时评》版块)

其中"啥"是代词,有"什么、啥子、什么东西"的意思,这在全国是通用的。

5. 副词

副词是指在句子中表示行为或状态特征的词,用以修饰动词、形容词、其他副词或全句。武汉方言的副词主要有蛮、冇、莫,极具特色。

①《如此垂钓　蛮危险》(2016年1月18日第8版《事件·法治》版块)

"蛮"在武汉话中的意思是"很、非常"。武汉方言口语中经常能听到"蛮有味、蛮好"等。

②《"四大"颈肩腰腿痛信号千万莫忽视》(2016年5月17日第12版《民生·健康》版块)

"莫",意为"没有,不,不要"。在新闻标题中"莫"出现得也很频繁,如《两天半休假莫让休息权"贫富分化"》。

(二) 方言词汇的典型结构

由于方言词语的使用环境相对固定,常以整体形式出现,而且句子加上短语之后的表达效果更传神,新闻标题中短语所占的比例也很大。如:

①《凌晨遇到赶路人麻烦"带一脚"》(2016年1月22日第6版《+9℃行动》版块)

②《名家名段让戏迷过足瘾》(2016年1月24日第14版《体育·竞技》版块)

③《男子插队还抖狠自称犯过事》(2016年3月19日第16版《事件·城事》版块)

④《遇"扯皮"可找洗染业质量鉴定中心》(2016年3月27日第11版《事件·城事》版块)

⑤《活泼男伢不堪重压成"闷坨子"》(2016年4月4日第10版《民生·科教》版块)

⑥《担心婚礼遭"整蛊"伴娘临时"撂挑子"闺蜜让新娘和男方签"禁止闹婚协议"》(2016年4月6日第6版《事件·城事》版块)

上面几例中"带一脚、过足瘾、抖狠、扯皮、闷坨子"等短语都是在武汉老百姓日常生活中总结出来的,带有浓厚的"汉味",具有深厚的群众基础。它音音相承,在武汉人中形成了约定俗成的意义,甚至很多只可意会、不能言传,很难用准确的语言解释。正确使用方言词汇,可以使新闻标题的语言别开生面、精确生动。将俏皮、辛辣的方言运用于新闻标题制作中,可增强新闻作品的趣味性、贴近性,让受众喜闻乐见。同时,这类新闻也拥有更为丰富的新闻线索来源,使节目制作起来更为方便快捷。

三、武汉报刊标题中方言词汇的使用特征和原因分析

(一) 方言词汇的使用特征

翻阅报纸时,我们不难发现新闻报道中会经常使用一些方言词,这种现象无论是省报还是地方报纸都有出现过,而地方都市类报纸出现的频率会更高,以《武汉晚报》为例,含有方言的新闻标题主要有以下特征。

1. 从词类看:方言词中以名词为主

语料中出现的方言词以名词为主,并且其中人称名词居多。在108条语料中,总共出现了71条名词语料,占到了65.7%。名词中,伢、爹爹、婆婆、太婆都是常见的武汉方言词汇,词频很高。

2. 从版面看:以民生栏目为主

从报道内容的角度对新闻进行分类,可以分为社会新闻、时政新闻、娱乐新闻、经济新闻、科技新闻、体育新闻等,而《武汉晚报》中社会新闻占据主导地位,尤其是在《事件·城事》版块出现频率最高,这一版块的新闻内容大多以民生信息为主,节目定位契合新闻本土化、地域化趋势的发展需要。晚报类报纸主要报道的就是人们的社会生活和老百姓喜闻乐见的事情,因而在标题中使用较多的方言词汇,以吸引受众的阅读兴趣。

3. 从出现位置看:新闻标题中使用方言词的概率大于正文

这种现象正能说明,标题中方言词的使用是记者为了拉近与受众的距离而进行的有意识的选择。当前,信息的来源渠道众多,寻找一种与受众拉近距离的方式成为各媒体尤其是地方媒体的当务之急。方言成长于特定环境中,它承载特定地域的厚重历史和文化,体现了民间语言凝练、生动和富于表现力的特点,和人民群众是天然亲近的。在新闻标题中出现方言词汇,更容易让受众体会到亲切感,从而更愿意去了解新闻事件。

（二）报纸标题使用方言的原因分析

1. 地方报纸标题方言化的核心成因——市场竞争

地方报纸方言化的最主要原因在于，报社有意营造地域特色，提倡和强调使用方言。这是由于地方报纸的核心竞争力之一就是新闻的本土化，各种地方报纸都倾向于运用各种手段来展示其本土风格。正如上文所讨论的，方言和人民群众是天然亲近的，在新闻中使用方言可以增强受众与报纸的亲近性，吸引受众的眼球。

当今是市场化的时代，众多报社想要在激烈的竞争中脱颖而出，必须了解更多的受众需求。而作为新闻的"眼睛"，标题理所当然地成为报社重点包装、打磨的对象。这正是地方报纸标题方言化的重要影响因素。

从受众的角度来看，在"信息爆炸"的时代，人们获取信息的渠道越来越多，面对纷繁芜杂的信息，人们往往是根据自身的个性和需要选择性地接收。有个性的、有特色的信息更容易吸引受众注意力，赢得更多的受众。

2. 新闻标题自身的要求——用语通俗、简洁、回味无穷

有研究表明，在受众获取信息的过程中，来自标题的信息占75％，因此在新闻制作中有"三分内容、七分标题"的说法。一方面，以通俗、简洁、传神的语言交代新闻的主要内容，是新闻标题的第一要旨。在地方性新闻报道中，有时只有用特殊的方言名词才能够表达清楚一些特色事物。如标题《医生取"小肚子"到臀部"填卤子"》中"填卤子"的表达就更加准确。一些方言词语为受众所熟悉，运用在标题之中就能起到亲切而新奇的效果，符合受众心理，使受众对新闻产生浓厚的阅读兴趣。

另一方面，方言词汇的运用满足了新闻标题感染力强、冲击力强的要求。方言词汇一般是受众耳熟能详的，用于标题中通俗、简洁、传神，让人耳目一新。

3. 新闻标题方言化文化心理透析

方言词汇运用于标题有着深刻的社会文化和大众心理因素。在新闻标题中运用一些地方方言乃至流行语，表现出人们求新立异、推崇时尚的心理，大众化、娱乐化的审美情趣，以及开放、包容的自信心理。

人们在使用语言的过程中，有着求新立异的心理，喜欢接受和使用新潮、时尚的语言，因此，在通过报纸标题确定自己需要的内容时，不是受众简单被动地接受，而是一个被主动选择和吸收的过程。

①《曾经那么"拽"的文章，如今这样"乖"》（2016年1月7日第20版《全

娱乐·星赏》版块）

②《摇滚老炮帮唱不给力》（2016年4月9日第1版头版）

③《电视上常看到的大咖们都来了》（2016年4月12日第17版《全娱乐·文化》版块）

例句中的"拽""老炮""大咖"都是地方方言，在日常使用时为年轻人所喜爱，具有流行元素，正是人们追求新异、时尚的文化心理的展示。这些地方方言让标题别具一格、生动新颖。

四、武汉报刊标题使用方言词汇的利弊分析和策略

（一）报刊标题使用方言词汇的优点

1. 从传播角度——增强新闻的生动性、形象性、浅显性和丰富性

首先，方言产生于人民群众，并在百姓中广为流传，它连接的是口语交际，风格主要体现为言简意赅、亲切平易、交流感逼真。在新闻标题中运用方言词汇能够使形象生动、明白。有时，方言词汇中丰富的联想和比喻风趣幽默，说起来音韵和谐、朗朗上口。如《"岔巴子""嘎巴子"要挑战武汉人的"笑神经"》（2016年1月26日第17版《全娱乐·文化》版块）。

其次，在信息爆炸的今天，更新颖独特的传播方式才易于引起受众的注意，拉近与受众的距离。个性化的传播是现代传播的必然趋势。活用方言词语达到的修辞效果既符合表达需要，又能融入些许风趣幽默的生活气息。如：

①《酒麻木"幡然醒悟"醉驾追妻》（2016年2月27日第15版《事件·城事》版块）

②《老人为3棵"树伙计"找新家》（2016年3月19日第17版《事件·城事》版块）

③《老农一个"大屁股蹲"摔断尿道》（2016年3月19日第18版《民生·教卫》版块）

以上几个例子分别用了口语中的"酒麻木""树伙计""大屁股蹲"，代替普通话中的"酒鬼""大树""臀部"，具有浓厚的生活气息。方言凝聚着民间用语的智慧，具有浓郁的生活气息，表达特殊的情感，更加贴近人们的生活。

2. 从表达角度——方言词汇能够填补普通话词语的空缺

社会现象是复杂纷繁的，有些现象，方言里已经有了表示其概念的词，而

普通话里尚难以找到对应的词语,这样的方言词就有可能被运用到标题中,以填补普通话词语中的空缺。譬如近年来服务行业中有种现象——以报低收高或超价收费的方式敲诈顾客,南方人称之为"斩",北方人称之为"宰"。

3. 从文化角度——传承本土文化,提高人们对所在区域文明的认同感和了解程度

传播学中的选择性定律认为,受众更倾向于理解和接受与个人既有的经历、相似的信息。方言作为一个地域文化的载体,合理运用于方言节目中,有助于当地的文化建设。

(二) 报刊标题使用方言词汇的弊端

1. 方言运用造成语言的扭曲——影响普通话的规范地位

我国繁杂的方言是各地区人民交流的主要障碍之一,为适应现代化、信息化、标准化的需要,国家非常重视普通话的推广,在语言文字规范方面采取了很多措施,《中华人民共和国国家通用语言文字法》中明确规定:汉语文出版物应当符合国家通用语言文字的规范和标准。我国大众传媒的传播语言是以规范的语言文字为基础发展起来的,方言一旦进入大众传媒的传播语境中,便会不可避免地受到标准语的影响。通常方言特征越明显的部分越容易受到影响,结果就造成了语言的扭曲。

2. 方言具有固定的缺陷——题材和传播范围有局限性

第一,方言具有表达困境。方言本身的地域化和口语化决定了方言新闻报道内容题材和传播范围的局限性,它不像传统标准语新闻那样可以包罗万象、无所不及。运用含有方言的标题报道关系衣食住行、民生民计的内容,可以取得很好的修饰效果。但是对于一些重大严肃题材,诸如关于国家方针政策的宣传、会议报道、经济报道等,使用方言就会有损文章的严肃性。

第二,方言是"说"的语言。相对于有声媒体来说,纸质媒体很多时候无法找到与之对应的特定文字系统,导致记者在进行新闻报道时,很可能找不到适用于方言词的汉字。方言研究学者林有盛先生指出:方言的书面形式一般都是以约定俗成的为准,但有相当一部分词汇在方言研究界还没有形成统一意见。为了能够表音,有些新闻工作者运用谐音、同音等方式将方言书写出来,一些未规定的方言词如果出现在报道中就让人难以理解,并且显得杂乱无章。

3. 方言运用会伤害一部分受众的情感

方言新闻一定程度上照顾了地域性受众的语言感情需要,但与此同时,会不自觉地伤害非本地方言区受众的语言感情。武汉作为省会城市,有着大量的外来人员,方言出现在新闻中无疑对这些受众理解新闻造成了困难。因此,在城市化背景下,一些难懂的方言容易造成外来人员的理解障碍,也限制了其在非本方言地区的传播影响力。

(三) 报刊标题使用方言词汇的策略

推广普通话是我国的一项基本语言文字政策。如果在标题中滥用方言,势必会加深方言与普通话的隔阂,并且造成阅读障碍。但是,一味的对立普通话词汇和方言词汇也是不可取、不现实的。报纸标题中既不可能也不应该完全排斥方言词,而应适当地使用方言词,以增进标题表达的准确性、严谨性和生动性。

笔者认为在报纸标题中使用方言词要做到以下几点。

1. 根本尺度:社会责任感

新闻工作者要对报道中出现的每一个方言词负责,要确切地知道该词的含义、色彩、适用范围等,保证该方言词的准确和得体。这要求纸媒行业更加严格地把握尺度,不可因为追求阅读量和发行量而滥用方言词。

2. 基本前提:以新闻语体为本

报纸编辑和记者们对信息进行加工时应当恪守新闻真实客观的本质要求,在通俗平易中应当坚持语言的简洁性、准确性。在新闻语体中运用方言词汇应当遵循以下两点。

(1) 方言词汇的运用要视报刊类别、新闻内容而定。

全国性的新闻报刊使用方言词汇容易造成一些地区的读者理解困难,新闻工作者应该统一规范用语,尽量避免使用方言词汇。与此相对应,都市类、晚报类报纸常报道一些地方性的逸文趣事、影视文艺消息等,而较少发表政论性的文章,为了取得较好的表达效果,可以根据不同报纸的体裁适度适量地使用方言。

(2) 不能影响新闻的可信度。

很多情况下人们的主观意愿先入为主,让新闻报道失去了权威性和真实性。也就是说,新闻中运用方言词汇要符合语言的普遍性、明确性、正确性、准确性、逻辑性、可理解性、科学性、纯洁性、健康性等要求。

3. 出发点:以人为本,方便受众对信息的理解和接受

在新闻中运用方言词汇不是为了哗众取宠,不是为了突出个人,更不应该离开新闻的真实性。运用方言词汇时要立足于内容本身,以受众为出发点,找到与生活息息相关的切入点,以这样的视角来采集信息、编写新闻、分析事实,这样才能真正地获得关注。切忌一味运用方言来迎合读者,将关注点放在语言形式和宣传手段上,而忽略新闻最本质的特点。

运用方言词汇应该照顾到不同受众层次,根据方言词汇通行范围的大小以及人们的理解程度,可以将方言词分为以下三类。

第一类,仅仅在某个地区使用的地方方言词。这些词在当地传媒的新闻标题中使用应当慎重。否则会使受众与新闻隔离,从而妨碍新闻信息的传递。

第二类,由某一地区推广开来逐步进入其他地区,但还没有被吸收进入普通话的方言词。这种方言词已具备较普遍的受众基础,在当地传媒的使用上是没有问题的。

第三类,从方言里吸收进入普通话的词。既然这些词已经进入普通话词汇,已不存在规范性问题,可以选用易于理解的词语,必要时加以注释。

4. 选用技巧

(1) 选择那些大家普遍使用的、易于理解的方言词。

在语言交际中,各种方言与方言、方言与普通话之间总是相互影响的。科技的发展、交通的便利使各地区相互间的语言交流更为频繁和便利,这就使得一些方言词能突破一定地域的限制,在更广大的范围内被普遍使用。这样的词或词组,便可以采用。如:

①《有啥说啥》(2016年3月2日第21版《时评》版块)

②《豪华跑车进藏为啥会"搁浅"》(2016年4月5日第11版《双V新闻》版块)

(2) 选择那些可以使人望文知义的方言词。

方言词如果有与普通话同义词相同的基本成分或主要词素,就容易被人们理解,采用这样的方言词,方言区以外的读者可以望文知义,不致发生误会。比如,在标题中运用一些武汉方言中的名词:

①《彩民爹爹冒雨兑奖 不料摔出"连枷胸"》(2016年6月3日第16版《民生·健康》版块)

②《油锅起火爹爹用水灭火反酿火灾》(2016年2月29日第1版头版)

③《78岁的张太婆不开胸换主动脉瓣》(2016年3月1日第11版《民生·资讯》版块)

(3) 对有些方言词,特别是不易被读者理解的方言词,在采用时还要做必要的解释。

如《担心婚礼遭"整蛊"伴娘临时"撂挑子"闺蜜让新娘和男方签"禁止闹

婚协议"》(2016年4月6日第6版《事件·城事》版块)一例中"撂挑子"一词不容易被读者理解,在文中可注明解释。

五、总　　结

在竞争激烈的传媒市场,不少地方传媒为了提高市场竞争力,争取更多受众而在标题中使用一些方言词汇。以《武汉晚报》为例,新闻标题中含有的方言词类以名词为主、版面以民生栏目为主,并且出现在标题中的概率高于出现在正文中的概率。地方报纸方言化的最主要原因在于,报刊有意营造地域特色而提倡和强调方言的使用。口语词汇产生于人民群众,并广泛运用于人民的生活当中。在新闻标题中运用方言词汇不仅能够增强新闻的生动性、形象性、浅显性和丰富性,而且能填补普通话的空白。同时,新闻报刊在选择方言词汇时应选择普遍的、易于理解的方言词语。

方言广播节目的地域文化安全意义研究
——以武汉方言广播节目《好吃佬》为例

芦珊珊

在文化全球化和大众文化、主流文化受到人们高度重视的今天,为地方社会经济和文化发展提供巨大推动力的地域文化也受到了越来越多的关注。包括广播在内的许多大众媒介都涌现出不少方言类节目,对维护地域文化安全起到重要作用。20世纪90年代以来,包括广播在内的许多媒介自发播出了大量的方言节目,展现出极强的生命力。以湖北楚天交通广播的武汉方言节目《好吃佬》为例,其收听率长期雄踞同时段广播节目榜首。该节目在2013年度被评为全国广播美食十大品牌节目,在2014年全国广播电视民生影响力调查中获评生活服务类"全国十强栏目",并进入全国最具特色省级广播栏目榜单。本文主要以《好吃佬》节目为例,分析方言广播节目对维护地域文化安全的重要意义。

1. 提升地域文化地位,增强文化自豪感

所谓"地域文化"是指在一定空间范围内特定人群的行为模式和思维模式;而不同地域内人们的行为模式和思维模式的不同,便导致了地域文化的差异性。方言作为地域文化的代表之一,包含了很多地域文化信息,有深厚的地域文化底蕴,被誉为"一张意蕴丰富的地域'文化牌'",积淀了方言使用地区人们世代繁衍生息而产生的充沛情感和特殊的思想行为模式。

方言广播将当地人们经年累月使用的语言公之于众,使人们在普通话占据绝对主导地位的大众传播媒介中找到自己文化的表达方式,无形中提升了地域文化的地位,也让人们产生了对方言和本地文化的自豪感。方言是地域文化的载体。一般来说,方言节目活跃的地区大都具备几个特点:经济发达,文化厚重而活跃,自然条件优越,生活悠闲而富足。而生活在这种环境中的市民,无不对自己的家园产生自信甚至自恋。可见,方言节目的生命力与地方社会的经济文化发展息息相关。方言节目发展较好的地区,对本地方言有着强烈的认同感,如北京、上海、广东,以及许多省会城市,同时也对当地的经济文化信心十足,反之亦然。

在普通话占据主流文化宣传阵地的今天,方言不仅是一种表达思想感情的工具,更是一种情感维系。"少小离家老大回,乡音无改鬓毛衰",方言记录了一个人最初的成长,并伴之一生。然而,许多人站在我国法律和大众传媒对语言文字规范化责任的角度对方言节目予以驳斥,甚至认为方言所代表的狭隘的地域文化观最终会威胁到人们对国家和民族的认同。同时,普通话使用范围的扩大,也让许多家庭在教育下一代的时候放弃了方言。方言这种蕴含着华夏民族诸多积淀与传统的文化符号逐渐被边缘化,并被打上"落后""土气""逗乐"等烙印。但我们也可以看到越来越多方言节目开始涌现,让方言也逐步登上"大雅之堂",地域文化也开始在公共文化领域获得认同,并产生了进一步争取主流文化地位的诉求。方言节目不仅把方言的元素融入了节目,而且用方言等媒介符号生产、复制了长期以来处于"亚文化"状态的本土文化,是地域文化通过大众媒介的平台寻求自我认同和自我提升的价值诉求和利益反映。方言广播节目与其他类型的方言节目相比,容易让听众仅仅通过语言就产生地域认同感和自豪感。对于一些经济和文化正处于飞速发展地区的本土居民而言,这样的感觉更加强烈。

《好吃佬》用武汉方言播出,偶尔夹杂普通话。三个固定主持人和偶尔来客串的主持人、嘉宾一起,用地道的武汉话介绍美食、互相调侃,嬉笑怒骂间把本土饮食文化用方言阐释得淋漓尽致。节目不仅很好地展示了方言、饮食的魅力,而且增强了本土居民对地域文化的自信心和自豪感,收视率和口碑都非常不错。

2. 为地域文化提供传播阵地

广播媒体在相当长的历史时期内以其独特的优势活跃在神州大地上,后来由于电影、电视等媒介的出现,广播的地位受到挑战。然而,近些年来,面对新媒体对其他传统媒体的大力冲击,广播却一枝独秀地保持着稳定的市场份额。赛立信媒介研究公司调查数据显示,2015年广播听众超过6.5亿,与前几年基本持平。同时,随着全国车辆保有率的持续攀升,广播因其唯一非视觉媒体的特性和伴随性特征,在未来相当长一段时期内都有非常乐观的市场基础,方言广播节目也会持续成为地域文化传播的一块宝贵阵地。

赛立信媒介研究公司发布的数据显示,市县级电台,也即本地电台,在本地市场占据明显的优势,并且这种优势还在进一步扩大。最重要的原因就是市县级电台的广播节目充分发挥了区域化、本土化的优势,传播了本地听众易于了解的文化内容。方言广播节目通俗化、平民化和生活化,更容易让听众产生共鸣和获得亲切感。

各地的方言广播节目大多遵循着个性化与本土化相结合的思路。本土文化是传播的基调,但在具体的文化类别选择上却各异其趣。《好吃佬》选取饮食文化为地域文化的代表,以介绍武汉及周边地区的饮食为主,突出地方特色,生活气息浓厚。每个地区在长期的历史发展过程中,因为自然条件、人文风尚的不同,形成了特殊的饮食习惯和味觉倾向,逐渐演变为一种独特的文化现象。武汉地处中原,饮食文化特别丰富。"才饮长沙水,又食武昌鱼"中的"武昌鱼","塔影钟声映紫菘"中的"紫菘"即洪山菜薹,还有户部巷小吃、老通城的豆皮、四季美的汤包、蔡林记的热干面、小桃园的煨汤……个个都能吊起人的胃口。节目播出正值下班高峰和晚餐时间(17:00—18:30),坐落在城市各个角落的美食极易引起大家的共鸣。节目还非常注重时效性,每一时期会有专题介绍武汉本地的时令性饮食和食补养生诀窍,给听众本土化、贴近性的生活服务,浓郁的地域文化气息扑面而来。

3. 增强地域文化的辐射力和影响力

中国的城市化进程不断加快,大量外来人口涌入城市,为城市带来新鲜发展血液的同时也带来了各种方言和文化传统。

目前我国人口流动的趋势是落后地区向发达地区迁移。据估计,到2025年,在城市中居留的流动人口将增加2.4亿,再加上选择在非出生地安家立业的人口,总数更加惊人。这些外来人口从心理上希望能够尽快融入新的城市和新的地域文化。许多人都有了解甚至学习当地方言的需要。一档广播方言节目就如同一座有声的地域文化博物馆,向听众讲述着地域文化的前世今生和方方面面。使用同一种方言的人更容易拥有相似的人文精神、文化理想和审美情趣。对于外来人口来说,方言节目就是一个城市文化形象的代表,是他们了解当地文化的一个直观的窗口,也是学习方言的一个极佳途径。正因为此,方言广播节目也要照顾到外来听众,不能让方言成为"墙",将外来人员隔离于本土文化之外;而应该充分发挥"桥"的作用,让方言广播节目成为外来人口了解、熟悉、接受本地文化的桥梁。

武汉坐落于九省通衢的湖北省,自古以来就是水陆交通要道,不断吸引着八方来客。而今,武汉作为中国中部地区最大的城市,经济文化飞速发展,聚集了数量庞大的外来人口。《好吃佬》作为交通广播台旗下一档美食类方言节目,在目标受众上进行了三层划分:驾驶员或者希望了解实时路况信息的人;能够听懂并接受、喜欢方言广播的听众;喜爱美食、乐意了解各类美食资讯的"好吃佬"。其中,"好吃佬"是最有价值的目标受众。民以食为天,不论哪里来的人都有对美食的兴趣。《好吃佬》在宣传武汉方言、本地饮食文化的同时,也通过优秀的、具有吸引力的节目内容,让更多外来人口从认同武汉方言到认同武汉饮食文化,因而逐步认同武汉的地域文化,增强了本土文化的辐射力和影响力。

4. 促进地域文化拥有多样化传播手段

地域文化具有相对的稳定性,但也不是固定不变的。任何一种地域文化都无法在真空中发展起来,都需要与其他文化进行交流融合,同时紧跟时代潮流,不断增加新的因子。方言广播节目通过不断完善内容和传播方式,使得地域文化拥有不断成长的实质内容和表达空间,增加了文化的曝光度,让文化以更加多样化的形式传播,保障了文化的安全。

全媒体时代,方言广播节目通过与各类媒体,尤其是新媒体合作,为地域文化争取更多的表达空间。《好吃佬》节目在发展中充分利用了电视、出版和互联网这三类媒体与广播节目进行融合。首先,在电视方面,《好吃佬》选择与湖北经视合作推出了电视版《好吃佬》,深度挖掘湖北地区最具特色的餐饮文化,展现荆楚美食背后的真情故事和人文关怀。电视节目的主要主持人和内容特色都与广播节目一致,很好地弥补了广播节目无法亲见美食的遗憾。其次,节目每年年终都会推出《好吃佬导吃黄页》,内容涵盖"吃在江城""四大食圈""幺子角""家常菜新做法""众"亲"侃美食""陈阳(节目主持人)侉美食""中国烹饪大师"等版块。黄页既作为节目礼品回馈忠实听众,又在武汉三镇售卖。听众再也不用担心稍纵即逝的美食信息难以再现了。最后,《好吃佬》充分利用互联网平台,主持人都开通了以节目和自己节目中的昵称命名的微博,在节目播出的同时与听众保持充分的互动,鼓励听众通过网络参与话题讨论,回答各类问题,很好地克服了单向传播导致的听众参与感不强等问题。即便在非节目时间段,主持人也会经常在网上发布与美食相关的信息。为了更好地适应移动互联时代的发展,湖北楚天交通广播于2014年推出了移动客户端软件"路客",其中一项主打内容就是由《好吃佬》节目提供的美食推荐。这样一来,《好吃佬》的听众进一步成为观众、读者和网友(包括移动互联网友)。不同媒体的受众实现了多重身份转换,增强了广播节目本身的影响力,也让本土饮食文化得到了更好的传播。

总而言之,方言类广播节目从某种程度上自觉扮演着地域文化传承者的角色,播出了许多具有浓厚地方特色、反映地域风情、展示地方发展成就的节目内容,为维护地域文化安全贡献了力量。

论网络传播对湖北少数民族民俗文化的传承和发展①

周 敏 夏月清

湖北少数民族民俗文化主要由在湖北境内形成聚居地的土家族、苗族、侗族、回族、白族、蒙古族等民族的民俗文化组成。随着工业化和全球化时代的到来,传统的民俗文化受到影响,工业化、农业人口外流、移民和环境恶化等一系列因素都对传统民俗文化的传承发起了挑战,保护并传承传统民俗文化是当务之急。湖北民俗文化繁荣多样,利用网络推动其传承、发展,有着重要的意义。

一、网络传播环境下湖北少数民族民俗文化的传播现状

湖北有55个少数民族,据第七次全国人口普查数据显示,截至2020年11月1日,湖北省少数民族总人口为277.11万人,占全省总人口的4.80%。现有一个少数民族自治州(恩施土家族苗族自治州)、两个少数民族自治县(长阳土家族自治县、五峰土家族自治县),民族区域自治面积达3万平方公里,占全省总面积的1/6。②

(一) 报纸、广播、电视、电影等传统媒体起到重要的传播作用

报纸在传播少数民族民俗文化中起着不可替代的作用。在恩施土家族苗族自治州本地发行的报纸,主要由《恩施日报》和《恩施晚报》承担起传播本土文化的重任。此外,广播对于当地文化、信息的传播依然起着巨大作用,主要的广播电台有恩施人民广播电台、五峰人民广播电台、长阳人民广

---

① 本文发表于《新闻与写作》,2017年第9期,第99-101页。
本课题是2015年度湖北省高校人文社科重点研究基地湖北方言文化研究中心科研开放基金一般研究项目《网络时代湖北少数民族民俗文化的传播与发展研究》(项目批准号2015FYY011)的成果之一。

② 中国政府公开信息整合服务平台网址: http://govinfo.nlc.gov.cn/hbsfz/xxgk/hbsmzzjswwyh/201210/t20121029_2945459.html?classid=464

播电台。

传统媒体中,电视、电影的传播效果最为显著。各县市州的电视局通过创办民俗文化节目或电视剧等传播民俗文化。恩施广电局依托民俗文化办的节目《幺妹带你耍》,融合了相亲、美食等民俗元素。而长阳《土家讲坛》电视节目也是介绍土家族文化的电视节目。电视剧《血誓》展现了婀娜旖旎的鄂西风光和独特质朴的土家风情。电影《妹娃要过河》呈现风光绮丽的清江山水、土家传统的民居吊脚楼、热情奔放的土家歌舞,充满了浓郁的鄂西地域风情。还有本土电影《我不是贼》,也表现了土家吊脚楼群里的土家儿女生活、土家八宝铜铃舞、土家特制腊肉等。

(二) 网络传播为湖北少数民族民俗文化的传承和发展带来机遇

网络技术的飞速发展,虽然给传统媒介带来一定的压力,但是也促使其不断创新;网络传播虽然颠覆了原有的传播环境,但是也推动了媒介融合时代的到来。网络传播让我们看到了少数民族民俗文化传承和发展的希望,我们应把握机遇,充分发挥网络传播的力量。

1. 网络传播扩大了湖北民俗文化的传播范围

湖北的少数民族大都分布在鄂西南地区,受地理条件和经济条件的限制,这些地区长期处于封闭状态。互联网技术的发展,促使传播范围扩大,让民俗文化打破地域限制,走出当地,走出湖北,走向全国,走向世界。

2. 网络传播推动了当地民俗文化产业的发展

随着网络传播的深入,越来越多的民俗文化被传播出去,越来越多的人了解民俗文化,也使湖北少数民族地区民俗文化旅游业逐渐兴起,越来越多的民俗文化旅游景点被开发出来。

3. 网络传播增强了人们保护民俗文化的意识

网络传播使越来越多的人参与到文化传播活动中去,人们接触到越来越多的民俗文化,了解更多民俗文化的历史和内涵。随着民俗文化认同感的增强,人们也开始慢慢认识到保护和传承民俗文化的重要性,保护民俗文化的意识也不断增强。

二、网络传播在湖北少数民族民俗文化传承和发展中存在的问题

（一）未能充分发挥网络传播的特性

网络媒体包括互联网、手机媒体、网络电视等多种形态，其基本技术特征是数字化，基本传播特征是互动性。网络传播具备信息量大、传播速度快、多媒体表现形式、超文本信息结构、双向沟通等特性，少数民族民俗文化传播应充分发挥这些优势：一是互联网能够使用户共享全球信息资源，可在各种数据库中存储大量有关少数民族民俗文化的丰富内容，用户可对历史文件随时检索；二是传播快捷，不受印刷、运输、发行等因素限制，并且可以做到对各种少数民族民俗活动的同步传播和异步传播的统一；三是可借助文字、图片、声音、图像、数据、视频、三维动画等各种方式进行立体生动的传播；四是超文本这种非线性的数据链接更加符合用户的阅读习惯和联想规律，大大增强了信息内容的可选择性和自主性；五是开放的互动传播使用户可随时互动并展开讨论、表达意见。目前湖北乃至全国的少数民族民俗文化内容的丰富性与网络传播的特性并未形成有效的匹配度，应积极利用网络媒体的传播优势，开发并广泛传播少数民族民俗文化的资源。

（二）未能综合运用多种网络传播方式

网络人际传播、网络群体传播（组织传播）、网络大众传播都是可采用的传播方式。收发电子邮件、QQ、微信、网络短信等都属于网络人际传播，如在利川的腾龙洞的游客观看了当地少数民族的大型表演后将视频发给朋友、发到朋友圈等都是典型的网络人际传播。而各种网络社区、企业和单位的网络平台传播也可以聚集各种人群，对感兴趣的话题进行传播和讨论。网络大众传播则包含政府、传统媒体和民间建立的各种网络平台，从不同的维度进行或权威、或传统、或专业的传播，但力量较为分散，还未形成合力。

三、网络传播推动湖北少数民族民俗文化传承和发展的策略

利用网络传播技术手段,推动湖北少数民族地区民俗文化更好地传承和发展,需要从多方面进行探索。

(一)进一步凸显网络媒体传播的作用

1. 对民俗文化进行网络新闻报道

网络传播是随着互联网的兴起产生的一种新型新闻传播形态,在推动湖北省少数民族民俗文化对外传播方面发挥着不可替代的作用。为了解网络新闻媒体对湖北少数民族地区民俗文化的传播状况,笔者对新浪、搜狐、腾讯、网易等新闻门户网站2016年刊登的恩施土家族苗族自治州七个县(市)(除建始县外)的新闻报道数量进行统计,恩施土家族苗族自治州通过新闻报道向各大门户网站的网民至少展示了700次,如果乘以每篇新闻的点击量,将是一个庞大且惊人的数据。

2. 对民俗文化进行网络视频传播

网络视频对于民俗文化的传播大致分为三种模式:一是网络电视新闻对民俗文化的传播;二是网络电视节目对民俗文化的传播;三是依靠民俗文化性质的电视剧、电影在网络上的传播。

相比于网络电视新闻,网络电视节目对传播对象报道更具深度。近年,湖北少数民族地区涌现不少具有民俗特色的电视节目,如《远方的家,北纬30°行》栏目组拍摄了"秘境巴东""仙居恩施""有利之川——利川""山中聚宝盆宣恩""巴土风情,神往咸丰"等,对巴东纤夫文化、恩施民歌、利川山寨文化、宣恩三棒鼓等民俗文化均有介绍,其视频在优酷上的点击率均达到万余次。

《血誓》播出后,在优酷、土豆、乐视等网站均有上线,截至2017年底单在优酷上的播放次数就达到3669.8万次,电影《妹娃要过河》《我不是贼》网络传播效果也很好,显示出网络视频对于民俗文化传播的强大推动力。

3. 对民俗文化进行网络电视传播

近年来,湖北省少数民族地区的广播电视纷纷与网络接轨,恩施土家族苗族自治州的广播电视局改名为恩施网络电视,成立了恩施网络电视新媒体,于2012年12月28日正式上线开播;恩施广电在原恩施传媒网基础上全

面改造升级,已初步完成整个平台建设和内容的全新改版,为网络电视新媒体配置的直播车,满足新媒体业务需求,具有现场实时电视和网络直播功能。

少数民族地区各县(市)的电视媒体单位也纷纷改革,长阳、五峰、巴东等县(市)电视台与网络融合发展,成立网络电视台,加大投入,配置直播设备,在恩施"女儿会"、来凤"一节一会"等民俗节日上,以影音视频形式将这些节日影像传播出去。

(二)充分运用其他新媒体进行传播

其他新媒体的传播主要包括个人传播和大众传播。湖北少数民族聚居地多是经济不发达的偏远山区,新媒体的使用者主要是18岁到40岁的青壮年,他们在空间、朋友圈、微博上转发、分享家乡的民俗文化,形成一种个人传播行为。此外,多家微信公众号运营机构和新媒体组成"恩施微信联盟",每周推出综合影响力排行榜和阅读数排行榜,促使新媒体更好地运营和宣传恩施文化。很多政府单位和公众媒体,如五峰新闻网、《恩施晚报》、中国硒都网等也都通过微博等与粉丝有更进一步的互动。

(三)提升少数民族地区网络资源的使用力度和范围

互联网技术虽然在湖北少数民族地区有了一定的应用,但利用程度不高,还有很多偏远山区没有实现移动网络覆盖。相关的媒体单位与湖北其他地区媒体相比,设备相对落后,网络科技人才相对缺乏。要想通过网络传播技术和手段推动湖北少数民族民俗文化的传承和发展,就必须加大资金投入,提升少数民族地区网络设备及网络资源的使用力度和范围,有了技术和人才支持,才能使网络传播更好地服务于湖北少数民族地区民俗文化的传承和发展。

(四)开发少数民族地区民俗文化的网络电子学习资源

网络传播时代,人们的衣、食、住、行更加依赖于网络,许多人养成了在网上学习和娱乐的习惯。因此,要注重民俗文化网络资源的开发,如加强湖北少数民族民俗文化网站建设,拍摄如摆手舞、撒尔嗬、土家吊脚楼建筑过程等的网络视频,制作介绍民俗文化的电子书等,搭建湖北少数民族民俗文化的数据库,方便人们在网上浏览、学习,人们的分享等行为也可以促进民俗文化的传播。

（五）促进湖北少数民族民俗文化与网络文化的结合

网络传播的盛行催生出网络文化，如网络用语、网络词汇、网络歌曲等，大众化和娱乐性使其更易流行和传播。促进民俗文化和网络文化的结合将有利于民俗文化传播，如，开发具有民俗文化特色的网游，创作以民俗文化为背景的网络小说，开发"女儿会"相亲等APP，都是将民俗文化和网络文化结合的举措。这种文化呈现方式，符合网络人群对文化的接受习惯，利于民俗文化在网络环境中传播。这种民俗文化和现代文化的渗透，也是民俗文化在现代社会环境中的演变过程。

（六）加大新媒体在民俗文化传播方面的应用

新媒体推动了湖北少数民族民俗文化的传播，但从目前湖北省少数民族地区对新媒体的应用情况看，多是政府单位、公众媒体、公司等在利用新媒体，且多用来传播信息，传播文化的少之又少。因此，挖掘新媒体传播内容，如做跟民俗文化相关的手机报及微博、微信推送，将少数民族的民歌、山歌开发成彩铃等，发挥新媒体在文化传播方面的优势，将有力助推湖北少数民族民俗文化更好地传承和发展。

（七）以村、镇为单位进行网络文化建设

民俗文化的传承和发展主要靠民众，在湖北少数民族地区，民俗文化保护的意识还不强烈，很多民众不了解民俗文化传承和发展的重要性。所以，政府要加强网络基础设施的建设，对民众进行培训，提升他们保护民俗文化的意识，并在基层单位成立民俗文化兴趣组，开展民俗文化活动，并利用网络进行组织外传播。

少数民族民俗文化是湖北传统文化的重要组成部分，弘扬优秀的少数民族民俗文化，对于建设湖北文化强省有着重要意义。我们应充分利用媒介融合时代的传播优势，将少数民族民俗文化永续传承。

新媒体语境下辛亥首义文化的影像传播研究[①]

胡亚婷

一、辛亥首义文化传承的重要意义

辛亥革命推翻了在中国延续两千多年的封建帝制,是中国近代历史上的重大事件。湖北武汉是辛亥革命的首义之地,武昌首义打响了辛亥革命的第一枪,在辛亥革命中具有决定性的里程碑地位。

何为首义文化?首义文化即首义历史及其遗存的总和,并且主要是着眼于人文特质认识的首义历史。[②] 首义文化是中国近现代革命文化的重要组成部分,也是世界资产阶级民族民主革命的重要内容。首义文化传承了荆楚文化和中华传统文化,并融汇了西方现代文化,既具有地域性、历史性,又具有世界性、时代性。其所蕴含的爱国主义精神、敢为人先的创新精神和不怕牺牲的革命精神百年来在神州大地广为传播,历久弥坚,至今仍是催人奋进的重要力量。

首义文化是整个中华民族乃至全人类共同珍视的财富。传承与保护首义文化对于塑造人们正确的思想价值观念、推动文化强国建设以及凝聚海峡两岸同胞乃至全球华人的民族情感具有重要意义。而对辛亥革命首义之地来说,首义文化是武汉市一笔宝贵的城市文化遗产,也是湖北省一项重要的文化资源。保护和传承首义文化,是展现武汉城市风貌、提升武汉城市竞争力的必需之举,对湖北地域文化的传承及文化强省战略的实施具有积极的推动作用。

---

① 本课题是 2015 年度湖北省教育厅人文社会科学青年项目"湖北地域文化的影视传播研究"(编号 15Q255)阶段性成果。

② 王兴科.首义文化及相关概念界说[J].学习与实践,2006(10):113-119.

二、新媒体时代的影像传播概述

影像是人对视觉感知的物质再现,影像传播是一种以影像符号为信息载体的传播方式,和语言、文字相比,影像传播更加直观、生动,具有感染力,在文化传播方面独具优势。影像传播,无疑是人们认识和理解首义文化的一条重要渠道。

当前,人类正迈入新媒体时代。新媒体是相对于传统的报纸、杂志、广播、电视等传统媒体而言的,是在数字技术、计算机网络技术和通信技术基础之上延伸出来的各种媒体形态。新媒体之"新"既体现在技术上,又体现在形式上。相较于传统媒体,新媒体在技术、手段、功能等方面都具有极大优势。在新媒体时代,影像传播日益活跃,各种影像铺天盖地,覆盖着世界的各个角落,成为人们感知和认识世界的常见方式。

在新媒体蓬勃发展之际,湖北武汉应当顺应时代发展的潮流,积极探索新媒体语境下利用影像力量保护和传承首义文化的有效途径。

三、新媒体语境下辛亥首义文化影像传播的策略探讨

(一)制作推出高品质、多类型的首义文化影视作品

在传统媒体时代,文化的传播广泛存在于电影、电视剧、纪录片、电视节目等类型的影视作品之中。新媒体时代,网络视频短片、微电影、网络剧、手机电影等多种影视形态逐渐发展、兴盛,并迅速成为传播文化的重要载体。同时,随着影视摄制器材和技术的简化以及网络发布平台的开放,普通民众也可参与到新媒体影像作品的制作与传播当中。

近些年,湖北省和武汉市创作了一些以首义文化为题材的影视作品,在市场上引起不小的反响。传统影视作品方面,代表性的有电视剧《武昌首义》和纪录片《首义》。《武昌首义》由湖北广播电视局、湖北电视台以及武汉影视艺术传媒公司等联合投拍,选取1911年10月9日到12月31日这83天的历史经过,讲述了湖北革命党人夺取政权、保卫政权的故事,精彩再现了彭刘杨三烈士就义、光复武汉三镇、黄兴拜将等历史事件。《首义》是辛亥革命100周

年之际,武汉市委宣传部与凤凰卫视联合摄制的大型历史纪录片。该片共分五集,每集30分钟,展示了诸多关于辛亥革命的最新影像资料,鲜活再现了百年前武昌首义的辉煌历史。此外,一些其他影视剧及本地电视台对相关文化活动的报道等都对首义文化的传承起到了积极作用。新媒体影像方面,2011年湖北省推出了"大@湖北"系列网络形象宣传短片,其中《大义湖北:首义篇》用3分多钟的时间简要展示了湖北的首义文化元素。

总的来说,由湖北制作推出的首义文化影视作品数量并不多,类型也不够丰富,新媒体影像作品更是屈指可数。而且从整体上看,这类影视作品的传播力度和传播效果也比较有限。湖北省和武汉市的政府、电视台及影视传媒公司等机构应进一步挖掘首义文化资源,在节目内容、表达方式以及策划、运作等方面下功夫,打造出具有首义文化内涵的影视精品。同时,可以通过举办新媒体影像竞赛及展演活动等方式,来调动普通民众及各民间组织参与首义文化影像传播的积极性。

(二)发挥新媒体优势,拓展首义文化传播方式

作为新媒体的代表,网络和手机媒体融合了以往各种大众传媒体的优势,并具有跨越时空、受众广、互动强等诸多特点,是现代影像不可或缺的表达途径,在首义文化的传播中应充分加以利用。

各种类型的网络视频分享网站是影视作品传播的重要阵地。通过电脑或手机收看网络视频的民众越来越多,他们不仅可以搜索观看自己感兴趣的影视作品,还可以通过网络轻松参与讨论。因此,有关首义文化的各类影视作品应该积极利用网络平台进行传播,以获得更大的受众规模和传播影响力。同时,在影视节目的宣传和推广方面,应该展开新旧媒体联动,充分利用门户专题、微博、微信、社区论坛等新媒体舆论平台形成传播话题。

以网络和手机为代表的新媒体具有强大的娱乐功能。网络游戏不仅能提供娱乐,而且能寓教于乐,传承社会遗产和优秀文化。如网络游戏《抗战online》以八年抗日战争为题材,让玩家在游戏中了解抗战史,体会抗战胜利的艰辛,接受爱国主义教育。此外,"星火燎原""抗战英雄传""亮剑"等网游都是传播红色文化的经典。电影《辛亥革命》上映之时也曾推出同名手机游戏,将"血染黄花岗""武昌城首义"等电影情节移植到游戏中。因此,笔者认为湖北省各相关部门亦可以和网游开发商合作,加强首义文化网络游戏的开发,在游戏中用逼真的场景设计和依托史实的情节设置,生动再现革命背景和历史进程,以互动代替灌输,让广大玩家特别是青少年在不经意间了解首

义文化。

网络的开放性、包容性使其成为文化交流的重要媒介。辛亥首义联系着海峡两岸同胞,也使得首义之地武汉与台湾地区之间具有深厚的历史情缘。在现实中举办各种文化活动之外,还能将网络作为拓展双方沟通的途径。在以辛亥首义为连结的文化交流方面,我们可以在网络上围绕首义文化发起不同的主题活动,以灵活多样的网络文化吸引两岸民众参与其中,抒发感悟,发表不同见解。这对繁荣首义文化,彰显两地的文化特色,增强两地民众相互了解,推动两岸关系和平发展都将起到积极作用。

(三)充分利用数字影像技术,增强首义文化传播效果

新媒体时代数字化技术应用广泛。数字影像是用数字化技术手段创作的视频图像。如今,数字影像已经深入人们的生活,并在文化传播方面大展拳脚。

音视频信息采集卡、数码摄像机等影音采集设备的不断丰富,光盘、SD卡、移动硬盘、硬盘、云盘等数字化存储设备的不断拓展,以及个人计算机功能的不断强大,为数字影像的方便获取和储存奠定了基础。数字影像具有清晰度高、处理方便、重复性好、可压缩、易存储等优点。利用高精度的数字影像技术,可以对各种文化遗产和资源进行更方便的收集、整理和记录。2011年,电子出版物《共和朝晖——辛亥首义数字博物馆》出版,该光盘以图、文、动画、音频、视频及三维虚拟技术等方式再现了辛亥首义过程、团体人物、遗址遗迹、纪念建筑及文物文献,成为纪录和传播首义文化的重要影像载体。

在数字影像的制作中,计算机三维动画艺术能增强影像表现力,甚至还能创造出特殊的艺术效果。三维动画技术在首义文化的传播中也有运用。如2011年上映的电影《辛亥革命》,在真实拍摄的手法之外就运用了大量的计算机特效,把观众带入当年硝烟弥漫的战场之中,极具冲击力。

随着数字影像技术的发展,虚拟现实技术逐渐兴起。虚拟现实技术利用计算机将编辑好的三维信息通过各种不同的传输途径直观地展现在人们面前,从而让使用者获得视觉、听觉、触觉等多种感官的模拟。如今,虚拟现实技术在博物馆建设中的积极应用已成为一种潮流。这种新型的展示方式能将无法亲临观赏的景物逼真地呈现在人们眼前。参观者还可以通过对感应终端的操作,旋转、放大、缩小展品,进行交互式参观。并且,配合动画、解说等后期效果,人们还能了解展品难以显示的诸多信息。虚拟现实技术的应用将使博物馆的文化保存、展示、传播功能得到更大程度的发挥。在武汉辛亥

革命武昌起义纪念馆、辛亥革命博物馆的场馆建设以及首义文化的相关宣传网站建设当中,虚拟现实技术的开发和应用还有巨大的研究空间。

作为保护和传承文化的重要手段,数字影像技术在首义文化的传播中理应得到更进一步的重视和运用。

(四)探索公共场所的影像传播方式,将首义文化融入城市生活

城市公共场所是展示城市文化风貌的平台。公共场所是人类城市生活的一个由城市居民共同创作、可供分享的兼具物质属性与精神属性的特殊时空。一方面,公共场所直接表现出生活在城市中的人们具体而细微的变化;另一方面,人们能够通过公共场所了解城市的历史传统与时代特色。[①] 而且,首义文化遗产的相当大一部分就实实在在地存在于武汉的城市公共场地之中。辛亥首义文化遗产包括物质文化遗产和精神文化遗产两个方面。从物质角度来看,首义文化遗产主要包括文物、建筑群和遗址三个方面。武汉市武昌区是首义文化遗产最集中的区域,这里既有起义门、武昌起义军政府旧址(红楼)、楚望台军械库遗址等多处首义遗址,又有彭刘杨三烈士塑像、辛亥首义烈士祠牌坊、辛亥革命博物馆等纪念设施。各类遗址、纪念设施所在处既是武汉本地居民日常休闲的公共场所,又是外地游客经常观光造访之地。因此,首义文化的传播应该充分利用城市公共场所。

当前,新媒体传播方式改变了公共场所的传统风貌,建立起强大的影像传播空间,各种影像包围着城市居民的生活。公共场所新媒体主要包括户外LED屏、楼宇液晶电视、移动电视(公交、地铁、轻轨)等,具有受众到达率高、视觉冲击力强、发布时间长的优势。公共场所的影像不仅能够传递各种信息,而且能够进行城市文化建构。近年来武汉城市发展迅速,首义文化区进行了大规模修缮与扩建,将自然景观与人文景观更好地融合在一起,多条地铁线路的开通使得公共交通系统越来越发达。在新媒体影像日益发达的今天,我们应该充分利用公共影像装置,选择有针对性的交通站点、交通工具及户外场所,对首义景区风貌、首义历史与首义精神以及相关文化活动进行报道与宣传,让首义元素融入武汉人的生活,提升其精神价值对市民的感召力,同时擦亮对外展示城市魅力、吸引游客的窗口。

---

① 陈娟.新媒体环境下公共场所的影像传播与城市文化构建[J].新闻界,2013(9):22-25.

四、结语

新媒体的迅速发展为文化的传承与发展创造了新的条件。在新媒体语境下,首义文化的影像传播不能简单地从传统媒体照搬到新媒体中,更重要的是结合新媒体的特点和首义文化的特质,探索首义文化与新媒体影像传播有机融合的方式。

参考文献

[1] 刘传红,刘震.武昌首义文化遗产:武汉城市发展的深层驱动力[J].武汉理工大学学报(社会科学版),2011(2):278-283.

[2] 邢桂真.新媒体时代影像艺术的发展传播研究——以电影为例[J].大众文艺,2014(23):183-184.

[3] 车宁.关于数字时代提升文化传播力的思考[J].艺术百家,2013(2):89-91.

[4] 冯运生.新媒体环境下中原文化的影像传播策略[J].传媒,2014(22):54-55.

湖北地域文化影视传播现状与对策[1]

胡亚婷

一、湖北地域文化影视传播的重要意义

　　湖北又称荆楚,自古以来是楚文化的主要发源地,在历史的长河中积淀了深厚的文化底蕴,创造了具有鲜明地域特色的文化。湖北地域文化是湖北人民智慧的结晶,是湖北社会人文精神的体现,也是推动湖北政治、经济、文化全面发展的重要精神动力。

　　影视是电影和电视的合称。影视艺术是画面艺术与声音艺术的综合,其感染力强、覆盖面广,在文化传播方面独具优势。影视艺术毫不费力地占据了人们的休闲时间,其所具有的表现力和感染力,能给观众带来强烈的生动感、亲切感和愉悦感,使观众在潜移默化中感受各种地域风采。影视媒介的记录特性,使它比单纯的文字、图片或声音媒体更能真实记录远古的历史文化遗存,再现各种传统艺术和技能,能更好地帮助地域文化遗产世代相传。各种影视艺术手段的运用使得彰显地域风采的影视作品带给观众独特的审美张力,使人们在艺术享受中接受其传递的文化内涵。

　　因此,积极利用各种影视艺术形式和影视传播载体,对于发掘、传播优秀的湖北地域文化资源,使其焕发出生机和活力,推动湖北省政治、经济、文化全面发展,有着至关重要的作用。

二、湖北地域文化影视传播的主要方式

　　作为一个文化大省,湖北地域文化在各种类型的影视作品之中都有所反

---

[1] 本课题是 2014 年度湖北省高校人文社科重点研究基地湖北方言文化研究中心科研开放基金一般项目"影视艺术与湖北地域文化的传承及发展研究"(编号 2014FYY016)最终成果。

映,可以归纳为以下两个方面。

（一）以电视纪录片为代表的传统影视

传统影视是相对于新媒体影视而言的,包括电视和电影两个方面。湖北地域文化的展现与传播,目前最为集中地体现在电视纪录片当中。电视纪录片兼顾纪实性、文化性与娱乐性,是传播地域文化的重要载体。地域性的自然景观、人文风情、现实风貌等内容是电视纪录片创作的重要内容。彰显湖北地域文化的电视纪录片不仅数量众多、内容丰富,而且不乏获奖精品,在地方文化建设的过程中发挥了重要作用。如,获国际金奖的纪录片《巴山撒叶嗬》记录了长阳挖掘、保护和传承土家族民间舞蹈——撒叶嗬的生动故事,展现了湖北土家族的淳朴民风。电视纪录片《凤舞神州》遍访荆楚大地历史遗迹、名人故里、乡里民俗,用丰富的电视手段表现凤凰形象,展示了荆楚大地丰厚的文化积淀。《天上银河,人间清江》展现了清江流域八县市独特的自然风光、文化、历史和民俗;《汉阳造》以历史名枪"汉阳造"步枪为直接表现对象,生动再现了省会武汉昔日的辉煌成就;《汉水大移民》记录了丹江口水库移民的搬迁安置,展现了当代湖北人舍小家为国家的无私奉献精神。

此外,在电视文化节目、电视剧、电视栏目剧、电影等传统影视作品中,湖北文化也有所展现。其中较具代表性的作品有:湖北卫视的文化节目《长江文化潮》围绕文化强省建设,着力展现湖北省的"文化人"和"文化事";电视剧《铁血红安》以"共和国第一将军县"湖北红安为创作背景,反映红安人民敢于征战、不胜不休的抗争历史;武汉电视台的方言栏目剧《都市茶座》用武汉方言展示武汉的社会风貌和历史文化,讲述武汉人日常生活中的喜怒哀乐;电影《农谷之恋》讲述了餐饮集团老板谷子不顾家人反对,回到家乡当村官,带领屈家岭村民走上致富道路的故事,反映了湖北荆门在中国农村建设的时代背景下发生的巨大变化。

（二）以微电影为代表的新媒体影视

近年来,伴随着新媒体的快速发展,网络视频短片、微电影、网络剧、手机电影、FLASH动画等多种新媒体影视形态越来越丰富。这些新的影视形态,迅速成为传播地域文化的重要载体,并且作品风格更加多元化。如,"文化湖北"系列网络视频短片展示了湖北省的人文历史、文化旅游、教育科技方面资源,风格深沉、大气;武汉高校学生自制的纪录片《江汉声》反映了湖北武汉传统戏曲汉剧的现状,该片通过微博传播,引发了众多网友的接收兴趣与传播兴趣；荆楚网楚天尚漫公司推送的微动画《这五年湖北变化如此大》，用萌趣可爱、直观形象的方式讲述了当代湖北的发展成就。

在新媒体影视作品中，传播湖北地域文化比较集中的当属微电影领域。微电影凭借选材丰富、形式灵活、操作性强、传播范围广、成本低廉等优势，越来越受创作者的青睐。武汉市城市文化形象宣传微电影《月湖琴声》，以汉阳区代表性的历史文化符号——古琴台为背景，讲述了一个现代版"高山流水遇知音"的故事，表现出知音文化源远流长的文化传承和时代风貌。微电影《舌尖上的襄阳·大头菜》在对湖北襄阳大头菜的起源、演变、制作进行详解之余，还展现了襄阳古城墙、古隆中的美丽景观和诸多发生在襄阳的三国故事。2016 年 8 月落幕的湖北旅游微电影大赛共收到近 200 部微电影成片及剧本，它们充分展现了湖北优美的自然风光和浓郁的荆风楚韵。

三、湖北地域文化影视传播中存在的问题

（一）缺少影响力大的精品之作

湖北独具特色的自然风貌、人文景观、民风民俗、言语方式、精神气质在丰富的影视作品中得到了体现。从类型来看，电视纪录片较多，而电视剧和电影的数量较少。电视剧和电影能在生动形象的叙事中传达潜在的情感、价值观和文化内涵，比电视纪录片的娱乐性强，更受观众欢迎，更容易在全国范围内产生影响。但具体情况是，目前湖北文化相关的电视剧和电影不仅数量有限，而且从质量上来看，像《闯关东》《乔家大院》《大宅门》这样具有深刻人文内涵和高收视率的精品影视剧，以及《白鹿原》《心花怒放》这样高票房的地域风情浓郁的商业电影也比较少。因此，从总体上来说，湖北文化在影视圈的影响力还十分有限，在全国范围内被观众知晓的程度较低。

（二）地域文化资源挖掘不足

文化产品的生产离不开对文化资源的挖掘。湖北地域文化源远流长、内容丰富，其中不乏娱乐性和变现能力强的文化资源，如董永与七仙女的神话传说，屈原、李时珍的人生传奇，辛亥首义的惊世创举，南水北调的现代奇迹……然而，湖北文化资源的传播利用程度较低，这些文化资源并没有被充分转化为媒体的内容资源。目前，影视传播中带有鲜明标签价值的内容十分

缺乏,湖北地域文化资源的发掘利用有待深化。

(三) 对新媒体的应用范围不够广

文化的传播离不开载体。当今时代新媒体风头正劲,新媒体凭借影视产品的丰富性、传播方式的灵活性等优势给传统的影视传播方式带来了挑战,也为地域文化的影视传播搭建了更宽广的平台和更多的营销推广渠道。然而,湖北影视传播的官方微博、微信开通较晚,受众关注度有限,广播电视业的媒体融合发展水平也有待提高。在这样的媒介环境下,湖北省的地域文化传播仍更多地依靠传统媒体,对新媒体借力不够,一些地域影视作品的传播效果也受到了限制。

四、湖北地域文化影视传播的建议与对策

针对上述问题,本文认为,发展湖北地域文化影视传播,应注意做好以下几点。

(一) 合理规划,大力扶持,提高湖北影视文化产业发展水平

影视文化产品是传播地域文化、塑造地方形象的重要载体,湖北地域文化的传播效果依赖于影视文化产业的发展水平。湖北省现有专业化的影视制作公司虽多,但整体发展水平不高。笔者认为,湖北影视文化产业的发展应主要从政策、资金、人才等方面入手,合理规划,加大扶持力度。

影视产业的发展不只是广电部门的事情,省政府领导也应该高度重视,在规划上加强统一部署,加强影视文化产业与出版、动漫、文化旅游、文物保护等其他文化产业的有机整合,提高文化资源综合利用率。有针对性地出台专项扶持政策,做好指导、引导和各方协调工作,吸引优秀影视企业来鄂落户,吸引本土企业就近参与影视产业。在资金方面,需要进一步加大对影视文化产业的资金扶持力度,根据现有的扶持资金制订更加科学、更加细致的使用方案。积极建构多元投资融资机制,促进影视资源与社会资本的有效对接,加强金融机构对影视文化产业的支持和服务,解决中小影视机构融资难的问题。制订影视文化产业人力资本战略,采取切实有用的优惠政策,优化人才环境,吸引更多优秀人才参与到影视文化产业当中。

（二）深挖本土特色文化资源，打造文化精品

要提高影视作品的传播力，内容是关键。我们必须认真审视和梳理湖北的地域文化资源，挖掘出其中具有传播价值和竞争优势的部分，根据市场需求和受众喜好进行影视作品创作，使静态沉睡的文化资源转变为生动可感的媒介内容资源。对于可利用的文化资源，要认真研究，选择适合的影像方式来进行表现和传播。哪些适合拍成电影、电视剧，哪些适合拍摄宣传片、纪录片，哪些适合开设专门的电视文化节目，哪些适合融入其他电视节目当中，都要用心选择。只有不断优化传播内容，才能赢得观众的赞誉。

同时，还要注意影视节目形式创新和形态创新，与时俱进地开发多元化的产品。如，网络游戏是深受年轻人欢迎的一种娱乐方式，湖北地域文化的传播也可以以网络游戏的方式进行，将湖北的文化元素巧妙植入游戏场景、情节当中，让人们在娱乐之中接受文化熏陶、文化教育。

（三）运用"互联网＋"思维，加强对新媒体的运用

任何一项事业要想取得成功都必须顺应时代发展的潮流。在当今这样一个新媒体高速发展的新时代，湖北地域文化的传播要运用"互联网＋"思维对原有的传播方式进行改进和完善，最大程度地利用新媒体网络。

在产品生产上，我们要迎合新时代的受众需求。新媒体开放性和包容性强，具有去中心化的特点，相对传统媒体来说，更符合人们对个性、自由、平等的追求。新媒体环境熏陶下的现代受众，更加青睐站在平民视角、充满"草根"气息、更具真实感和趣味性的影视作品。因此，湖北省的影视工作者也要改变思路，创作出更多通俗的、有特色的、趣味性强、适合新媒体传播的影视产品，以进行地域文化的传播。

在推广渠道上，要善于利用各种新媒体营销手段。传统媒体时代，影视作品的宣传主要依靠院线宣传、电视报纸杂志等的娱乐播报、综艺节目植入等，需要投资大量的宣传费用。随着新媒体时代的到来，出现了很多新的宣传方式，如官方微博、微信、手机 APP、自媒体平台推广、较低成本的视频广告以及一些创新型影视宣传方式。例如，2014 年，韩寒导演的电影处女座《后会无期》票房突破 10 亿，韩寒团队的微博营销功不可没。与传统的营销方式相比，新媒体营销成本相对较低，常会带来意想不到的效果，被越来越多的营销人员所选择。

（四）加强与外地影视机构的合作

地方媒体是传播地域文化的主力军,但是湖北地域文化的传播仅仅依靠本土媒体的力量是不够的,必须开拓视野,扩宽传播平台。

（1）借力中央媒体。和地方媒体相比,中央主流媒体传播范围更广,影响力更大。比如,大型纪录片《凤舞神州》就是湖北省的几个部门和单位与中央新影集团联合出品的,2012年该片在CCTV-9和央视网均有播出,取得了不错的反响。2014年,展现红安精神的近代革命题材电视剧《铁血红安》在中央电视台播出,获得了收视和口碑的双丰收,拍摄地红安影视城也收获了极高的人气。我们可以在现有基础上,通过合作拍摄纪录片、宣传片、影视剧等形式加强与中央媒体的合作,借海出船,增强湖北地域文化在全国的辐射影响力。

（2）与外省媒体、外地影视制作单位合作。传承本土文化是地域媒体的责任。地域文化的传播应该开拓视野,学会借力区域外的媒体。湖北省有着丰富的地域文化资源,在本土媒体传播渠道和力度不够的情况下,应该积极寻求与外省媒体的合作机会,双方共享资源,共同获利。比如,湖南卫视的《爸爸去哪儿》热播后,人们关注的除了酷爸萌娃,还有节目外景地的美景与民风民俗,带动了全国多地旅游产业的发展。2017年,湖北恩施大峡谷植入电影《三生三世十里桃花》,成为网络热议的旅游景点。今后,湖北的旅游主管部门应该加大宣传意识,主动寻找机会与外省媒体和影视制作单位合作,通过拍摄地植入的方式宣传湖北的旅游文化资源。

（五）调动广大影视爱好者特别是高校学生的创作热情

新媒体时代,影视作品的制作不再局限于专业人士,越来越多的普通人都有能力独立制作视频,并借助四通八达的网络进行传播。而且,新媒体相比传统媒体更加开放、包容,给影视艺术带来了更多的创作自由。湖北地域文化的传播应该充分调动个人力量,通过举办竞赛、对优秀作品创作者进行奖励等方式吸引广大的影视制作爱好者参与湖北文化作品的制作、传播。在这方面我们有自己的优势,湖北省高校众多,省会武汉更是全球大学生数量最多的城市,大学生群体文化素养高、思维活跃,对新技术新媒体兴趣浓厚,其中影视传播相关专业的学生更是具备了一定的影视制作专业技能。因此,我们更应该充分调动他们的积极性,以竞赛的方式吸引他们加入记录湖北历史底蕴、展现湖北城市面貌和风俗人情等各类新媒体作品的创作行列。

总之,湖北省有着丰富的地域文化资源和优质的科教资源,影视文化产业发展势头良好,湖北省政府及影视人才一定要重视地域文化的传播,在传播策略上积极探索和实践,不断提高影视作品质量和宣传、推广水平。

参考文献

[1] 戴建华.中国影视新媒体发展创新研究[M].北京:中国传媒大学出版社,2014.

[2] 孙艳红.影视艺术与东北地域文化的传承[J].吉林省社会主义学院学报,2007(2):38-40.

[3] 王森.论河南文化资源影视传播的现状与对策[J].理论观察,2012(5):115-116.

[4] 王成宇,李明.刍议自媒体时代下重庆地域文化传播与发展的研究策略[J].湖北民族学院学报(哲学社会科学版),2013(1):146-149.

[5] 张芸,张茹.燕赵文化的媒介传播现状及发展路径探析[J].经济论坛,2013(3):29-31.

[6] 李劲松.浅谈电视纪录片对地方文化的传承与彰显——以湖北电视纪录片为例[J].中国电视,2015(8):80-83.

[7] 李艳梅.荆楚文化视域下湖北影视文化产业的发展[J].新闻知识,2015(12):62-63,9.